Imagens e Textos

Vol. 2

Interpretações sobre Cultura e Poder no Medievo e nas Recepções do Passado

Imagens e Textos

Vol. 2

Interpretações sobre Cultura e Poder no Medievo e nas Recepções do Passado

Organizadoras:
Margarida Maria de Carvalho
Márcia Pereira da Silva
Susani Silveira Lemos França

Alameda

Grafia atualizada segundo o Acordo Ortográfico da Língua Portuguesa de 1990, que entrou em vigor no Brasil em 2009.

Edição: Haroldo Ceravolo Sereza
Editora assistente: Danielly de Jesus Teles
Projeto gráfico, diagramação e capa: Fabrício Igbó
Assistente acadêmica: Bruna Marques
Revisão: Alexandra Colontini
Imagem de capa: Folha díptica: *O Imperador Triunfante Constantinopla* (primeira metade do século VI). Marfim, restos de incrustações Museu do Louvre [Public domain], Ancienne collection Peiresc, Barberini; acquisition 1899, OA 9063

Esta obra foi publicada com apoio da Fapesp, nº do processo 2018/21124-3

As opiniões, hipóteses e conclusões ou recomendações expressas neste material são de responsabilidade dos autores e não necessariamente refletem a visão da FAPESP

CIP-BRASIL. CATALOGAÇÃO-NA-FONTE
SINDICATO NACIONAL DOS EDITORES DE LIVROS, RJ

I29
V. 2

Imagens e textos : interpretações sobre cultura e poder no medievo e nas recepções do passado / organização Margarida Maria de Carvalho, Márcia Pereira da Silva, Susani Silveira Lemos França. - 1. ed. - São Paulo : Alameda, 2020.
21 cm.

Inclui bibliografia e índice
ISBN 978-65-86081-42-8

1. História antiga. 2. Idade Média - História. I. Carvalho, Margarida Maria de. II. Silva, Márcia Pereira da. III. França, Susani Silveria Lemos

20-62350 CDD: 930
CDU: 94(100)

ALAMEDA CASA EDITORIAL
Rua 13 de Maio, 353 – Bela Vista
CEP 01327-000 – São Paulo, SP
Tel. (11) 3012-2403
www.alamedaeditorial.com.br

Sumário

Apresentação

Glaydson José da Silva
Universidade Federal de São Paulo

> *Cada época fabrica mentalmente seu universo. Ela não o fabrica somente com todos os materiais dos quais dispõe, todos os fatos (verdadeiros ou falsos) que ela herdou ou que veio a adquirir. Ela o fabrica com seus aportes, sua engenhosidade específica, suas qualidades, seus dons e suas curiosidades, tudo o que a distingue das épocas precedentes. Paralelamente, cada época fabrica mentalmente sua representação do passado histórico, sua Roma e sua Atenas, sua Idade Média e sua Renascença.*
>
> FEBVRE, Lucien. *Le problème de l'incroyance au XVIe siècle:* la religion de Rabelais. Paris: Éditions Albin Michel, 1947, p. 29.

Coube-me a incumbência e a grata satisfação de apresentar a coletânea *Imagens e textos: interpretações sobre cultura e poder no medievo e nas recepções do passado*. Essa satisfação me advém por dois motivos: é da Faculdade de Ciências Humanas e Sociais da Unesp de Franca, local do qual se origina a presente publicação, que obtive minha formação inicial em História, e é de lá que vejo emergir, e se expandir para o Brasil, nas duas últimas décadas, um grande número de historiadoras e historiadores, nos domínios da História Antiga e da História Medieval. Ao lado dessa profusão de profissionais da Antiguidade e do Medievo formados pela FCHS que se inseriu em diferentes instituições de ensino e pesquisa brasileiras, viu-se desenvolver e se estabelecer uma cultura de realização de eventos (nacionais e internacionais) e publicações relacionadas a essas áreas, o que faz da faculdade um importante polo de formação e difusão de conhecimentos especializados.

Os trabalhos aqui coligidos integram um conjunto de estudos de autores brasileiros e estrangeiros (Argentina, Portugal e Espanha) que, particularmente na última década, tem contribuído com suas pesquisas para o desenvolvimento dos estudos de História Medieval (mas também da História Antiga) em suas diferentes frentes de inserção. A diversidade caracteriza os textos apresentados; são diversos em relação às temáticas, aos campos de investigação e às teorias e metodologias que apresentam. Essa diversidade, longe de ser um demérito para o volume, evidencia sua riqueza e variedade, num contexto em que as coletâneas são tão mal apreciadas. O volume congrega textos que orbitam dois grandes temas. A maior parte dos estudos se concentra em pesquisas sobre o medievo e é desenvolvida por estudiosos com importante trajetória de pesquisa na área. No campo do estudo das recepções e apropriações do passado, o mundo medieval aparece em outros capítulos; neste recorte, dois capítulos tratam do mundo antigo. Estes, de igual modo, desenvolvidos por pesquisadores especializados.

Religião, religiosidade, educação, relações de poder, conflitos de diferentes naturezas, mobilidade, hagiografia e biografia são algumas das frentes aqui tratadas, cuja leitura, além de fornecer subsídios para diferentes pesquisas em nível de graduação e pós-graduação parece-me, também, fomentar ideias para novas pesquisas.

Os estudos de História Medieval e de História Antiga no Brasil ganham mais uma importante contribuição.

A peregrinação humana para a paz: uma imagem da conflitualidade dada por Agostinho e Orósio

Maria Teresa Santos[1]

Introdução: reconstruir uma narrativa comum

Enquanto referência para abordagem do final da Antiguidade e da preconfiguração da Medievalidade, a obra de Santo Agostinho é proritariamente solicitada pelos âmbitos da Teologia e da Filosofia Medieval, raramente se procurando nela possibilidades para compreensão de questões actuais da condição humana. Sem anular o carácter próprio do pensamento augustiniano, nem esquecer o quadro histórico da sua acção específica, a obra pode ser revisitada com espírito dialógico, analisando e discutindo argumentos que foram elaborados para enfrentar questões pregnantes situadas no século V, mas que ainda inquietam. Este tipo de diálogo retoma o ruído de fundo que permanece na história do pensamento, no pressuposto de que o exercício racional é um contínuo "pensar com" os demais ao longo do tempo. Um diálogo entre os acontecimentos emergentes do presente e os acontecimentos fixados pela memória e pela história, ambas colaborando na compreensão fenomenológica da existência e na perspectivação crítica dum horizonte de sentido (RICOUER, 2000); um diálogo, acrescente-

---

1 Professora Doutora do Departamento de Filosofia da Universidade de Évora. RG- PPS /GFE/Instituto de Filosofia U.porto.

-se, que traz Agostinho à nossa contemporaneidade como interlocutor de profundidade, e não como orientador personalista e existencial (THONNARD, 1955, p. 80), nem como guia espiritual para a inteligibilidade da realização do mundo (MARROU, 1950). É como recurso de interpelação dialógica que propomos retomar brevemente a leitura de *A cidade de Deus* e alargá-la a *História contra os pagãos*, de Orósio.

O problema que temos em mente é o da dificuldade relacional entre pessoas com vínculos religiosos distintos. Um problema que é uma pedra no sapato da pós-modernidade, introdutora da racionalidade divergente, aberta à diversidade e às margens do pensar; um problema que tende a pôr em causa o espírito europeu, que é o da construção colectiva da paz. Não uma paz fundada na simples cessação de hostilidades e consensualização do pensar, mas a paz orientada para a cultura do "bem comum" e do "bem-estar comum", assente num ideal de justiça capaz de atender a todos e estando acima de divisões que aparentam ser irredutíveis e afectam quer ao nível da relação com os demais, quer da intervenção cidadã. Uma paz multicultural que poderemos definir como concórdia bem ordenada (*'tranquillitas ordinis'*) entre os homens, usando-se aqui uma expressão de Agostinho (*De civ. Dei* XIX, 13 =PL XLI, col. 640). Como concretizar a paz?

Se bem que não exista paralelismo que aproxime o enquadramento histórico do bispo de Hipona – queda efectiva e violenta do Império Romano – do actual enquadramento europeu – sentimento de vulnerabilidade e desagregação das conquistas socioculturais identificadoras e unificadoras da Europa –, há uma coincidência nos sinais de perigo decorrentes do encontro de crenças religiosas, algumas com fortes marcas de fundamentalismo (FRANÇOIS, 2007), do deslaçamento das relações humanas e da liquidez da vida na cidade (BAUMAN, 2000). Todavia, Agostinho tinha a seu dispôr o cristianismo, tomado como o único horizonte de salvação da humanidade. Um horizonte de esperança e de unidade: uma história humana comum com princípio e fim. Mas, como concertar a narrativa teológica de tradição bíblica com a narrativa romana, cujo ponto de intercepção entre ambas fora o nascimento de Cristo? Como articular uma história de ambição pelo poder e de registo bélico com uma mensagem de humildade e paz, ou do crer e viver da fé cristã? Como conciliar Roma com Jerusalém, cristãos com pagãos, ou, retomando a recorrente pergunta de Tertuliano (*Liber de praescriptionibus adversus haereticos* VII, 17 =PL. I, col. 20), "[...] que tem Jerusalém a ver com Atenas?". O esforço persistente de Agostinho na depuração de heresias foi paralelo ao seu estudo exegético. O conhecimento dos argumentos heréticos constituía a plataforma de contraposição à qual sobrepunha os argumentos escriturísticos em defesa da "medula da Igreja" (BOEHNER; GILSON, 1995, p. 139). Todavia, interpretar a história da humanidade numa perspectiva entretecida (romana e cristã) e universal (tanto quanto o termo "universal" pode significar no século V) coube a Paulo Orósio, um jovem visitante de Agostinho. Ambos, um africano e outro ibérico (TORRES, 1985, p. 21), participavam duma mesma preocupação religiosa: encontrar resolução para a pressão de pagãos e hereges exercida sobre uma Igreja empenhada na ortodoxia dogmática. Uma resolução difícil no cenário de dissolução do Império Romano. Se a deturpação herética era dirimida desde São Paulo, nomeadamente o gnosticismo (FRANGIOTTI, 1995), e desgastava internamente o cristianismo, a reacção pagã, que apesar da legitimação oficial dada por Constantino se mantinha viva, tinha impacto sociopolítico naquele momento em que o fim dum império coincidia com o começo doutro império: o cristianismo europeu. Agostinho e Paulo Orósio encontraram-se nesse momento de convergência da *romanitas* com a *christianitas*, e ambos iriam ter um papel decisivo na construção duma narrativa de continuidade e identidade histórica. Duas das suas obras fixariam a partilha de preocupações e intencionalidades comuns, para além de "universalizarem" a leitura da história como peregrinação humana para a paz e de avançarem com a ideia teológica de ordenação da sociedade à luz da fé. Se a primeira complementa o enquadramento histórico com a segunda, e se a segunda se estrutura ideologicamente pela primeira, é uma possibilidade discutida (CARVALHO, 1955; LACROIX, 1965; MARTÍNEZ CAVERO, 2002). O que nos parece interessante explorar nelas, na linha do diálogo entre o ruído de fundo que permanece nos livros clássicos (CALVINO, 1981, def.13) e o ruído cacafónico da actualidade, é a solução encontrada para superar a conflitualidade convivencial dos povos. Uma solução encontrada por Agostinho e Orósio na construção duma referência comum de sentido para a vida humana baseada no desejo imemoriável de vida feliz. Uma solução que, com as devidas distâncias contextuais, pode ser tomada como ponto de partida para alargar a leitura da convivencialidade humana a que a actualidade nos interpela.

Orósio visita Agostinho: a busca da paz cristã e a escrita da história

Depois do perigo das perseguições, avançou o perigo das interpretações doutrinárias que ameaçava com a fragmentação da assembleia cristã. As heresias, tanto as mais sistemáticas como as derivadas, pululavam com maior ou menor amplitude regional, gerando disputas e condenações graves no interior da Igreja que buscava identidade fideística alicerçada num só pilar doutrinal. Agostinho impôs-se neste conflito distinguindo-se pela introspeção, pela discursividade retórica, pelo crivo ortodoxo e pelo critério hermenêutico – o amor a Deus e o amor de Deus –, daí ser referido como "o pioneiro do pensamento cristão, o preceptor dos povos e o orientador dos séculos" (BOEHNER; GILSON, 1995, p. 139). A fama de sua intelectualidade combativa tornou-o numa espécie de consultor espiritual. Paulo Orósio foi um entre os muitos que o procuraram.

A razão da visita de Orósio não oferece dificuldades aos medievalistas, mas a prioridade da razão da visita tem sido discutida. Foi propositadamente consultar Agostinho? Fugiu das perseguições religiosas locais? Foi em peregrinação à Terra Santa? Para o exercício hermenêutico que estamos a fazer, não é decisiva a prioridade da razão que determinou a visita ou a conjugação de razões. Em todo o caso, vale a pena tomar em consideração o conspecto da situação conflituosa do século V em relação ao qual Orósio se posiciona para fazer a leitura do seu tempo histórico e interpretar a história da humanidade. Colocamos duas passagens biográficas que têm sido objecto de discussão. Uma dá testemunho das estratégias de Orósio para conviver com os povos invasores (bárbaros) e das dificuldades em sair da Península Ibérica para a África:

> Todavia, quando começo a contar a meu respeito como deparei pela primeira vez com os Bárbaros até aí desconhecidos, como lhes fugi quando os vi hostis, como os adulei quando já dominavam, como dirigi súplicas a homens sem palavra, como me escapei às ocultas quando senti que me armavam ciladas, finalmente, como, perseguindo-me eles pelo mar dentro com pedras e armas de arremesso e, estando já quase a alcançar-me com as mãos, um súbito nevoeiro me rodeou e me salvei, eu desejaria que todos os que me ouvem se comovessem até às lágrimas (ORÓSIO, *Historiarum libri septem* III, 20,7-9 =PL I, col.1147).

Outra passagem dá conta da maneira como se podia contar com a protecção dos bárbaros e contornar as dificuldades em sair da Península Ibérica:

> Não obstante tudo isto ser assim, todavia [...] procurou que cada qual saísse e partisse e se servisse dos próprios Bárbaros mercenários como ministros e defensores do Evangelho... Aqueles que podiam subtrair todos os bens aos que tinham sido mortos, exigiam uma parte alíquota do estipêndio para a paga do seu serviço e o transporte da carga. E, realmente, muitos puseram isso em prática (ORÓSIO, Historiarum libri septem VII, 41,4 =PL I, col.1147).

As duas passagens não esclarecem o motivo da viagem e levantam dúvidas sobre a efectivação do pagamento por parte de Orósio, porém comprovam a mobilidade dos cidadãos, não obstante o desconforto e os perigos. As deslocações de longa distância mantêm-se neste período, sejam quais fossem as razões, incluindo-se as de ordem religiosa.

Figura 1: Paulo Orósio. Iluminura do códice de Saint-Epure

Por exemplo, as peregrinações aos locais santos, entendidas quer como confirmação da fé, quer como experiência propícia ao adentramento interior da alma, estão diversamente documentadas no século IV. Da Península Ibérica, de onde era originário Paulo Orósio, destaca-se o singular texto *Itinerarium Egeriae (*manuscrito *Aretinus 405)*, registro diarizado que faz prova da viagem de uma piedosa monja, "*satis curiosa*", que por terra e mar, a cavalo, de burro e de camelo visitou a Terra Santa, identificando os cenários bíblicos e registando a variedade dos actos litúrgicos. Assim se sabe que chegou ao vale do Monte Sinai a 16 de dezembro de 383: "[...] um vale sem fim, imenso, perfeitamente plano e muito belo, e para lá do vale aparecia o santo Monte de Deus, o Sinai" (*Egeriae. Ininerarium ad loca sancta. Textus ad fiddem codicis Aretini 450* 1.1). Por conseguinte, quando Paulo Orósio nasceu, por volta do ano 390, as peregrinações faziam parte da vida religiosa, testemunhavam a vitalidade da devoção cristã e alimentavam o culto das relíquias. Todavia, segundo o pormenorizado estudo biográfico de Diamantino Martins, o jovem presbítero de Bracara Augusta não teria sido motivado pelo imaginário religioso da peregrinação, mas pela necessidade de fugir de perseguições (MARTINS, 1955). O cristianismo ibérico não espelhava uma unidade doutrinária nem conseguia internamente assegurar a paz, sendo fortes as tensões provocadas pelas interpretações priscilianas e origenistas e pelas práticas cultuais. Por outro lado, também o paganismo autóctone resistia ao desenraizamento regional que o cristianismo impunha como religião verdadeira, gerando-se conflitos e insegurança. Para Diamantino Martins, quer os desvios ortodoxos, quer as ameaças pagãs teriam sido as motivações mobilizadoras de Paulo Orósio que, antes de mais, se dirigiu para o norte de África para consultar o bispo de Hipona e só depois seguiu para Belém, onde estava São Jerónimo (MARTINS, 1955). A peregrinação foi alinhada no plano de viagem, mas secundarizada. A preocupação de fundo era de ordem discursiva: encontrar argumentos que, fundamentada e decisivamente, esmagassem pela evidência da verdade e pela sinalização dos erros as interpretações pagãs e heréticas, geradoras de conflitualidade religiosa. De facto, é nestes termos que Orósio (*Historiarum libri septem* I, 1 =PL XXXI, col.672) começa o primeiro capítulo do primeiro livro: "Penso ser necessário dar a conhecer os conflitos do género humano".

O sentido da história

Procedendo de Braga, Paulo Orósio visitou o bispo hiponense em duas ocasiões, procurando junto dele colher argumentos que corrigissem os desvios doutrinários do cristianismo ibérico, mesclado com o paganismo local, e que servissem para instauração da paz. Agostinho registou o encontro:

> Até mim chegou Orósio, jovem piedoso, irmão da paz católica, filho por idade, co-presbítero por dignidade, desperto de engenho, fácil de palavra, ardente de zelo, deseja ser vaso útil na casa de Deus rebatendo as falsas e perniciosas doutrinas que assassinaram as almas dos hispanos com mais funesto rigor que a espada dos bárbaros destroçou seus corpos. Desde a praia do Oceano veio a mim movido pela fama, esperando ouvir-me expor alguns pontos que deseja conhecer. E já colheu algum fruto da sua viagem (Aug. *Epistolae* 166 (a) =PL XXXIII, cols.720-721).

Por "falsas e perniciosas doutrinas que assassinaram as almas dos hispanos" subentende Agostinho o priscilianismo e o origenismo, heresias presentes no reino visigodo, entre outras (RODAMILANS RAMOS, 2011), e daí, supostamente, a expressão plural "igrejas das ibérias", que ocorre em *Adversus haereses* de São Ireneu. Vale a pena enquadrar: o cristianismo tinha uma presença circunscrita face à generalização do paganismo instalado, como revelam as actas do concílio de Elvira (c. 306-314). Sobre o priscilianismo, heresia originária da Península Ibérica, importa destacá-lo como movimento de resistência belicosa à modelação ortodoxa operada pela patrística, alimentado por uma certa veneração martiriológica decorrente da decapitação de Prisciliano, em Trier, no ano de 385. Tanto assim que a resistência do priscianismo tornara necessário convocar um concílio em Zaragoça (380) para consertar as fissuras abertas nos diferentes bispados a respeito, por exemplo, da marcação dos tempos litúrgicos, como a Páscoa, da estruturação eclesial e do recurso a práticas que roçavam a magia por contaminação do paganismo. Agostinho não se refere directamente ao priscilianismo, apesar de não lhe ser estranho, entre outros aspectos, o teor arianista que estabelecia uma distinção substancial entre o Pai e o Filho, negando a este a participação na natureza divina (Aug. *De trin.* V, 3 =PL XLII, 913) e ignorando a grande distância entre a representação conceptual da divindade a que o ser humano acede e o mistério dessa natureza em si.

Relativamente ao origenismo, sabe-se que penetrou na Península Ibérica por meio de peregrinos - os avitos - que viajaram até aos Lugares Santos, nomeadamente Roma e Palestina, e que tomaram conhecimento parcial das especulações cosmogónicas e metafísicas do filósofo de Alexandria. Agostinho, que apreciava o nível intelectual de Orígenes ("um homem tão sábio, tão versado nas letras eclesiásticas", Aug. *De civ. Dei* XI, 23 =PL XLI, col. 336), apontou-lhe dois erros fundamentais que, a seu ver, inquinavam a doutrina: um, que o Mundo não é bom, negando que foi criado por Deus como tal em cada um dos seus dias de criação, segundo prova a repetição da fórmula genesíaca "E Deus viu que era bom" (Aug. *De civ. Dei* XI, 23 =PL XLI, col.336); outro, que ninguém está sujeito a penas de duração eterna, nem mesmo o diabo e os seus anjos, defendendo a temporalidade finita do inferno (Aug. *De civ. Dei* XXI, 17 =PL XLI, col.336). Ora, quando Paulo Orósio se aventurou na viagem até a África, na sequência das invasões alanas, vândalas e suevas, e pôs à consideração de Agostinho um breve texto intitulado *Commonitorium de errore priscillianistarum et origenistarum*, a ortodoxia era uma das suas preocupações, e por isso buscava a vigilância augustiniana "contra as calúnias daqueles adversários que, desprezando os princípios da fé, se deixam enganar por um imaturo e perverso amor à razão" (Aug. *De trin.* I, 1 =PL XLI, col. 819).[2] De alguma maneira procurou pôr Agostinho a par da situação, picturizando os acontecimentos.

---

2 "[...] stilumnostrumadversuseorumvigilarecalumnias, qui fideicontemnentesinitium, imaturo et perverso rationis amore falluntur".

> Então, dois concidadãos meus, Avito e um outro Avito, como se bastasse a verdade por si mesma para pôr a nu tão vergonhosa confusão, dirigiram-se para terras estrangeiras. Com efeito um partiu para Jerusalém e o outro para Roma. De volta, um trouxe Orígenes e o outro, Vitorino. Destes dois um cedeu ao outro. Mas ambos condenaram o prisciliano. De Vitorino pouco conhecemos, pois, ainda quase antes da publicação (de suas opiniões), o partidário de Vitorino cedeu ao de Orígenes. Começaram pois a ensinar muitas sublimidades de Orígenes, a quem a própria verdade leva pequena vantagem (ORÓSIO, *Commonitorium de errore Priscillianistarum et Origenistarum*, 3 =PL XXXI, col.1214).[3]

Houve segunda visita de Paulo Orósio ao bispo hiponense, referida por Diamantino Martins nestes termos:

> [...] sabemos também que um pedido de Agostinho e duas cartas para o bispo de Hipona levaram a que Orósio passasse de novo por África. De facto, em seus *Sermões,* Agostinho refere que as relíquias de Estevão suscitaram grande *entusiasmo* entre os seus concristãos, o que atesta o regresso de Orósio ao Norte de África (MARTINS, 1955).

---

3 "Tunc duo cives mei, Avitus, et alius Avitus, cum jam tam turpam confusionem per se ipsam veritas sola mudaret, peregrina petierunt. Nam unus Hierosolymam, alius Roman profectus est. Reversi, unos retulit Origenem, alius Victorinum. Ex his duobus, alter alteri assit: Priscillianum tamen ambo danimarunt. Vitorinum parum novimes, quia adhuc pene ante editiones suas, Victorini sectator cessi Origini. Coeperunt ergo ex Origene magnifica plura proponi quae ex modica occacione veritas ipsa praecederet".

Esta segunda visita permitiu a Orósio escrever, a pedido de Agostinho e entre 416 e 418, *Historiarum aduersus paganos*, obra constituída por sete livros de enquadramento histórico da doutrina teológica apresentada em *A cidade de Deus*. Assumida como uma narrativa larga e longa, distendida desde as origens bíblicas até ao ano de 416, introduziu e articulou dois paradigmas augustineanos modeladores da vida humana. O paradigma da desordem interior, reflectido na guerra persistente no mundo e estabelecido a contar do tempo em que se inaugurou a história da humanidade com a queda de Adão e Eva e se fundou a cidade dos Homens. Em contraste, com a vinda de Cristo anunciou-se o paradigma de ordenação interior e de paz, inerente à cidade de Deus. Pode-se admitir que na segunda visita de Orósio a Agostinho este lhe tenha fornecido os dois paradigmas organizadores da história e os ingredientes directivos, como o providencialismo e o optimismo salvífico, que constituem argumentos fortes contra os pagãos. Pergunta-se se tal contributo diminui o valor autoral de Orósio. A pergunta se articula com as críticas feitas à obra do ponto de vista historiográfico, que advertem para sua parcialidade e para as marcas apologéticas do estilo (BODELÓN, 1994-1995, p. 61; MARTINS, 1950). Sem negar a precisão incisiva das advertências, importa ter em atenção a evolução na exigência metodológica das abordagens historiográficas e evitar apreciar a obra dum autor do século V pela bitola epistemológica actual. Da mesma maneira, o contributo do bispo africano tem de ser encarado no contexto do exercício de pensamento. Exercício em que se participam, comungam e internalizam ideias, tornando-se um autor a extensão do outro autor. Um leva a escrita aonde o outro não a levou. Daí defendermos que, não obstante os vínculos intelectuais a respeito da concepção de história, o desempenho redactorial do presbítero ibérico foi autónomo, cabendo-lhe investigar e colectar informações provenientes de várias fontes (Justino, Tácito, Suetónio, Tito Lívio, Florus, Eusébio, Jerónimo), encorpar substantivamente a narrativa e estruturá-la como história cristianizada. Seu principal interesse está na captação hermenêutica de um sentido histórico – '*vis rerum*' – nos planos dos acontecimentos humanos (*tempora antiqua, tempora christiana*; *regnum Babylonicum, regnum Macedonicum, regnum Africanum, regnum Romanum*). Um sentido sacralizado que anulava a concepção de história incerta decorrente do comportamento reactivo dos deuses. Ao anular esta concepção anulava-se, por si mesmo, o argumento da acusação pagã contra os cristãos a respeito do saque de Roma, entendida como vingança dos deuses, cuja existência e poder eram postos em causa pelo deus dos cristãos. Um deus único que arrasava todo o panteão.

Agostinho e Orósio encontraram-se num momento de incerteza conjuntural. Os bárbaros haviam invadido a Península Ibérica e Roma havia sido saqueada por Alarico em 410, acontecimentos que precipitavam o colapso do Império Romano simbolicamente associado ao afastamento de Rómulo Augusto, a 4 de setembro de 476 (COURCELLE, 1964, p. 31-77). Os povos invasores instalavam-se por todo o território, colapsando os suportes económicos, contrariando o sentido da romanização e forçando os romanos à convivência com os bárbaros, em regime de subjugação. Orósio comentou a este respeito:

> [...] nos tempos cristãos, e com princípios cristãos, tamanhas desgraças se juntaram ao mesmo tempo e se abateram como um pesado fardo sobre a cerviz abatida do Romano. As províncias são arrasadas. O exército é destruído. O imperador Valente é quei-

> mado vivo" ORÓSIO, *Historiarum libri septem*, VII, 33 [=PL XXXI, col. 1147]).[4]

Foi neste cenário de humilhação e instabilidade que os romanos pagãos remeteram as culpas para os cristãos. Também Agostinho fez eco da acusação em um dos seus sermões: "Eis que todas as coisas perecem no tempo dos cristãos" (Aug. *Serm.*105, 6 =PL38, col.622). Agostinho sabia que o momento solicitava intervenção, por isso a visita de Orósio, culto, enérgico e disponível, revelava-se conveniente, como sugere Hamman: "é preciso reconhecer que [...] este jovem ibérico, pronto a combater a heresia, não deixara de agradar ao velho lutador de Hipona, que envelhecia" (1967, p. 347).

Encomenda de Agostinho, os sete livros de *Historiarum aduersus paganos* forçam a história a argumentar a favor dos cristãos e enfatizam que a decadência romana não é da responsabilidade do cristianismo, atacando assim a "bazófia" discursiva dos pagãos. Orósio descreve as instruções dadas:

> Deras-me ter instruções para que eu escrevesse, em volume, uma história breve e ordenada, contra a bazófia e as depravações daqueles que, alheios à cidade de Deus, chamamos pagãos, pelo facto de serem oriundos de andurriais e a pagãos" (póvoas) situadas em lugares sertanejos. Também se lhes chamam gentios porque cheiram às coisas deste mundo (ORÓSIO, *Historiarum libri septem* Praef. I, 17-19 =PLI, col. 666).

4 "Consoletur se, sed in hoc solo pervicácia miséria quegentilium, quia temporiset regibós Christianis tantae simulcongestae clades, pressam reipuplicae oneravere, cervicem: eversae provinciae, delectus exercitus, imperatorin census".

Historiarum aduersus paganos corresponde a uma encomenda cumprida: "submeti-me às ordens". Daí que a obra foi reconhecida por Orósio como pertença de Agostinho: "a minha obra pertence-te inteiramente" (ORÓSIO, *Historiarum libri septem* Praef. I,16 =PLI, col. 666). Ora, isto não significa denegação autoral.

A realidade da guerra e a promessa de paz: da desordem à ordem

O saque de Roma, a 24 de agosto de 410, foi o acontecimento simbólico duma desordem governativa expressa na impotência para preservar a paz dentro do domínio territorial e nos bastidores políticos. Uma desordem que Agostinho interpretou na dimensão antropológico-religiosa, enquanto desordenação das prioridades axiológicas do ser humano, que delibera sem o discernimento pautado pelo amor ao próximo e a Deus. Se a desordem representa a unidade conceptual de suporte interpretativo e argumentativo, o amor a Deus representa o horizonte de sentido para as acções humanas no mundo e para o exercício de introspecção a que se submete o agir humano. A relação desordem-ordem da vontade e da razão é compreendida como revestimento conceptual de outra relação convivencial que se manifesta na história da humanidade: guerra paz (PAUL, 2008). Mas, como inverter a desordem, de que a história faz um registo contínuo, para a ordem? Como converter a cidade dos homens em cidade-peregrina para a cidade de Deus?

Qualquer destas questões pode levantar outra mais comprometedora para os cristãos: tem Deus estado ausente da história humana? Só na perspectiva de um pagão, romano ou bárbaro, é possível colocar esta pergunta. Qualquer cristão diria que Deus sempre acompanhou a humanidade por meio dos profetas, por intermédio de quem se manifestou, e pela encarnação de Cristo, a mais forte expressão da sua presença entre a humanidade. Deus não tem estado ausente, embora pareça. A questão é que o livre arbítrio atribuído por Deus ao ser humano responsabiliza a humanidade pelo modo como se efectiva o percurso histórico, pois cada um é responsável por si e pelos demais. A consequência da deliberação e acção individuais, enquanto expressões racionais articuladas com a vontade e a emoção, são da responsabilidade do ser humano. Logo, a ordem ou desordem registradas na história e decorrentes da deliberação e acção são manifestações humanas. Deus está ilibado de responsabilidade. Admitindo este pressuposto interpretativo ajustado à leitura bíblica – Deus tem estado presente na história, mas respeitando o livre arbítrio graciosamente concedido –, avança-se para outra questão: se Deus está presente e se a história da humanidade tem uma distensão temporal linear determinada, que vai da expulsão de Adão e Eva do Éden até ao Juízo Final, então qual o plano de Deus para a história da peregrinação pela Terra? Deixar a história entregue aos seres humanos? Se Adão e Eva não cumpriram com a palavra dada a Deus (abster-se de comer o fruto proibido), poderá a sua descendência alterar o rumo da desordem? Poderá haver mutação do padrão convivencial quando o ser humano está contaminado pelo espírito da desobediência (pecado mortal), quando vive em condições difíceis (trabalho como condição de existência e sobrevivência) e quando está sujeito ao inadiável da morte? Poderá a humanidade sozinha recuperar os princípios axiológicos e a disposição ética ordenadora e assegurar a esperança salvífica? De facto, Deus já enviou o seu Filho, cabendo agora a cada cristão, com o auxílio da graça, testemunhar uma nova vida – da desordem para a ordem –, de acordo com o espírito prosélico do cristianismo. Foi neste espírito cristocêntrico que Agostinho se propôs actuar, ao se orientar para a busca interior de Deus (*exercitatioanimi*), lendo e escutando o sentido da palavra de Deus, pregar essa palavra e reinterpretar a história segundo uma concepção providencialista. Orósio se encaixou neste propósito reinterpretativo.

Quando Orósio visitou Agostinho, que na ocasião já celebrara 60 anos, a paz era uma urgência. Eram muitos os aspectos a considerar que causavam intranquilidade: o Império fora invadido por bárbaros vindos continuamente de todos os lados da fronteira; os bárbaros instalados não garantiam estabilidade aos romanos conquistados; os pagãos proferiam invectivas contra os cristãos, acusando-os de provocar a ira dos deuses do panteão romano; os cristãos desentendiam-se na interpretação bíblica e nas práticas litúrgicas a seguir. Todos os aspectos, no fundo, se reduziam ao problema da desordem interior do ser humano, e a paz tinha de ser pensada na totalidade. Na interpretação augustineana, a manifestação multifacetada deste problema não tinha origem externa, mas residia no fórum da interioridade, estando implícita a rejeição da ideia de determinação implacável do destino (*factum*) ou indeterminação circunstancial da dinâmica da realidade. De acordo com esta linha de pensamento, a desordem do mundo é contingente, e não necessária, reflectindo a desordem interior de cada ser humano, e não o inverso. A inversão do ónus da responsabilidade tem dupla consequência: numa perspectiva subjectiva, a construção da paz passa a ser compreendida como dizendo respeito a cada um, tendo ao seu dispor o exercício racional da introspecção (*exercício animi*) aliada à fé; numa perspectiva colectiva, os cristãos têm como missão dizer isto mesmo, a quem e onde quer que seja. Compreende-se que a visita de Orósio fosse encarada favoravelmente como possibilidade de publicitar esta mensagem, mas também como possibilidade de actuar no espírito da mensagem.

A concepção augustiniana de paz reitera, nos seus dez campos de aplicação, a mesma intencionalidade pedagógica: a paz é uma tarefa que começa dentro de cada ser humano e que tem efeito de sequência em qualquer instância, seja de ordem subjectiva ou social. O mundo é o que nós somos. Se somos desordenados, o mundo é reflexivamente desordenado, e vice-versa. A paz é expressão de um ser humano ordenado e tranquilo, daí que a paz se defina genericamente como a tranquilidade decorrente da ordem "A paz de todas as coisas é a tranquilidade da ordem" (Aug. *Deciv. Dei* XIX,13 =PL XLI, 640). Esta mesma definição repercute em dez campos. Considerando-os individualmente, temos sete instâncias: a casa, o corpo, a alma, o ser humano, a cidade terrena, a cidade de Deus e as coisas. Veja-se que, em *A cidade de Deus*, no capítulo 13°, livro XIX, as ideias de autoridade, obediência, equilíbrio, ordem, concordância e pertença integram e articulam-se predicativamente no núcleo conceptual de paz.

A paz doméstica expressa a concórdia bem ordenada dos elementos do círculo familiar, numa relação de autoridade, comando e obediência. A paz do corpo decorre do equilíbrio funcional de todas as suas partes. A paz da alma irracional requer o repouso bem regrado dos apetites que a afectam. A paz da alma racional resulta do acordo bem ordenado entre pensamento e acção. A paz da alma é a vida e a saúde bem ordenadas do ser animado. A paz do ser humano mortal com Deus revela a obediência bem ordenada na fé sob a lei ordenada. A paz da cidade pressupõe a concórdia bem ordenada dos cidadãos no comando e na obediência. A paz da cidade celeste é a comunhão perfeitamente ordenada e perfeitamente harmoniosa na alegria de Deus. A paz de todas as coisas resume-se na identidade conceptual da tranquilidade com a ordem. Por conseguinte, a ordem designa a disposição dos seres iguais e desiguais, da organização dos espaços e das coisas segundo conveniências próprias, o que recria o cenário do Éden. A definição augustineana inclui a esperança de a cidade dos homens se converter em cidade-peregrina para a cidade de Deus, na sequência da mutação do estado de desordem interior em estado ordenado. A história da humanidade pode ter então um registo oposto ao da guerra: ser a história da vida comum em paz.

Para Agostinho, a concepção de história conjuga a observação do processo de viver em comunidade e de habitar o mundo com o modo de ser humano; por conseguinte, a concepção de política também se apresenta ambivalente (MARROU, 1950). A política adquire positividade ou negatividade se na gestão dos assuntos públicos, internos e externos, procede coerentemente na concretização da identidade da cidade celeste, atemporal e ordenada por excelência, ou se a organização, direção e administração do Estado visam à consecução de objetivos decorrentes da desordenação humana permanente no tempo. Neste sentido, a história configura uma particular modalidade de existência: desordem.

Na sua perícia retórica e tendo por referência a reforma do saber clássico, Agostinho envereda por uma filosofia da história que reinterpreta o dualismo da temporalidade/intemporalidade. A história dá conta do percurso dos ímpios e do percurso dos que procuram instaurar a paz (os cristãos), preconfigurando a paz estável e eterna da cidade de Deus. Diga-se que a narrativa histórica acompanha dois percursos temporais paralelos, mas em que o percurso dos cristãos corresponde a uma intersecção entre a ímpia cidade dos Homens (vida "segundo a carne") e a perfeita cidade de Deus (vida "segundo o espírito") (Aug. *De civ. Dei* XIV,1 =PL XLI, col.403), ou seja, introduz-se uma nova visualização gráfica na história. A vinda de Cristo é ponto de charneira temporal que não só presentificou a cidade de Deus como acrescentou a "representação" dessa cidade entre a cidade dos Homens. Com a manifestação de Cristo se estabeleceu a "representação" da cidade de Deus, quer dizer, os cristãos não só testemunham ou cultivam a memória de tal acontecimento como também cuidam de habitar representativamente a cidade de Deus “inaugurada” por Cristo, usando-se aqui uma linguagem diplomática. Este processo de instauração, ou mesmo de reivindicação, de uma clareira espacial temporal na história para nela colocar a representação duma cidade (de Deus) torna complexa a interpretação do pensamento de Agostinho. Leia-se a seguinte passagem:

> A gloriosíssima cidade de Deus – que no presente decurso do tempo, vivendo da fé, faz a sua peregrinação no meio dos ímpios, que agora espera a estabilidade da eterna morada com paciência até ao dia em que será julgada com justiça, e que, graças à sua santidade, possuirá então, por uma suprema vitória, a paz perfeita [...] (Aug. *De civ. Dei* Praef. =PL XLI, col.13).

Esta passagem que corresponde às palavras de abertura da famosa obra revela ainda outro aspecto interessante para a concepção de história. Arrancando com o superlativo *Gloriosissimam* para cantar a épica duma cidade distante aqui “representada”, Agostinho acompanha o procedimento homérico, seguido por Vergílio e por tantos outros (MOHRMANN, 1961, p. 256), de formular na primeira frase o essencial do seu conteúdo (MOHRMANN, 1961, p. 257), que afinal não é sobre a “*Gloriosissimam civitatem dei*”, mas sobre a história humana na sua correlação entre ímpios e seguidores de Deus, para o período que compreende o Antigo Testamento, ou seguidores de Deus e de Cristo, para o período que parte do Novo Testamento. Agostinho substitui a ciclicidade viciosa da história – o sem fim da concretização do pecado e a luta maniqueista entre o bem e o mal – pela linearidade temporal que põe fim à história e, ao mesmo tempo, liga a história da cidade dos

Homens à a-historicidade própria da cidade de Deus por meio da "representação" dessa cidade. Uma cidade que, já não sendo a dos ímpios, ainda não é a de Deus. Sem "estabilidade" terrena, vive da fé e da esperança. Tal significa que a narrativa histórica tem significado comemorativo, presentificante e expectável, lembrando no presente, em que já está representada sem alicerces estáveis, o sentido do percurso feito e a fazer pela humanidade até ao fim da história, que é o fim do grande ciclo do pecado.

Embora a cidade de Deus tenha sido entendida como uma utopia, ela diferencia-se de qualquer outra por já estar "representada" no mundo – peregrina "*no meio dos ímpios, que agora espera a estabilidade da eterna morada*" –, adiantando-se na espacialização. A espacialidade é uma estrutura solicitada pelas cidades utópicas (MORE, CAMPANELLA), projectadas num futuro ainda sem lugar. Ora, a "representação" da cidade de Deus no mundo significa que já tem lugar no presente, apesar de os alicerces estabilizadores não terem um *topos* mundano, nem a concretização plena se efectivar nesse *topos*. Utopia significa, numa breve elucidação conceptual, "*a place to be desired*" (HODGSON, 1999, p.4). A cidade de Deus já está "representada" e continua a ser desejada fora da representação, o que dá uma particular 'nuance' ao conceito de utopia. A cidade de Deus "representada" no mundo que espelha a verdadeira vida feliz é o desejo que habita o ser humano como o imemorial mais próximo e mais longínquo.

A ambivalente condição da cidade de Deus, concreta e utópica, inscreve-a numa outra concepção de história, alheia ao registo do domínio de alguns homens sobre a maioria, dos jogos de interesse e poder, das guerras, da pulsão libidinal e das mitologias enganadoras. Digamos que a história ganha nova dimensão interpretativa, tomada a partir da perspectiva do modo de vida da humanidade, sendo que de acordo com a estrutura antropológica do ser humano – corpo e espírito – só há dois modos de vida: "segundo a carne" e "segundo o espírito". A distensão temporal é acompanhada pela profundidade e cruzamento introspectivo: como é que a humanidade tem vivido? Como é que eu vivo? O procedimento de Agostinho consiste em examinar o modo de vida humana registado ao longo das Escrituras e nos textos greco-romanos, tomando as informações por factos e eliminando referências mitológicas a fim de realçar a intencionalidade do fio condutor da história. É um procedimento arquitectónico de grande envergadura e que confere à história o estatuto de saber específico, "universal" e dotado de sentido. É um procedimento que precisa ser enquadrado e atender à singularidade dos povos, criando planos de análise. Assim, pergunta-se, como articular a presença civilizacional dos gregos e dos romanos com o fio único e providencialista da história? Orósio foi determinante na elaboração duma concepção concêntrica e convergente da história, mas sobretudo duma concepção ocidentalizante e modelar da histórica a partir da Europa. As suas palavras dão suporte à criação duma imagem totalizadora: "Um só Deus entregou uma só fé e difundiu por toda a terra ecuménica uma só Igreja. Deus olha-a atentamente, ama-a e defende-a" (ORÓSIO, *Historiarum libri septem*, VII, 33 =PL 31, col. 1147). Palavras que ainda hoje têm ressonância em círculos conservadores da Europa, bastando evocar o nome de Marcel Lefebvre, fundador da Fraternité Saint-Pie X, em 1970.

A história como plataforma referencial

Escrever a história da humanidade, integrando nela a parte visível da invisível cidade de Deus, pressupunha tecer articulações ainda não exploradas e as unir num mesmo sentido e realização ('*vis rerum*'). Ao mesmo tempo procurava-se criar uma plataforma para entendimento de pagãos e cristãos. Ambos precisavam ser esclarecidos sobre o sentido do percurso histórico nas modalidades de antes, agora e depois. Um esclarecimento pastoral de consequências culturais, religiosas e políticas.

A plataforma para entendimento de pagãos e cristãos era uma entre outras a estabelecer. De facto, a montagem do cristianismo foi um trabalho de construção de pontes entre acontecimentos, doutrinas e situações aparentemente diferentes e até opostas. Ponte com a profecia da tradição judaica da qual é herdeiro, ponte com a cultura helenista no seio da qual se desenvolveu, ponte com as heterodoxias cristãs para deixar emergir contradições e ponte com os pagãos. Agostinho deu continuidade a esse trabalho com muitas frentes de confrontação. Basta referir como assumiu o encontro entre o helenismo greco-romano e o cristianismo na reforma dos estudos ou como se esforçou em manter a relação entre o *logos* grego e a revelação, admitindo que a ontologia pressuposta no *logos* ganhava a sua verdadeira dimensão expressiva na revelação acontecida com Cristo, o *kairós* logóico. Todavia, a relação entre cristianismo e paganismo no contexto romano implicava considerá-la à luz da dimensão da *res publica*, correspondendo ao princípio de bem comum. Um bem que garante a identidade e unificação do povo, entendendo-se por povo determinada associação de seres humanos, tal como foi definida por Cícero: "povo é não toda a união de seres humanos de qualquer modo congregados, mas a união de inumeráveis seres humanos associados por assentimento de direito e participação com vista à utilidade comum" (CÍCERO. *De re publica*, I, xxv, 39). A coisa pública pressupõe ser um bem comum, juridicamente consensualizado e comumente útil. A conjução das ideias de assentimento de direito ('*iuris consensu*') e utilidade comum ('*utilitatis communione*') leva a colocar duas perguntas correlativas. Uma, sobre a utilidade do cristianismo para o povo; outra, sobre a superioridade do cristianismo em relação ao direito comum regulador. No fundo, qual é a vantagem do cristianismo para a coisa pública?

Cícero dera suporte racional à lei natural ('*ius naturale*') inculcada em todos os sujeitos, congruente, constante, eterna e recta. Pode-se ler num dos seus textos: "A verdadeira lei é a razão recta em concordância com a natureza; tem aplicação universal, imutável e eterna; convoca ao cumprimento do dever, evitando a fraude pela proibição. Esta lei não é revogável nem é permissível restringi-la de qualquer modo" (CÍCERO. *De re publica*, I, xxv, 39). Ao ser humano é dado agir por determinação da lei natural participada, podendo ou não cumpri-la e sujeitando-se à penalização normalizada, no caso de infracção. Que acrescentava o cristianismo a esta lei infundida e reguladora, simultânea e conveniente ao bem comum? Precisamente um fundamento universal que excedia o limite do humano e a potencialidade circunscrita da natureza. Ao deslocar a lei da consciência humana natural para um ser absoluto transcendente e pessoal, o cristianismo não só acrescentava à lei a bondade graciosa e beatífica inerente a Deus como lhe conferia o sentido da salvação do ser humano. O bem comum corresponde à disposição da coisa pública para a salvação e tem o seu 'topos' de manifestação na cidade de Deus "representada". Neste alinhamento de raciocínio, esta cidade deve-se estruturar em função da concretização do bem comum, quer dizer, deve favorecer a verdadeira coisa pública ao abrigo da lei divina. Logo, os pagãos nada teriam a temer com o cristianismo; antes, pelo contrário. Também de nada poderia ser acusado o cristianismo relativamente às desgraças que se abatiam sobre a cidade dos Homens sujeita a uma lei de fundamento naturalista e convenção intelectualista. Por conseguinte, escrever a história da humanidade corresponde à elaboração duma narrativa que entretece passado, presente e futuro na relação com Deus: o passado já contém o presente e o futuro; o presente articula o passado e o futuro; o futuro é a esperança do passado e do presente (Aug, *Conf.*, XI). Tal concepção de história, entrelaçadora de três modos temporais, surge em Orósio pela via crítica do esquecimento. Escreve o jovem ibérico:

> Embora os pagãos ou gentios não busquem nem indaguem o futuro e ainda a despeito de esquecerem ou ignorarem o passado, todavia, difamaram os tempos presentes, como se estes estivessem infestados para além do que é habitual – só pelo facto de que se acredita em Cristo e se adora a Deus, e, por outro lado, se presta menor culto aos ídolos (ORÓSIO, *Historiarum libri septem* Praef., 3-4 =PL 31, cols.666-667).

Por outro lado, escrever a história da humanidade remete a um exercício hermenêutico de sinalização do afastamento ou da aproximação do percurso humano da lei divina, da qual se deve decalcar a lei que rege a vida social nos diversos níveis e sectores, âmbitos. É neste sentido que a história se apresenta como plataforma referencial.

Considerações Finais

O problema que nos conduziu à releitura de Agostinho e à articulação com Orósio foi a pregnância da dificuldade relacional entre pessoas com vínculos religiosos distintos em sociedades democráticas assistidas por várias declarações de direitos e múltiplos códigos de conduta ética. Agostinho e Orósio servem-se da história, configuram-na como saber estruturante da memória colectiva e lhe dão o estatuto de instrumento imprescindível na construção da paz. Recorreram a três estratégias: primeira, rever as narrativas históricas e reconstruir uma referência comum de sentido para a vida humana baseada no desejo imemoriável de vida feliz; segunda, advertir para a presença, sob o modo de representação, da existência duma cidade em peregrinação para a vida feliz, regida pela lei divina disseminada nas Escrituras e habitável por todos; terceira, fazer coincidir a ordenação jurídica da sociedade com a ordenação divina, avançando com as ideias de sociedade única para a única humanidade e de convivência em paz. As consequências teocráticas desta leitura da história da humanidade estiveram particularmente presentes na organização político-social da Idade Média, mitigando-se ou reconfigurando-se a pouco e pouco. Mas os problemas diagnosticados, como a dificuldade convivencial, a inclusividade das diferenças e a coparticipação na construção do bem comum mantêm-se como linhas de tensão da incerta encruzilhada contemporânea. Por isso, impossível não colocar em perspectiva o problema do século V e o actual, quando a Europa se agita e inquieta com intolerância religiosa e se defronta com um passado medieval (SANTOS, 2013), quando no mundo se radicalizam posições, se desequilibra a geometria da variável teológico-política e o lugar político da responsabilidade está vazio. O esforço de Agostinho e Orósio na redacção duma narrativa do percurso humano para ganhar a perspectiva do sentido da vida ainda é um legado e uma sugestão para repensar a paz.

Referências Bibliográficas

BAUMAN, Zygmunt. *Liquid modernity*. Cambridge: Polity Press, 2000.

BODELÓN, Serafín. Orosio. Una Filosofia de la Historia. *Memorias de historia antigua*, Vols. 15-16, p.59-80, 1994-1995.

BOEHNER, Philotheus; GILSON, Etienne. *História da Filosofia Cristã*. 6ª ed. Petrópolis: Vozes, 1995.

CALVINO, Italo. *Por quê ler os clássicos*. 2.ª ed. São Paulo: Companhia das Letras, 1981.

CARVALHO, João. Dependerá Santo Agostinho de Paulo Orósio? *Revista Portuguesa de Filosofia*, 11-1, p.143-153, 1955.

CÍCERO. *De re publica. De legibus*. London: William Heinemann Ltd, 1988.

COURCELLE, Pierre. *Histoire littéraire des grandes invasions germaniques*. 3. éd., augm, et illustrée. Paris: Études augustiniennes, 1964.

EGÉRIA. *Viagem do Ocidente à Terra Santa, no Século IV (Itinerarium ad loca sancta)*. 2.ª ed. Lisboa: Colibri, 2009.

FRANÇOIS, Stéphane. *Le néo-paganisme:* une vision du monde en plein essor. Valence d'Albigeois: Éditions de La Hutte, 2007.

FRANGIOTTI, Roque. *História das Heresias*. Séculos I-VIII. São Paulo: Paulus, 1995.

HAMMAN, Adalbert. Orosius de Braga. *Bracara Augusta*, 21, p. 346-55, 1967.

JOLY, Robert. Saint Augustin et l' intolérance religieuse. *Revue belge de philology etd'histoire*, Tome 33, fasc. 2, p. 263-294, 1955.

LACROIX, Benoît. *Orose et ses idées*. Paris: Vrin; Montréal: Institut d'études médiévale, 1965.

MARROU, Henri-Irénée. *L' ambivalance du temps d'histoire chez Saint Augustin*. Paris: Vrin, 1950.

MARTELLI, Fabrizio. Reazione anti agostiniana nelle Historiae di Orosio?. *Rivista Storica dell'Antichità*, Bologna, XII, p. 217-239, 1982.

MARTÍNEZ CAVERO, Pedro. *El pensamiento histórico y antropológico de Orosio*. Murcia: Universidad de Murcia, 2002.

MARTINS, Diamantino. Paulo Orósio. Sentido universalista da sua vida e da sua obra. *Revista Portuguesa de Filosofia*, 11-2, p. 375-384, 1955.

MARTINS, Mário. Paulo Orósio e a sua concepção de História. In:___. *Correntes da Filosofia Religiosa em Braga dos séculos IV a VII.* Porto, 1950, p. 183-213.

MOHRMANN, Christine. *Latin Chretien et Latin Medieval.* Etudes sur le Latin des Chretiens. Roma: Edizioni di Storia e Letteratura, 1961.

NUNES, Eduardo. *Paulo Orósio Bracarense.* Seu valor filosófico, teológico e literário. Tese de Licenciatura. Faculdade de Letras da Universidade de Lisboa, 1958.

ORÓSIO, Paulo. *Consultatio sive commonitorium ad Augustinum de errore Priscillianistarum et Origenistarum. PL.* vol. 31, cols. 1212-1216. PL, *Patrologia Latina*. Paris, 1844-1864.

______. *Historiarum adversos paganos. PL.* vol. 31, cols. 663-1174. [*História contra pagãos.* Int. Lúcio Craveiro da Silva. Braga: Universidade do Minho, 1986].

RICOEUR, Paul. *La mémoire, l'histoire, l'oublie*. Paris: Ed. du Seuil. 2000.

RODAMILANS RAMOS, Fernando. Herejías en la Península Ibérica hasta el siglo IX. *Ab Initio*, 2, p. 61-79, 2011.

SANTOS, Maria Teresa. A intolerância na relação entre cristãos e pagãos: ler o presente em Agostinho. *Chaos & Kosmos*. XIV, p. 1-19, 2013.

SILVA, Lúcio. Paulo Orósio: Vida e Obras. *História Contra os Pagãos*. Braga: Universidade do Minho, 1986.

TERTULIANO. *Liberde praescriptione haereticorum. PL*, vol I, cols.32-35.

THONNARD, François-Joseph. Saint Augustin et les grands courants de la philosophie contemporaine. *Revue des Études augustiniennes*, I, p. 69-80, 1955.

TORRES, Casimiro. *Paulo Orosio. Su vida y sus obras*. La Coruña: Fundación Pedro Barrie de la Maza Conde de Fenosa, 1985.

De Ecclesiasticis Officiis e *Sententiarum libri tres*: A proposição de um modelo de bispo em escritos isidorianos*

* Uma versão reduzida deste texto foi publicada na revista Acta Scientiarum. Education (Online), v. 36, 2014.

Leila Rodrigues[1]

Introdução

Passado o período de perseguições, o Cristianismo se beneficiou amplamente das alianças estabelecidas com as autoridades imperiais. Desde o século IV, a instituição eclesiástica dispôs de ajuda material e privilégios que facilitaram a sua organização interna, por um lado, e influência crescente junto às populações, sobretudo urbanas, por outro. Ainda que tais vantagens não tenham representado a consolidação hegemônica da fé cristã em relação às demais, fenômeno verificado apenas na Idade Média, a conversão de Constantino é um marco significativo na longa história de acordos entre os poderes laicos e eclesiásticos e do próprio Cristianismo.

Diante da correlação de forças que marcou os séculos V e VI, tais alianças foram reeditadas. Com a chegada dos 'bárbaros', a nova

---

1 Professora Doutora do Departamento de História e do Programa de Pós-graduação em História Comparada da Universidade Federal do Rio de Janeiro – UFRJ. Coordenadora do Programa de Estudos Medievais (PEM). O presente capítulo está associado ao projeto de pesquisa "A figura episcopal nas atas conciliares bracarenses e visigóticas e em escritos martinianos e isidorianos: nuanças da organização eclesiástica nos reinos suevo e visigodo em perspectiva comparada (séculos VI – VII)", desenvolvido com o apoio do CNPq.

configuração geopolítica do ocidente, na qual se inscreve a constituição de reinos romano-germânicos, estimulou a instituição clerical a realizar ajustes em sua dinâmica de funcionamento. Como parte deste encaminhamento, dentre outros desdobramentos, observa-se a constituição em nível regional de "igrejas", que se mantêm relativamente independentes em cada um dos reinos, embora seus líderes se reconheçam como integrantes de uma mesma instituição.

As novas lideranças políticas não desprezaram nessa conjuntura a possibilidade de maior apoio local baseado nas mediações que o Cristianismo poderia proporcionar. Logo, em reinos como o suevo, o visigodo e o franco, que contavam com significativa parcela da população autóctone identificada com o Cristianismo, a aproximação entre as autoridades políticas e clericais não tardou. A despeito das motivações imediatas de um e de outro nem sempre revelarem harmonia plena, a convergência de interesses no médio prazo indicava que a aposta na aliança traria vantagens para ambos.

Nesse sentido, buscou-se, de um modo geral, concomitantemente, resguardar e expandir a influência do Cristianismo. No que concerne às lideranças eclesiásticas, mantidas as especificidades próprias de cada reino, constata-se um amplo movimento visando à preservação e ampliação da fé cristã associada à reorganização da instituição clerical no plano regional. Assim, dentre outras iniciativas, o episcopado fundou mosteiros nas áreas rurais, promoveu concílios, procurou instrumentalizar a preparação intelectual do corpo eclesiástico e investiu na organicidade da comunidade religiosa, com ênfase no fortalecimento e distinção do próprio episcopado. Nesse cenário, foi responsável pela produção de um vasto material, composto por escritos de naturezas distintas que compreendia atas conciliares, regras monásticas, sermões, espelhos de príncipes, hagiografias e manuais, cuja importância esteve invariavelmente associada à cristianização.

Dentre os temas valorizados pelo episcopado, observa-se a preocupação com a definição de padrões de comportamento para os vários atores sociais. Neste capítulo, interessa observar as principais alusões às autoridades eclesiásticas nas obras *De Ecclesiasticis officiis* e *Sententiarum libri tres*, redigidas por Isidoro de Sevilha, e sua relação com um modelo idealizado de bispo, concebido no reino visigodo pela elite clerical.

A cristianização e um projeto episcopal normatizador: considerações preliminares

A consolidação e a expansão do Cristianismo pressupunham o estabelecimento de uma sociedade na qual cada fiel deveria ocupar funções específicas em prol de toda a comunidade. Os desvios, concebidos como indesejáveis, deveriam ser tratados com cautela. Em vez do rechaço, a opção predominante indicava a tentativa de enquadramento sempre que as circunstâncias e os grupos envolvidos assim o permitissem. A valorização de um dado padrão moral extrapolava o domínio do religioso e conferia aos propagadores de tais orientações, identificados como porta-vozes do sagrado, um lugar de distinção naquela sociedade.

Em consonância com tais diretrizes, é possível verificar no conjunto de escritos produzidos pela elite eclesiástica um projeto de normalização da sociedade. Não um 'projeto' compreendido como algo deliberadamente planejado ou mesmo plenamente reconhecido por toda a elite episcopal como tal, mas como um conjunto de encaminhamentos e referências voltado ao cumprimento de um objetivo comum: a ampliação do número de fiéis e da influência do Cristianismo. Independentemente da consciência que cada "bispo-autor" pudesse ter de todo o processo, cabe salientar que, ao menos no plano ideológico, o esforço voltado para o alcance daquele objetivo associava-se à manutenção das relações de dominação predominantes no período.

Em outras palavras, a despeito da identificação do episcopado como um segmento social singular, cuja natureza deve reconhecer a reivindicação de vínculos com o sagrado, a elite clerical não pairava neutra sobre a sociedade no que tange às questões de classe. Isso explica, por exemplo, a aliança entre as autoridades políticas e religiosas, antes mencionada, cujo sucesso certamente decorreu dos interesses fundamentais de ambos os grupos.

Se às autoridades religiosas coube a possibilidade de expressar em seus escritos detalhes da ordem mais geral que desejava manter, é preciso levar em conta que o fez a partir do seu próprio ponto de vista. Aqui convém lembrar, em alusão a Bourdieu (1989, p. 13), que as ideologias são "duplamente determinadas", o que as vinculam aos interesses de classe, mas também as tornam veículos dos anseios particulares dos que as formularam. Desse modo, compreende-se a farta utilização, nas proposições intelectuais do episcopado, de elementos de uma herança clássica e cristã comum, reconhecida no seio da instituição clerical. Relativamente estável em seus aspectos mais proeminentes, esta herança se constituiu como um rico conjunto do qual foram destacados, em conjunturas distintas, tópicos variados, dependendo dos interesses, mais ou menos explícitos, em pauta.

Não é demais ressaltar a impossibilidade de mapeamento de cada um dos elementos constitutivos do referido 'projeto' normativo. Seja pela inexistência de um bloco sistematizado, coerente e fechado, seja pela certeza de que não está compreendido em um único documento. Não se deve também supor que tais elementos, se identificados, revelariam especialmente os interesses de classe do episcopado. As sutilezas, as contradições, a riqueza das proposições expressam uma complexidade diante da qual é preciso admitir que, se não há dúvida acerca da existência do referido projeto normatizador, ainda há muito que se pesquisar a respeito.

Isso não significa afirmar que os paradigmas idealizados que o constituem não possam ser identificados em seus aspectos essenciais a partir da análise de dado *corpus* documental. Este é o caso, por exemplo, no reino visigodo, do modelo de bispo presente nas obras *De Ecclesiasticis officiis* e *Sententiarum libri tres* de Isidoro de Sevilha.

Antes da análise destes escritos, cabe ainda destacar dois aspectos. Primeiro, se os modelos propostos aos vários segmentos pelo episcopado devem ser concebidos como parte de um projeto normatizador, é preciso ressaltar a importância neste conjunto das considerações produzidas particularmente acerca do próprio episcopado. O zelo com a conduta do grupo deve, pois, ser compreendido como parte das estratégias que visavam à posse inquestionável de dado poder, o simbólico. A construção e o reforço de uma imagem que garantisse o exercício da influência, do domínio e da direção, de forma naturalizada, capaz de escamotear o nível de arbitrariedade presente na relação com os envolvidos, certamente promoveram cuidados especiais. Não por acaso, o tema esteve, como será lembrado adiante, entre as preocupações de renomadas figuras da Patrística.

Segundo, acerca desse 'projeto' normativo, no presente texto, importa analisar a sua configuração especialmente como expressão da perspectiva eclesiástica que o idealizou. Por uma série de fatores, portanto, não se reivindica avaliar aqui a eventual correspondência entre o 'projeto' normativo e sua aplicação social. Ou seja, não se busca apurar em que medida o modelo proposto teria sido praticado. Na verdade, tal nuance interessa apenas indiretamente, já que se pode pressupor que as motivações dos escritores resultariam também da observação de seu próprio entorno.

Em suma, por ora importa observar as principais alusões às autoridades eclesiásticas nos *De Ecclesiasticis officiis* e *Sententiarum libri tres* e sua relação com um modelo idealizado de bispo, concebido no seio eclesiástico.

Isidoro de Sevilha e os escritos *De Ecclesiasticis officiis* e *Sententiarum libri tres*

Isidoro nasceu em torno de 565 e morreu em 636 (FERRÁNDIZ ARAUJO, 2003). Seu pai, ocupante de alto cargo em Cartagena, precisou sair da região na ocasião da ocupação bizantina. Ao que tudo indica, a família teria se instalado em Sevilha, onde se manteve influente e pôde garantir a Isidoro e seus irmãos mais velhos lugares destacados na hierarquia eclesiástica. Florentina ocupou cargo de abadessa, Fulgêncio se tornou bispo de Écija, e Leandro, de Sevilha, antes do próprio Isidoro.

Isidoro obteve sua formação escolar conforme os padrões da tradição clássica, comum aos membros da elite então contemporânea. Usufruiu, assim, desde jovem de um ambiente culto, compartilhado por seu irmão mais velho, Leandro, responsável por sua educação. Tendo se tornado órfão muito jovem, passara à tutela do irmão, que àquela altura já se destacava como eminente figura do ambiente eclesiástico, a quem se atribui o conjunto de tratativas que resultou na conversão de Recaredo, rei dos visigodos. Além de tal intervenção, Leandro ficara conhecido por sua participação na condução do III Concílio de Toledo que oficializa a referida conversão, pela redação de uma regra monástica dedicada a Florentina e pela interlocução mantida com Gregório Magno.

Desde a conversão dos visigodos em 589, o favorecimento da instituição eclesiástica e a participação da elite clerical nas instâncias de poder do reino são comumente praticados. A atuação de Isidoro, a partir de 600, como bispo de Sevilha, deve ser compreendida neste contexto. O hispalense substituiu o irmão no episcopado, bem como no papel do mais influente intelectual junto aos reis pós-conversão. Por mais de 30 anos participou ativamente do processo de reorganização da igreja local, o que, naquela conjuntura, implicou colaborar com os monarcas visigodos, que buscavam consolidar um *regnum*. Não se deve supor, todavia, que tal colaboração se inseria em uma plataforma ausente de conflitos. A tensão entre as esferas política e religiosa estão atestadas na documentação, especialmente nas atas conciliares (CONCÍLIOS VISIGÓTICOS E HISPANO-ROMANOS, 1963), com o poder temporal interferindo em questões clericais, e vice-versa. No balanço geral, entretanto, observa-se a maior capacidade do clero no sentido de se fortalecer como grupo autônomo, ao mesmo tempo que contribuía para a legitimação da elite política.

Relacionado a esse quadro, Isidoro presidiu os concílios II de Sevilha (619) e IV de Toledo (633) e redigiu pelo menos 17 escritos, conforme registrou seu discípulo Bráulio de Saragoça (LYNCH; GALINDO, 1950). Parte dessas obras foi reproduzida ao longo da Idade Média e chegou a nossos dias. Aqui como já anunciado, interessa observar duas delas: *De Ecclesiasticis officiis* e *Sententiarum libri tres*.

Identificado como um manual de liturgia, *De Ecclesiasticis officiis*, conforme sua introdução, foi redigido a pedido do bispo de Écija, Fulgêncio, irmão de Isidoro. Trata-se de uma pequena obra, como o próprio autor a define: "Pediste que expusesse a origem dos serviços eclesiais... Envio um pequeno livro no qual se descrevem os diversos ofícios" (ISIDORO DE SEVILHA, 2007, p. 33).

Escrito em torno de 615, nele o autor reúne o que avalia como as principais referências litúrgicas produzidas pelos antigos. Ora reproduzindo literalmente, ora com suas próprias palavras, Isidoro fornece ao leitor uma síntese do que em termos litúrgicos foi conhecido e em grande parte adotado no reino visigodo. Dividido em dois blocos, o primeiro aborda em 35 capítulos os elementos primordiais do ofício clerical, percorrendo a história e fornecendo a definição de um heterogêneo conjunto do qual fazem parte considerações sobre os salmos, a missa, a Páscoa, os alimentos recomendados em determinados dias, a Quaresma, os jejuns, o calendário litúrgico, os livros sagrados, dentre outros assuntos.

O segundo, composto por 27 capítulos, está dedicado, sobretudo, a identificar os cargos e atribuições do corpo clerical. Desse modo, detalhes das funções são informados concomitantemente às recomendações sobre a melhor forma para o seu exercício. Orígenes, Lactâncio, Jerônimo, Ambrósio, Agostinho, Cassiano e o texto bíblico, principais fontes de Isidoro, são amplamente citados. Como declarado na introdução da obra, Isidoro confirma que com este escrito desejava recuperar os dados mais importantes definidos no passado, acerca dos ofícios e seus afins.

Voltado para o clero, *De Ecclesiasticis officiis* foi certamente adotado nos mosteiros e escolas episcopais como suporte fundamental para a formação clerical. No âmbito regional, pode-se, inclusive, atestar sua utilização no noroeste peninsular pelas referências que lhes são feitas por Frutuoso de Braga e Valério do Bierzo (DIAZ Y DIAZ, 1976). Na edição produzida por Viñayo González (2007), menciona-se uma circulação mais ampla, comprovada pelos muitos manuscritos encontrados fora da península hispânica.

Os *Sententiarum libri tres* correspondem a três livros, como informa o título pelo qual ficou conhecido. O primeiro, dividido em 30 capítulos, privilegia as questões dogmáticas, e o segundo e o terceiro, contendo respectivamente 44 e 62 capítulos, os temas ascético-morais. A obra, que, de acordo com Jacques Fontaine (2002), pode ser identificada como uma espécie de síntese da espiritualidade isidoriana, seria, depois das *Etimologias*, o escrito mais importante do autor. Com um conjunto significativo de repetições e de referências às Escrituras, à Patrística e à tradição clássica, passando por Ovídio, Virgílio, Horácio e Platão, trata-se de um compêndio teológico que foi produzido, certamente, para o público eclesiástico. Ainda que as várias fontes utilizadas por Isidoro possam ser identificadas, sua inspiração maior provém de Gregório Magno, em particular dos seus *Livros Morais* que, sabemos pelo próprio Gregório (1998), foram enviados para Leandro de Sevilha.

No primeiro dos livros são realizadas considerações sobre Deus, o tempo, Cristo, o mundo, o mal, os anjos, o Espírito Santo, os hereges e pagãos, entre outros pontos. No segundo, são mescladas as temáticas como sabedoria divina, graça, pecado, vícios e virtudes. No último livro, de ordem mais pragmática que os anteriores, são enfocadas questões como a ação divina na aplicação de castigos, as tentações do diabo, a importância da oração e da leitura, a prática monástica em busca da perfeição e a caracterização e atuação de alguns atores sociais, como governantes, juízes e clérigos. Nesse conjunto, Isidoro reserva 14 capítulos, do 33º ao 46º, às considerações sobre as autoridades eclesiásticas, com a abordagem de temáticas diversas, dentre as quais se destacam reflexões sobre a conduta moral e compromissos a serem assumidos pelas lideranças religiosas diante da *ecclesia*.

Ainda que não se possa restringir o alcance de os *Sententiarum libri tres* à sua finalidade normatizadora, há que ressaltar a relevância conferida por Isidoro ao pecado e a toda a sua negatividade ao longo do texto. A luta contra o que seria a tendência predominante da ação humana exige, pois, em contrapartida, uma atenção especial ao tema das virtudes. Assim, verifica-se a recorrência com que o autor discorre sobre as vantagens de uma prática virtuosa, numa espécie de busca do progresso cristão (RECAREDO GARCIA, 1980).

Integrante do corpo de especialistas da instituição eclesiástica e, como tal, detentor da capacidade de legitimamente produzir seu discurso religioso e dele ser porta-voz, Isidoro assume ao longo de toda a obra um tom conselheiro que objetivaria favorecer o referido progresso cristão.

A autoridade episcopal e seus elementos modelares

A esta altura, caberia perguntar: tendo em consideração a conjuntura na qual Isidoro se inseria, bem como o fato de que representava legitimamente a instituição,[2] quais são os principais temas e diretrizes relacionados à atuação das autoridades eclesiásticas com os quais o bispo de Sevilha se ocupa nas duas obras? Quais elementos estariam reunidos em sua proposição modelar? Antes, pode-se indagar: qual é a natureza da autoridade episcopal? Como essa construção se relaciona com o pensamento isidoriano?

A despeito da imprecisão quanto ao rol de atribuições assumidas pelo episcopado no início do Cristianismo no período apostólico, os *episkópos* eram meros administradores. A partir do segundo século, as funções episcopais estiveram diretamente vinculadas ao seu papel como liderança junto à comunidade e, aos poucos, garantiram considerável prestígio social. Tais atribuições e prestígio cresceram especialmente a partir do quarto século. Desde então, a proximidade com o poder público, em que ele se fazia

---

2 Isidoro de Sevilha detém o reconhecimento e a autoridade necessários à formulação de diretrizes para o funcionamento da instituição eclesiástica. Nos termos propostos por Bourdieu, dispõe de 'capital simbólico': "[...] crédito firmado na crença e no reconhecimento ou, mais precisamente, nas inúmeras operações de crédito pelos quais os agentes conferem a uma pessoa – ou a um objeto – os próprios poderes que eles lhes reconhecem" (BOURDIEU, 1989, p. 187-188).

presente ou substituído quando ausente, assegurou o destacado papel da autoridade episcopal junto às populações.

Em relação a seu perfil moral, a literatura cristã, como salienta a historiadora Rita Lizzi Testa (2009), discutiu amplamente sua natureza e modelo ideal. As cartas de Inácio de Antioquia (1995), do início do segundo século, e a *Didascalia apostolorum* (1903), do terceiro século, oferecem-nos informações sobre as qualidades esperadas de um bispo, isso só para lembrar o que se produziu a respeito, até o século III. No século IV, as contribuições ao tema fornecidas, dentre outros por João Crisóstomo (1979) e Ambrósio de Milão (1886-1890), consolidaram as principais linhas do seu perfil e inspiraram muito do que se escreveu posteriormente.

Do bispo se poderia desejar que fosse digno e soberano, sem ser presunçoso, respeitável, amigável, enérgico, condescendente, incorruptível, solícito, modesto sem ser servil, rigoroso e generoso, como ressaltava João Crisóstomo (1979). Ou, em referência às virtudes cardeais, valorizar a coragem, a justiça, a prudência, a moderação e a temperança. Ou, como lembrava Ambrósio, em alusão ao texto bíblico, o bispo deveria ser sóbrio, modesto, de bom comportamento, hospitaleiro, apto para ensinar, nem avarento nem um brigão, e um bom condutor da própria casa (AMBROSE, 1886-1890, p. 64-65). Enfim, como sucessor dos apóstolos, deveria ser um exemplo de conduta moral e virtude, aspecto sobre o qual se fundamentou grande parte do seu poder.

Claudia Rapp (2005) defende que por séculos os principais elementos associados à autoridade episcopal se mantiveram os mesmos, cabendo a um ou outro maior ou menor peso, dependendo das circunstâncias. Dessa forma, formulou um modelo episcopal identificado com três tipos de autoridade que se inter-relacionam - espiritual, pragmática e ascética –, cabendo a esta última certa proeminência.

Em linhas gerais, de acordo com a autora, a autoridade espiritual indica que seu portador recebeu o Espírito de Deus, sua origem está fora do indivíduo e é pessoal, já que dada por Deus a uma pessoa em particular como um presente. A autoridade pragmática depende da ação direcionada ao benefício dos outros. Para tal, exige que o promotor tenha condições materiais, ocupe o lugar social adequado e aja publicamente. Por fim, a autoridade ascética se fundamenta nos esforços pessoais do indivíduo, sendo alcançada pela mortificação do corpo, na prática de um comportamento virtuoso. Tal autoridade depende do reconhecimento dos outros e se revela na aparência, no estilo de vida e na conduta (RAPP, 2005).

Ainda que não se pretenda aplicar a tipologia proposta por Rapp ao conjunto de referências feitas ao bispo por Isidoro, há que reconhecer sua identificação com o pensamento isidoriano, o que pode ser verificado, por exemplo, pelos termos que inauguram, nos *Sententiarum libri tres*, as alusões à autoridade eclesiástica. Cabe ressaltar que tal identificação observada no tratamento conferido às responsabilidades essenciais do bispo, à sua relação com os temas mundanos e à importância do seu perfil virtuoso também estão presentes no *De Ecclesiasticis officiis*.

Assim, Isidoro inicia suas ponderações nesta obra com a afirmativa de que:

> O varão eclesiástico não apenas deve estar crucificado ao mundo pela mortificação do próprio corpo, mas também deve assumir com humildade a direção administrativa da ordem eclesiástica, ainda que isso contrarie seu desejo, se for vontade de Deus (1971, p. 469).

Seu perfil ascético se mescla à sua função pragmática, e ambos são subordinados à vontade divina, evocada como a razão fundamental de sua atuação, já que determina o propósito ao qual o bispo deveria servir.

A não correspondência ao planejado decorreria apenas da intervenção de Satanás, figura a quem Isidoro recorre como autor de possíveis desvios praticados por aqueles que, a despeito do perfil honrado, recusar-se-iam a dirigir os demais. O ministério pastoral se impunha, pois, como a mais importante tarefa a ser realizada pela autoridade eclesiástica, de quem se exigia que os exemplos e a vida correta fossem fontes efetivas de inspiração.

A perspectiva de que alguns se interessassem pelo cargo atendendo a desejos mundanos preocupava e deveria ser amplamente rechaçada. Nesse sentido, Isidoro lembra que, se erram os que, reconhecidamente virtuosos, não aceitam liderar, maior é o prejuízo para toda a comunidade se os identificados com os vícios são promovidos ao governo. A linha de argumentação insiste não apenas na incapacidade de tais homens conduzirem os subordinados adequadamente, já que estes não detêm as virtudes que fundamentariam as decisões corretas e inspirariam os súditos, mas, sobretudo, na eventual utilização do cargo para a obtenção de riqueza e honra.

Desse modo, ressalta-se a relação direta entre uma vida de virtudes e a capacidade de corrigir os erros alheios. De acordo com o autor, não seria possível impor determinado comportamento sem a evidência de que o cargo não fora assumido na busca de vantagens pessoais. Caberia, pois, ao dirigente, além de uma vida ilibada, a efetiva demonstração de que no exercício da função não objetivava o próprio proveito.

De Ecclesiasticis officiis e *Sententiarum libri tres*: elementos de confluência

A despeito dos diferentes estilos e da maior ou menor ênfase argumentativa adotada pelo autor em cada uma das duas obras, é possível constatar que os aspectos essenciais concernentes ao episcopado ressaltados nos dois escritos convergem. Obviamente que a referida coincidência decorre especialmente do fato de que tais aspectos expressam a perspectiva de Isidoro sobre o tema. Mas, quais seriam estes elementos de convergência? Por que Isidoro insistiria em apresentá-los em obras tão diferentes? Seria possível relacionar as preocupações de Isidoro em relação à figura episcopal com sua própria conjuntura?

Tomando como referência a ordem das temáticas apresentada no *De Ecclesiasticis officiis*, caracterizado pela sua forma mais direta e simplificada, os seguintes pontos de confluência entre os dois escritos podem ser observados: o cuidado conferido às pré-condições ao cargo episcopal; a responsabilização do bispo com o conhecimento e sua divulgação; a valorização dos elementos da ascese e do comedimento no perfil da autoridade; o destaque para a atuação do bispo como juiz; o realce para a dedicação episcopal às populações débeis e a elevação da prática virtuosa à condição de exemplaridade.

As pré-condições ao cargo episcopal são lembradas nas duas obras não apenas em suas manifestações positivas, mas incisivamente nos elementos que se desejava repudiar. Assim, no *De Ecclesiasticis officiis* é ressaltada a total inadequação de que um laico fosse designado para o magistério episcopal. A confluência pode ser observada inclusive na indignação que promove a utilização da mesma pergunta nas duas obras: "[...] como pode ensinar aquele que nunca aprendeu?" (ISIDORO DE SEVILHA,

2007, p. 114, 1971, p. 472). Persiste-se no necessário domínio das Escrituras e, implicitamente, nas demais fontes de conhecimento utilizadas durante a formação episcopal, bem como na capacidade de argumentar e convencer, adquirida como decorrência.

Ainda no que concerne ao repúdio às nomeações laicas, impõe-se a idade mínima de 30 anos para a função e se denuncia a compra do cargo ou o seu recebimento como herança no *De Ecclesiasticis officiis*; enquanto nos *Sententiarum libri tres* impõe-se, como já lembrado, que o candidato não deveria desejar possuir riquezas.

A atenção com o conhecimento a ser exibido pelo bispo se mantém em pauta em associação ao recomendado uso de linguagem adequada ao público, bem como ao cuidado sobre o momento oportuno para o exercício da pregação. A linguagem, de um modo geral, deveria ser simples, e os conteúdos não poderiam ser os mesmos para todos (ISIDORO DE SEVILHA, 2007, 1971). A profissão, os costumes e a formação escolar dos ouvintes precisavam ser considerados. Nos *Sententiarum libri tres*, há instruções detalhadas a respeito em dois capítulos. Neles, dentre outras indicações, recomenda-se, por um lado, que os incultos recebessem um 'ensinamento médio' (*mediocriter*) e que os 'veneráveis' (*seniores plebis*) fossem os primeiros a obter instruções, já que desse jeito poderiam auxiliar os que estivessem sob sua direção (ISIDORO DE SEVILHA, 1971).

Em relação à valorização dos elementos da ascese, ainda que nos *Sententiarum libri tres*, como já se observou, Isidoro, ao inaugurar suas reflexões sobre o perfil episcopal, tenha alertado para a necessária mortificação do corpo, não se ocupou detidamente na temática ao longo da obra. Em contrapartida, no *De Ecclesiasticis officiis*, indica de modo incisivo o que se espera do bispo: seu principal dever é "[...] seguir o exemplo dos santos, moderar-se no sono, comer pouco e orar muito" (ISIDORO DE SEVILHA, 2007, p. 117).

As menções à atuação do bispo como juiz valorizam dois pontos: por um lado, insiste-se na cautela e na humildade como condições para um justo veredicto. A precipitação e a dureza não deveriam nortear as decisões, especialmente se o que estivesse em questão se referisse ao plano moral. Por outro, traz à tona, com veemência, o compromisso da autoridade episcopal com a verdade e com os pobres, nos julgamentos seculares. Se a garantia da verdade é o principal elemento destacado no *De Ecclesiasticis officiis*, nos *Sententiarum libri tres* Isidoro prolongadamente disserta em tom de denúncia sobre o erro cometido pelos que, amedrontados ou beneficiados pelos poderosos, não são capazes de defender os pobres. Utilizando-se de fartas referências bíblicas, lembra o papel do pastor que deve proteger o rebanho, expondo publicamente com críticas e excomunhão os opressores, identificados com as 'feras' (ISIDORO DE SEVILHA, 2007, 1971).

Por fim, tendo em conta o conjunto de temas comuns reconhecidos nas duas obras, destaca-se a elevação da prática virtuosa à condição de exemplaridade. Exige-se do bispo um comportamento modelar, inspirador. Embora as virtudes demandadas sejam mencionadas em mais de uma oportunidade no *De Ecclesiasticis officiis*, Isidoro, em um exercício de síntese, as enumera ao final. Nesse sentido, lembra a importância da serenidade, da paciência, da sobriedade, da moderação, da abstinência, da castidade para que o "[...] ministro de Deus" pudesse ser reconhecido, em suas palavras, como um "[...] sacerdote perfeito" (ISIDORO DE SEVILHA, 1599, p. 348).

Nos *Sententiarum libri tres*, as virtudes exigidas são igualmente tratadas ao longo do texto, mas a relação direta entre sua prática e a responsabilidade do bispo como padrão exemplar de conduta é mais enfaticamente acentuada. Dessa maneira, dois capítulos são dedicados à estreita vinculação entre doutrina e exemplo de vida.

A síntese dessa linha argumentativa observa-se na máxima: "O que ensina bem e vive mal dá a impressão de juntar o bem e o mal, de mesclar a luz com as trevas, de transformar a verdade em mentira" (ISIDORO DE SEVILHA, 1971, p. 475).

Uma vez identificados os pontos convergentes e constatado que, no essencial, as duas obras apresentam a mesma proposição, parece oportuno retomar a questão antes anunciada: por que Isidoro ressalta tais pontos em obras tão diferentes? Ao que tudo indica, embora as duas estivessem voltadas para o clero, a objetividade que marca o *De Ecclesiasticis officiis* sugere que este texto, mais do que os *Sententiarum libri tres*, poderia ser utilizado nos primeiros anos de formação do clero. A encomenda feita por Fulgêncio de um escrito que expusesse 'em breves explicações' as origens dos serviços eclesiásticos condiz com esta possibilidade. Corrobora ainda esta hipótese o fato de comprovadamente haver referências ao texto no noroeste peninsular no próprio século em que foi escrita.

Ou seja, tendo em conta o zelo com a organização e fortalecimento da igreja local, ao que se associava a formação e melhor qualificação do clero, nada mais oportuno do que a redundância, por um lado, e a adequação, por outro, conforme orientação do próprio Isidoro, em sintonia com ensinamentos agostianianos que prezam a adaptação de discurso ao público (AGOSTINHO, 1984). Assim, se a obra *De Ecclesiasticis officiis* atenderia a um grupo em preparação, ainda que pudesse constituir também material para consulta de todos, os *Sententiarum libri tres* promoviam uma reflexão mais aprofundada e completa de um conjunto maior de temas. Pode-se afirmar que, em relação ao modelo de bispo, os dois materiais se complementariam, já que, apesar dos diferentes estilos e menor ou maior prolixidade, fornecem orientações de conduta, com ênfase nos mesmos pontos.

Na sequência, caberia por fim retomar mais uma pergunta já formulada: seria possível relacionar as preocupações de Isidoro quanto à figura episcopal com sua própria conjuntura? Em linhas gerais, os elementos da proposição isidoriana não se diferenciam muito do que já havia, no âmbito eclesiástico, sido valorizado pela tradição cristã. Há uma continuidade nas atitudes e preocupações dos homens que se instruíram dentro da mesma perspectiva cultural e religiosa. Não por acaso, afirma-se frequentemente a importância da Patrística na formação de Isidoro, bem como sua dependência mais estreita com o pensamento de Gregório, com as obras de quem manteve um contato direto. Não obstante, o perfil episcopal desenhado por Isidoro interage diretamente com seu contexto, na medida em que deve ser pensado como um dos elementos associados ao fortalecimento da instituição eclesiástica no reino visigodo.

Considerações Finais

Se os padres do IV século estavam atentos à imagem do bispo sobretudo porque interessava demonstrar que o ministro de Deus não era falho e que se distinguia dos pagãos e dos tradicionais quadros da administração imperial, o episcopado visigodo no século VII também precisava valorizar sua imagem. Claro que os grupos com os quais as autoridades eclesiásticas deste momento dialogam não são os mesmos. Os exemplos da Patrística, entretanto, adaptam-se perfeitamente. Aqui, no VII, importa reforçar internamente o clero, legítimo porta-voz do sagrado, para melhor viabilizar a ampliação e fortalecimento do Cristianismo, ao que se associava a reorganização da Igreja local. A distinção da figura episcopal atendia plenamente a este objetivo.

Logo, ao impor condições para o ingresso ao episcopado, dava-se vazão às preocupações concernentes à interferência e eventual subordinação a laicos. O reforço da identidade, necessário ao fortalecimento do segmento clerical como um todo e episcopal em particular, exigia o controle das condições de acesso. O conhecimento aprofundado das Escrituras e a capacidade de divulgar o saber, além de elementos tratados como inerentes do grupo episcopal, garantiriam as condições básicas para a expansão da fé. A prática ascética, necessária ao reconhecimento público, proporcionaria o respeito, não apenas nas questões de ordem moral, mas igualmente em assuntos seculares. O bispo, figura de exemplar conduta, deveria manter seu compromisso com a verdade, ainda que, em condições de maior pressão social, esta verdade não beneficiasse aos poderosos. Por fim, esta mesma conduta exemplar, resultado de uma vida repleta de virtudes, favoreceria a autoridade espiritual, que é, como ressaltado anteriormente, concebida como dada por Deus como um presente.

Se a preocupação com a normalização da sociedade favoreceu a produção de modelos de conduta pelo episcopado para vários dos agentes sociais presentes no reino visigodo, não há dúvida de que a figura do bispo foi especialmente tratada. A trajetória episcopal, de administrador dos *episkópos*, dos primeiros momentos do Cristianismo, a influentes personagens do jogo político, integrantes das elites locais e detentores exclusivos da capacidade de mediação com o sagrado, em linhas gerais estava traçada. O prestígio, sobretudo no que dizia respeito ao último aspecto, ou seja, à sua autoridade espiritual e ascética, como apontado por Rapp (2005), demandavam, entretanto, permanente reforço e demonstração externa.

Dessa forma, o presente dado por Deus, que pressupunha a proximidade entre a divindade e o detentor da autoridade espiritual, precisava de permanente exibição. A comunidade de fiéis deveria estar convencida, delegar e reconhecer a legitimidade do poder exercido pelo episcopado. Do ponto de vista do próprio episcopado, a ênfase a determinados comportamentos representava a condição de sua unidade como grupo. O estabelecimento de uma conduta padrão, com a identificação de diretrizes claras, favorecia o controle a ser realizado pelos próprios pares. Os desvios contribuiriam para a fragilidade, já que indicariam a possibilidade de desavenças e, no limite, perda da capacidade de autoridade. Os esforço pessoais, portanto, fonte da autoridade ascética e garantia do comportamento virtuoso, exigiram das autoridades episcopais zelo significativo.

O tema mobilizou escritores desde os primeiros momentos do Cristianismo e se constitui no reino visigodo como uma das preocupações da elite clerical especialmente em associação com a expansão do Cristianismo e o interesse de fortalecimento da instituição eclesiástica. Insere-se, portanto, no projeto de normalização da sociedade e se configura como peça de destaque nas relações de poder estabelecidas no período.

Referências Bibliográficas

AGOSTINHO. *A Instrução dos Catecúmenos.* Teoria e prática da catequese. Petrópolis: Vozes, 1984.

AMBROSE. Selected Works and Letters. On the duties of the clergy. Translated by Romestin. In: SCHAFF, P. (Ed.). *A select library of the nicene and post-nicene fathers of the christian church.* Second series. Buffalo: The Christian Literature Co., 1886-1890. v. 10. p. 28-234.

BOURDIEU, P. *O poder simbólico.* Lisboa: Difel, 1989.

BOURDIEU, P. *A economia das trocas simbólicas.* São Paulo: Perspectiva, 1992.

CONCÍLIOS VISIGÓTICOS E HISPANO-ROMANOS. Jose Vives (Ed.). Madrid: CSIC. Instituto Enrique Florez, 1963.

DIAZ Y DIAZ, M. C. *De Isidoro al siglo XI.* Barcelona: Albir, 1976.

DIDASCALIA APOSTOLORUM IN SYRIAC. Edited by Margareth Dunlop Gibson. London: Cambridge University Press, 1903.

FERRÁNDIZ ARAUJO, C. Isidoro de Sevilla. In: Gonzalez FERNÁNDEZ, J. (Coord.). *San Isidoro:* doctor de las Españas. Sevilla: Caja Duero; León: Fundación Cajamurcia; Cartagena: Fundación El Monte, 2003. p. 9-42.

FONTAINE, J. *Génesis y originalidad de la cultura hispánica en tiempos de los visigodos.* Madrid: Encuentro, 2002.

GREGÓRIO MAGNO. *Libros morales.* Introd., traducción y notas de José Rico Pavés. Madrid: Ciudad Nueva, 1998. v. 1.

INÁCIO DE ANTIOQUIA. Cartas. In: *Padres Apostólicos.* São Paulo: Paulus, 1995. p. 81-125.

ISIDORO DE SEVILHA. *De Ecclesiasticis officiis.* In: ___. *Operum Diui Isidori Hispal. Episcopi pars altera.* Madriti: ex Typographia Regia, 1599. p. 324-366. Disponível em:<http://bibliotecadigital.fl.ul.pt/ULFL036872-2/ULFL036872-2_item1/index.html>. Acesso em: 01/08/2013.

ISIDORO DE SEVILLA. *De los ofícios eclesiásticos.* Introducción y traducción, Antonio Viñayo González. Leon: Isidoriana, 2007.

______. *Los tres libros de las 'Sentencias'.* Introducciones, versión y notas de Julio Campos Ruiz e Ismael Roca Melia. Madrid: BAC, 1971.

JOÃO CRISÓSTOMO. *O Sacerdócio.* Petrópolis, Vozes: 1979.

LE GOFF, J. *O Maravilhoso e o quotidiano no Ocidente Medieval.* Lisboa: Edições 70, 1985.

LIZZI TESTA, R. The late antique bishop: image and reality. In: ROUSSEAU, P. (Ed.). *A Companion to late antiquity.* Londres: Blackwell Publishing, 2009. p. 525-538.

LYNCH, C. H.; GALINDO, P. *San Braulio, o bispo de Zaragoza.* Sua vida y sus obras. Madrid: Instituto Enrique Florez. CSIC, 1950.

RAPP, C. *Holy Bishops in Late Antiquity.* The Nature of Christian leadership in an age of transition. Berkeley; Los Angeles; Londres: University of California, 2005.

RECAREDO GARCIA, B. *Espiritualidad y 'Lectio Divina' en las Sententias de San Isidoro de Sevilha.* Zamora: Monte Casino, 1980.

E como age o Deus cristão? Deuses pagãos, a criação e o Deus cristão em De *Rerum Natura* de Isodoro de Sevilha (613 d.C.)*

* Revisora da tradução do original em espanhol: Nathalia Monseff Junqueira. Professora Doutora do Departamento de História da Universidade Federal do Mato Grosso do Sul – UFMS – Campus do Pantanal.

Eleonora Dell' Elicine[1]

O que escondem os nomes dos dias, por baixo de sua desgastada presença? Se acreditarmos em Isidoro de Sevilha – e com ele em Martinho de Braga –, os modos atuais de aludir às jornadas destacam superstições fortemente arraigadas na sociedade. Com essas palavras simples, o hispalense o explica:

> *Proinde autem gentiles ex his septem stellis nomina dierum dederunt, e o quod per eosdem aliquid sibi effici extimarent, dicentes habere ex aere ignem, ex sole spiritum, ex luna corpus, ex Mercurio linguam et sapientiam, ex Venere voluptatem, ex Marte fervorem, ex Iove temperantiam, ex Saturno tarditatem. Talis quippe extitit gentilium stultitia, qui sibi finxerunt tam ridiculosa figmenta* (Isid. Hisp., *De Rerum Natura III*, 2-5, ed. Fontaine).

Como podemos notar, o nome dos dias vincula num mesmo quadro os deuses pagãos, as estrelas do céu, os segmentos de tempo e a vida dos homens. Pouca coisa mais atual e arriscada;

1 Professora Doutora da Universidade de Buenos Aires / Universidade de General Sarmiento.

nenhuma menos consistente e mais volátil; condições todas para que a melhor pena do reino, a do bispo de Sevilla, começasse a escrever. O primeiro resultado dessa inquietude foi um tratado chamado *De Rerum Natura*, escrito em 613 e magistralmente editado em 1960 por Jacques Fontaine.

O *De Rerum* é um texto orientado a quem dirige o reino, principalmente ao rei e ao clero. Sua relação com o monarca é explicitada desde o prólogo: ali Isidoro dedica a obra a seu *dominus et filius* Sisebuto – rei dos visigodos entre 612 e 621 –; e a declara fruto de seus régios pedidos (Isid. Hisp., *De Rer., Praef.* I, 1-10). Não se trata, no entanto, de um aceno complacente à instituição monárquica. O *De Rerum* constitui antes um texto exortativo, um chamado de atenção aos monarcas sobre os deveres que devem assumir com a comunidade que lhes foi encomendada. O que o bispo recomenda é fundamentalmente Sabedoria, isto é, consciência da qualidade humana dos reis e de sua responsabilidade no exercício do poder.

Também – dizíamos – o *De Rerum* é um manual para uso do clero. Empregando uma galeria de citações bíblicas e patrísticas, Isidoro busca demonstrar a superioridade definitiva que distingue o conhecimento revelado em relação a todo outro saber prévio sobre o mundo. Dado que a chave para entender a criação está na letra bíblica, o clero dispõe de uma ferramenta incomparável para exercer influência sobre os homens, uma ferramenta mais legítima que a administração do castigo e o uso das armas. Ao longo de 48 capítulos breves, o *De Rerum Natura* tenta consolidar o poder do clero através de seu acesso excepcional à sabedoria verdadeira.

Para realizar esta empresa intelectual, Isidoro entra em diálogo com a ciência pagã. Seu objetivo é duplo: por um lado demonstrar – como já mencionamos – a validade subsidiária dos conhecimentos pagãos em relação aos saberes revelados; e empregar esses saberes longamente aceitos; pelo outro, para desmontar com mais força as superstições populares. Às explicações do vulgo, ele opõe argumentações extraídas da Bíblia e da ciência antiga, oferecendo desse modo um quadro "científico" do mundo e da criação divina.

Com quem dialoga acima de tudo é com Lucrécio, como tão bem evidencia a inversão que Isidoro faz do título do poema epicurista: se o filósofo romano intitulava sua obra *De Natura Rerum*, o bispo cristão denominava a sua de *De Rerum Natura*. Como já abordei esse tópico em outro escrito, gostaria de aproveitar esta ocasião para estudar o vínculo que Isidoro trava nesta obra com outra autoridade eminente: o *De Natura Deorum* de Marco Túlio Cícero. O objetivo desta análise será mostrar a complexidade que a empresa intelectual adquire para combater as superstições, sua relação ambígua com a ciência pagã e a consolidação do clero como intermediador no terreno dos signos.

Os labirintos do politeísmo: religião, deuses e cidadania no *De Natura Deorum* de Cícero

A vida de Cícero (106-43 a.C.), como sabemos, coincide com os últimos setenta turbulentos anos da república (MAY, 2002). Em 45, data em que o arpinate redige o *De Natura Deorum* (RACKHAM, 1967, p. xiii; ESCOBAR, 2000, p. 7; MAY, 2002, p. 15), César exerce a ditadura por concessão do Senado, dispõe de um foro na cidade fundado por ele e deixa que se propaguem arriscados rumores de monarquia. O vínculo entre o ditador e o velho cônsul é cauteloso. César, por sua parte ofereceu honras a Cícero, o qual compareceu como convidado à casa daquele; Cícero, por sua vez, não aceitou cargo algum, apelando à *clementia* do ditador em vários discursos e prefere permanecer fiel à ideia de um Senado republicano.

O arpinate apresenta a discussão sobre a natureza dos deuses em forma de diálogo, muito ao estilo da filosofia Acadêmica do momento. Lembremos brevemente que, na época do platonismo antigo e médio, a escola platônica não se identifica de modo particular por sua adesão à teoria das ideias transcendentes, mas sim por seu método peculiar de indagação, no qual guarda um lugar central a forma dialogada (MERLAN, 2008; MARENBOM, 1988; BÉNATOUÏL, 2006). O tratado se organiza em três livros, cada um deles voltado para uma escola filosófica particular. Desse modo, o primeiro desenvolve as teorias epicuristas sobre os deuses representadas de forma fictícia por Veleio; o segundo expõe as estoicas, desta vez tomando a palavra Balbo; e por último o terceiro livro abarca as reflexões de Cota, pontífice máximo, de formação acadêmica e parente do próprio Júlio César. Cícero reserva para si durante o diálogo a primeira pessoa do singular, habilitando com isso a dimensão da opinião subjetiva sobre o assunto.

O velho cônsul destaca, acima de tudo, a importância central que a religião guarda para o estado romano (CÍCERO, *De Natura Deorum* I, 3-4, ed. Escobar). Certamente – e seguindo seu raciocínio –, a religião cívica se articula no ritmo da formação do estado (Cic., *De Nat. Deo.*, III, 5) e impregna de significado a vida social, ao ponto de que, sem ela, o sentido do laço comunitário se desmancharia e a experiência toda escorregaria para a desordem e a confusão. Do mesmo modo, através de seu *alter ego* o pontífice Cota, Cícero afirma que tudo o que pode defender-se sobre a religião o aprendeu através dos sumos sacerdotes e ancestrais seus, e não através do raciocínio dos filósofos (Cic., *De Nat. Deo.*, III, 2). A matéria religiosa é acima de tudo um saber de autoridade.

Estabelecida a importância da religião no estado e na sociedade de Roma, o arpinate considera indispensável estabilizar filosoficamente a distância entre duas noções perigosamente próximas: a de *religio* e *superstitio*. Enquanto que religiosa é a conduta que atenda de maneira primitiva e pura todo assunto referido aos deuses; supersticiosa é, por outro lado, a atitude que está em excesso em relação à norma (Cic. *De Nat. Deo.* II, XXVIII). Como estabelece expressamente Cícero, essa diferença já está instalada no vocabulário religioso, e epicurianos e estoicos fazem um emprego profuso dela. Ao enfatizar a norma, Cícero volta a conferir autoridade ao saber dos pontífices para fixar o limite entre uma e outra; e não na postura de alguma escola filosófica em particular. Da frágil diferença entre *religio* e *superstitio* depende que o culto aos deuses não se desoriente pelos caminhos da insensatez; fato que seria extremamente prejudicial para o estado e para a vida comunitária.

A fim de antecipar este perigo, Cícero faz uma revisão de vários dos principais mitos que sustentam a religião cívica. Desse modo, histórias de aparições (Cic., *De Nat. Deo.* III, 11), figuras quiméricas, hipocentauros monstruosos (Cic., *De Nat. Deo.* II, 5) e estrelas exaltadas à condição divina (Cic., *De Nat. Deo.* III, 20-28) são descoladas uma a uma da religião aceitável. Mas a pura razão filosófica, ainda em sua melhor vertente estoica, também não leva a um objetivo na hora de demonstrar a existência dos deuses (Cic., *De Nat. Deo.* III, 5). Nesse ponto, Cícero conclui na vertente cética que caracteriza o platonismo de sua época, de Arcesilau a Fílon de Larissa, mestre do arpinate (THORSRUD, s/d). Ninguém está em condições de afirmar a verdade sobre a existência dos deuses; em torno desse tema somente pode aduzir-se probabilidade (Cic., *De Nat. Deo.* I, 5). Atendendo o regime da razão e da prova, a filosofia somente pode asseverar que é *provável* que os deuses existam.

Antes que afirmar enunciados dogmáticos, o que o ceticismo procura dos acadêmicos médios é mobilizar a criatividade crítica à maneira de Sócrates, mostrar a fragilidade das conclusões que se sustentam, ou, – como o próprio Cícero afirma – desenvolver os *prós* e *contras* dos argumentos apresentados (Cic., *De Nat. Deo.* I, 5; I, 21-

2). Esses posicionamentos filosóficos são compatíveis de uma forma muito funcional com as escolhas políticas que Cícero defende, no sentido que seu projeto supõe uma cidadania que exerça o pensamento crítico, examine argumentos e não deposite a verdade em nenhuma personagem individual. O ceticismo ciceroniano desarticula os dogmas fortes e promove a discussão em instituições colegiadas, particularmente – em seu caso –, o senado e os *collegia* sacerdotais.

Finalmente então, o *De Natura Deorum* conclui sem desenvolver-se com certeza estabelecida sobre a existência dos deuses. No terreno político, este resultado intelectual habilita duas possíveis saídas em torno do tema da religião cívica. Se a cidadania – por um lado – aceitasse exercer vigilância sobre essas questões celestiais, o modelo renderia uma rede de instituições que exercem autoridade controladas pelo próprio corpo cidadão – um modelo que nós poderíamos qualificar de "aberto". Se a cidadania – pelo outro lado – renunciasse a interrogar-se e a cultivar o juízo crítico, o conjunto de decisões estaria dirigido somente pelas instituições políticas vigentes – um modelo que caracterizaríamos como "fechado". Com uma dinâmica mais pluralista ou com outra mais limitada, a ordem republicana estaria, de qualquer modo, decorosamente assegurada. A proposta de Cícero contempla ambas as possibilidades, empenhando-se para esterilizar o modelo de exercício de poder vertical. Trata-se de uma teologia para discutir cidadania, num contexto em que Roma aspira ao governo do mundo.

Isidoro: superstição, a experiência do mundo e a verdade revelada

E que proveito guarda o velho tratado de Cícero para o *doutor* de Sevilha, seiscentos anos após a morte do arpinate?

Por um lado – como vínhamos argumentando mais acima –, o *De Rerum Natura* de Isidoro vem complementar um poema astronômico em hexâmetros redigido pelo próprio rei Sisebuto. Mobilizando com mão especialista o *De Natura Deorum* de Cícero, o *De Natura Rerum* de Lucrécio, a física epicuriana, estoica e acadêmica conhecida, Plínio, Higino e Marciano Capela entre muitos outros, Isidoro traça uma primeira distância entre a alcançada erudição régia e a definitiva sabedoria de um bispo da igreja. Aspirante ao conhecimento, um verdadeiro *amateur,* ao rei visigodo para Salomão lhe falta: o tratado do *doutor ecclesiasticus* volta a colocar as coisas em seu lugar e se emprega com maestria e autoridade em descrever a máquina do mundo criada por Deus para o deleite dos homens (Isid., *De Rer., Praef.* 2).

Isidoro, no entanto, não esgota nesse gesto geral a utilização do *De Natura Deorum* de Cícero. Uma longuíssima tradição conciliar observa e sanciona com penas religiosas as práticas chamadas de "pagãs"; por sua vez, o Código Teodosiano se apropria dessas figuras e habilita mecanismos para que o estado intervenha e exerça ações punitivas nessa matéria também (Por exemplo, *Codex Theodosianus* XVI, X, 10). Apoiando-se numa autoridade literária que definia a *superstitio* como um excesso de ignorância, Isidoro pretende desativar a um mínimo possível o expediente do castigo e ativar o máximo possível o recurso da persuasão. Se a *superstitio* é fundamentalmente *rusticitas,* a forma mais razoável de enfrentá-la é através da autoridade da palavra e da transmissão de conhecimento controlados pela igreja, apelando para a sanção e para a pena unicamente quando a questão se tornasse incontrolável. Isidoro recorre ao *De Natura,* em síntese, para reservar aos especialistas no sagrado certas competências ligadas à palavra e ao ditado da verdade.

O ceticismo ciceroniano sobre a existência dos deuses também é proveitoso para o projeto intelectual do bispo visigodo. O método socrático e a promoção de um juízo crítico são despojados pelo hispalense de suas tramas de sentido originais, e interpretados como explorações labirínticas que não levam a certeza alguma. Seiscentos anos depois, a exposição dos pontos fracos do politeísmo num plano que buscava fortalecer a religião da cidade é lida, em código cristão, como a declaração do esgotamento da ideia politeísta. Os deuses tradicionais são não somente impotentes - este ponto já tinha sido desenvolvido por Agostinho em *A cidade de Deus* –; senão inexistentes, tal como no entendimento de Isidoro o estaria demostrando Cícero (Por exemplo, Isid. *De Rer.* IX, 1-2).

Consequentemente, livre de vínculos com deuses que não existem, o mundo se revela no texto isidoriano como o que realmente é: a criação da vontade do deus único. Cada elemento, uma a uma das partes, constituem sinais da grandeza de deus e permitem uma inteligência mais precisa sobre a potência de seu criador. A regularidade de seus movimentos, a previsibilidade de suas leis, falam de um cosmos ordenado à maneira dos estoicos (Por exemplo, Isid. *De Rer.* VI, 3); sua condição de criatura, de resultado da vontade divina o aproximam das visões do platonismo médio (Isid. *De Rer.* XLV). Diferentemente da teologia epicuriana, o deus cristão se derrama amorosamente sobre o mundo e propicia o bem-estar dos homens. Trata-se de um deus que existe, trata-se de um deus que cria, trata-se de um deus que age. Com o *De Rerum Natura*, Isidoro se propõe a demonstrar, a força de explicações "científicas" dos fenômenos naturais, a banalidade das práticas pagãs. Os nomes dos dias com os quais tínhamos começado esta exposição, todos eles referentes a deidades que nunca existiram, escondem e escurecem, segundo o hispalense, o conhecimento da criação. A missão do clero neste plano é esclarecer a ignorância e ajudar a difundir entre os homens a verdade que já foi revelada.

Considerações Finais

Começamos este nosso texto com o que poderia ser apresentado como uma observação paradoxal: para desarticular as práticas pagãs, Isidoro se vale de recursos provenientes da ciência e da teologia antigas. Este paradoxo, no entanto, é falso. Isidoro em nenhum momento coloca no mesmo nível a sabedoria proveniente da revelação e o conhecimento que deriva da tradição clássica. Tenta desativar práticas e ideias de mundo não aprovadas pela igreja utilizando velhos corpos de conhecimento que em seu momento - e a critério de uma leitura cristã - já lhes haviam destacado inconsistências irresolúveis. Considerando particularmente o *De Natura Deorum,* verificamos que o hispalense o emprega de uma maneira críptica e complexa: de fato, vale-se desse texto para demonstrar a potência imbatível do deus cristão; e do mesmo modo o utiliza para distanciar-se de modo qualificado dos poderes e iniciativas do rei.

Assim como os códigos de leis e artigos conciliares que conhecemos, o *De Rerum Natura* de Isidoro constitui um artefato que se autoriza para qualificar determinadas práticas de "supersticiosas". Deslumbrados pelos próprios textos, nós, historiadores atuais, costumamos traçar inventários e genealogias dessas práticas populares, quando talvez o importante não seja tanto o que é o que se qualifica, mas sim o ardil utilizado, o instrumento que determina o estatuto supersticioso de um objeto qualquer. Ao longo deste trabalho, quisemos fazer notar que monarquia e clero parecem competir pela definição de um objeto sobre o qual exercer poder, e as definições às que chegam são diferentes: para o direito, a superstição é um delito; através de seu intelectual Isidoro o clero elabora outra ideia que é associá-la definitivamente à ignorância. Pareceria que, na conjuntura visigoda, perseguir "superstições" coloca de fato em funcionamento alguns tipos de poderes – instituições, discursos, práticas – que as requerem para se manterem vivos.

Referências Bibliográficas

BÉNATOUÏL, Th. Philosophic Schools in Hellenistic and Roman Times. In: GILL, M.; PELLEGRIN, P. *A Companion to Ancient Philosophy.* Oxford: Blackwell Publishing, 2006.

DURAND, J.; SCHEID, J. Rites et Religion. Remarques sur certains préjugés des historiens de la religion des grecs et des romaines. *Archives sciences sociales des religions,* 85, Jan- mars, p. 23-43, 1994.

ESCOBAR, A. Introducción. In: CÍCERO. *Sobre la naturaleza de los dioses.* Madrid: Gredos, 2000.

MARENBON, J. Platonism in the ancient world. In: ___. *Early Medieval Philosophy (480-1450).* A introduction. Londres/ Nova York: Routledge, 1988.

MAY, J. Cicero: his life and carreer. In: ___ (ed.). *Brill's companion to Cicero:* Oratory and rhetoric. Boston/Leiden: Brill/ Köln, 2002.

MERLAN, P. The later Academy and Platonism. In: ARMSTRONG, H. *The Cambridge History of Later Greek and Early medieval philosophy.* Cambridge: University Press, 2008.

RACKHAM, H. Introduction to *De natura Deorum.* In: CÍCERO. *De Natura Deorum.* Academica. Londres: Loeb, Harvard University Press, 1967.

RÜPKE, J. Roman religion. Religions of Rome. In: ___. *A Companion to Roman Religion.* Oxford: Blackwell, 2007.

SCHEID, J. *La religión en Roma.* Madrid: Ediciones clásicas, 1991.

THORSRUD, H. Cicero's Academian skepticism, s/d. Disponível em: <http://www.iep.utm.edu/cicero-a/>.

TOUTAIN, J. *Les cultes païens dans l' Empire Romain.* III t. Paris: Ernest Leroux éditeur, 1917.

O estatuto do discurso na teoria da história

Mário Jorge da Motta Bastos[1]

Introdução

Uma das mais marcantes características do campo da História nas últimas décadas consiste na sua fragmentação em inúmeras subespecialidades e múltiplas tendências. A História, já tão seccionada em "dimensões da globalidade social", viu-se ainda mais reduzida a "migalhas" pela pulverização dos "saberes historiográficos". A hiper-especialização e a extrema compartimentação da História levam, no extremo, a uma espécie de "massacre da serra elétrica" que esquarteja seu próprio objeto de estudo em meio a uma miríade de especificações – *homo oeconomicus, politicus, simbolicus* etc. – esgrimindo-se fronteiras que costumam ser, aliás, em sociedades pré-capitalistas, por exemplo, extremamente fluidas. É essencial, pois, ao pleno exercício do nosso ofício que, mesmo contra todas as tendências correntes, o historiador preserve a visão mais ampla possível das relações que constituem os seus

1 Professor Doutor do curso de Graduação em História e do Programa de Pós-Graduação da Universidade Federal Fluminense - UFF. Pesquisador do "Translatio Studii - Núcleo Dimensões do Medievo" e do "Núcleo Interdisciplinar de Estudos e Pesquisas sobre Marx e o Marxismo - Seção de Estudos do Pré-Capitalismo (NIEP-Marx-PréK).

objetos de análise, sob risco de enfermar e sucumbir em razão do empobrecimento extremo e da falta de sustância de sua dieta.

Os homens, na globalidade de suas expressões – aqui reside o verdadeiro objeto da História, segundo o luminoso adágio proferido um dia em terríveis condições, por Marc Bloch. Às vésperas de ser fuzilado pelos nazistas nas campinas do sul da França, deixou registrado em rascunho de obra produzida sob a clandestinidade de sua luta na Resistência: "O historiador deve ser como o ogro da lenda. Onde farejar a carne humana é que encontrará a sua caça!" (BLOCH, 2002, p. 45). Mais do que apavorar os jovens postulantes à função, o que o grande historiador francês pretendia firmar era a perspectiva de que não há manifestação humana, por mais aparentemente corriqueira e banal, que possa ser desprezada pelo historiador na sua busca por estabelecer a unidade da existência em qualquer sociedade e período dados. Encontrávamo-nos então em meados da década de 40, nos antípodas de uma prática historiográfica que, nos dias que correm, subverteu a máxima blochiana e, o que é pior, requisitando sua ascendência diverte-se no laboratório seccionando seu objeto em ínfimas e inarticuladas dimensões: o humano que chora não é o mesmo que ri, que sonha, que trabalha, que se alimenta com maior ou menor dificuldade, que sofre a exploração e a esta manifesta sua resistência...

Contudo, se essa vigorosa tendência de hiperespecialização que afeta o campo científico gera um inevitável autoencerramento das várias disciplinas – uma vida inteira de leituras mal basta para manter o especialista em dia com a produção em seu pequeno campo de atuação –, paradoxalmente nunca se valorizou tanto a prática da interdisciplinaridade, de fato, muito mais difícil de ser efetivada, realizada, do que referida como perspectiva de princípio. De qualquer forma, nenhuma das cisões e afastamentos decorrentes da pulverização do campo das Ciências Sociais me parece mais nefasta do que aquele aparte ocorrido entre a História, a Linguística e a Literatura.

> Essas três irmãs univitelinas seguem cada uma tratando dos seus assuntos pessoais, quase renegando a origem e o patrimônio comuns. Nos raros momentos em que se visitam, passam no salão do estar, cada uma falando de suas dores e de suas dificuldades. Seriam apenas inocentes idiossincrasias de velhas senhoras se enorme parte da herança materna não se encontrasse encerrada em cofre de três chaves, que cada uma tenta abrir em forma isolada, sem resultados (CARBONI; MAESTRI, 2003, p. 123).

Como ressaltam os referidos autores, o aprendizado daquelas disciplinas dissociou-se completamente nos cursos de graduação.

> A visão do conhecimento atomizado materializa-se na tentativa de se apropriar do objeto de estudo por meio de categorias isoladas, à margem da totalidade concreta que o circunscreve, quando, na verdade, o conhecimento pleno exige o reconhecimento da unidade do objeto e, portanto, sua necessária apreensão no contexto da totalidade que o constitui e o expressa (CARBONI; MAESTRI, 2003, p. 125).

Como bem destaca Karl Korsch, "segundo a concepção materialista da História [...], não pode haver nem ciências particulares independentes umas das outras nem uma investigação puramente teórica [...]" (KORSCH, 1977, p. 94).

A historiografia sofre, de um modo ainda mais profundo, o estranhamento assinalado, sobretudo porque fica à margem do imenso esforço metodológico empreendido pela Literatura e pela Linguística, principalmente nas últimas décadas, no que se refere à compreensão daquele que é seu principal meio para a aproximação e apreensão dos fenômenos do passado – o texto oral e escrito. Mas, para sermos justos, algumas tentativas vêm sendo feitas há algum tempo, *insights* limitados da percepção dos historiadores da natureza essencial da sua atividade.

Tomada de Consciência

Data de fins do século XIX essa tomada de consciência da enorme complexidade que caracteriza a matéria-prima de seu ofício (CARDOSO, 1988, p. 61-92; CARDOSO; VAINFAS, 1997, p. 375-399). Àquela altura, um manual dedicado aos métodos da história criticava a ingenuidade dos historiadores no trato com os discursos. Da leitura dos textos, das famosas fontes primárias, os historiadores se limitavam à colheita das informações diretas que estes lhes podiam proporcionar, alheios a um procedimento crucial, o de tentar recriar mentalmente as operações que teriam se processado no espírito dos seus autores, determinantes no processo de elaboração dos documentos (LANGLOIS; SEIGNOBOS, 1946, p. 1). Naquela altura, o rigor metodológico e o profissionalismo dependiam da chamada crítica interna das fontes, cuja fase inicial, essencialmente hermenêutica, consistia na crítica de interpretação ou crítica positiva. A análise do conteúdo do documento, apoiada na crítica de interpretação, afiançava ao historiador o grau de "certeza" acerca do enunciado do testemunho – "aquilo que o autor quis dizer" – seguida da avaliação do seu teor de sinceridade e exatidão (a crítica negativa).

Portanto, ainda que possamos fazer retroceder pelo menos em um século a existência de uma preocupação hermenêutica – de certo, primária –, a relação tradicional dos historiadores com os documentos manteve-se centrada predominantemente no nível dos conteúdos. Tais documentos configuram-se como suportes de informação acerca dos referentes do texto, isto é, relativos à sua mensagem ou ao universo mental de seus autores. Supõe-se, ademais, que haja uma homologia plena e direta entre os conteúdos do discurso e a ideologia do seu autor

> Assim, ao usar-se, segundo esse enfoque, o discurso de um político burguês com o intuito de configurar os traços da ideologia burguesa em um dado contexto histórico-social se está postulando, de forma implícita ou explícita, que o sentido de um texto resulta imediatamente disponível de sua leitura ou, em outras palavras, que a sua dimensão discursiva – a forma como está intrinsecamente estruturado o texto em questão – não é pertinente à análise (CARDOSO, 1988, p. 63).

A orientação metodológica que guiava tais estudos viria a sofrer um considerável abalo decorrente do primeiro contato efetivo da história com a linguística, ocorrido nas décadas de 1950 e 1960, em que pese a preservação inicial dos postulados tradicionais. Os historiadores (e também os sociológicos e psicólogos) visavam tão somente a conferir maior rigor a seus procedimentos de análise para, enfim, ganharem em autoconfiança com a certeza da cientificidade de seus ofícios. A primeira realização, neste sentido, residiu no emprego de técnicas sistemáticas de Análise de Conteúdo. Tratava-se de estabelecer as correlações entre os conteúdos de um texto, ou grupo de textos, e certas variáveis extralinguísticas (opiniões, atitudes, juízos), aplicando-se ao texto uma série de hipóteses integradas relativas a tais variáveis. Uma das vertentes dessa técnica - surgida em 1952, com a análise distribucional proposta por Z. Harris – consistiu nos trabalhos de Lexicologia e Lexicografia aplicadas, elaborados inicialmente nos EUA e, em seguida, na França (CARDOSO, 1997, p. 376). Fundamentavam-se, em ambos os casos, no estabelecimento de estatísticas rigorosas do emprego de palavras nos textos estudados, chegando-se à indexação destes por meio da distribuição de frequência. Contudo, predominava ainda no plano da interpretação uma absoluta dissociação do "linguístico" em relação às hipóteses interpretativas, que eram de tipo "sociológico".

Os avanços da informática contribuíram para a complexificação destes métodos de abordagem, cabendo, ainda uma vez, a primazia aos norte-americanos. Um discípulo de C. E. Osgood, I. de Sola Price desenvolveu uma análise semântica dos conteúdos cuja principal técnica consistia em tomar a unidade lexical juntamente com seu contorno à direita e à esquerda, visando a estudar as relações de distribuição com base nos índices de concordância, que indicam as ocorrências, oposições e incompatibilidades. Essa metodologia foi essencialmente aplicada à análise de enunciados apoiada em hipóteses – extralinguísticas – relativas às ideologias, com destaque para os estudos do *Centro de Lexicologia Política de Saint-Cloud* (PROVOST-CHAUVEAU, 1971, p. 10-11).

Uma Nova Aproximação

Começava a se esboçar então o que podemos configurar como o segundo encontro entre a História e a Linguística, este, especialmente vinculado ao auge estruturalista da década de 1960. Elevada à condição de paradigma "científico" de todas as Ciências Sociais, a

Linguística, que até então se havia concentrado em análises restritas ao nível da frase, passou a se ocupar das estruturas que organizam os grupos de frases em um discurso completo. Surgia a Linguística do Discurso (CARDOSO, 1988, p. 63). Um dos aspectos centrais deste novo encontro foi a crítica epistemológica a uma premissa simplista, até então dominante, que concebia o reflexo, no pensamento-linguagem, da realidade que lhe é externa como uma mera reprodução passiva. Tomava-se, enfim, consciência do caráter interacionista das relações travadas pelos homens com a realidade natural e social, uma interação que é produto do trabalho como atividade sócio-historicamente determinada. Portanto, e em sendo a língua um instrumento modelador da apreensão e compreensão do mundo pelos humanos, é inadequado considerar, por exemplo, que as classes sociais e suas lutas históricas pertençam à esfera de uma "realidade social" prévia à sua determinação linguística. "A luta de classes é também luta ideológica travada no plano linguístico. Não se deve, pois, considerá-la, assim como a consciência de classe, como um fato preexistente que se refletisse, aprioristicamente, na língua" (PONZIO, 1974, p. 238).

O pressuposto essencial das metodologias de análise de textos correntes na pesquisa histórica é o de que um documento é sempre portador de um discurso que, assim considerado, não pode ser visto como algo transparente. Ao se debruçar sobre um documento, o historiador deve, portanto, atentar sempre para o modo pelo qual se apresenta o conteúdo histórico que pretende examinar, quer se trate de uma simples informação, quer se trate de ideias. No caso, especialmente, de pesquisas dedicadas à história do pensamento político, das mentalidades e da cultura, o conteúdo histórico que se pretende resgatar depende em muito da forma do texto: do vocabulário, dos enunciados, dos tempos verbais etc.

As vantagens, para o historiador, da consideração da estrutura formal do texto não foram descobertas recentemente. Os fundadores dos *Annales*, em fins dos anos 20 do século passado, consideravam-na essencial para maior precisão na relação do historiador com a linguagem, bem como à satisfação do anseio primordial que tornaria célebre aquela escola, a ampliação das fronteiras e o alargamento dos horizontes da disciplina. Marc Bloch considerou, por exemplo, algumas das particularidades da relação do historiador com as línguas e os discursos. Dentre os aspectos considerados pelo autor ressaltam-se, em especial, aqueles relativos à nomenclatura na História e à relação do discurso do historiador com os discursos que se referem ao seu objeto.

> Os homens não esperam, para dar nome aos seus atos, às suas crenças e aos diversos aspectos da sua vida em sociedade, que se tornem objeto de uma investigação desinteressada. O seu vocabulário recebe-o a história, portanto, na maior parte dos casos, da própria matéria do seu estudo. Ela aceita-o, já usado e deformado por uma longa tradição (BLOCH, 2002, p. 137).

Portanto, os documentos escritos tendem a nos impor, a par das suas nomenclaturas, as armadilhas que estas carreiam. As mudanças das realidades materiais e ideais estão longe de arrastar sempre consigo mudanças paralelas em seus nomes. "Para grande desespero dos historiadores, os homens não têm o hábito de mudar o vocabulário de cada vez que mudam os costumes." Algumas vezes são causas particulares à evolução da linguagem que levam ao desaparecimento da palavra, sem que tenha havido a menor alteração no objeto ou no ato, porque os fatos linguísticos têm seu próprio coeficiente de resistência ou de ductilidade. Casos há em que o fenômeno é de ordem estritamente fonética, e conduz a erro tomá-lo por característica de civilização (BLOCH, s/d, p. 138).

Lucien Febvre também ressaltou o potencial da análise lexical em seu *O Problema da Descrença no Século XVI*, publicado em 1942. Baseado em uma pesquisa exaustiva do vocabulário de François Rabelais, o autor configurou o que lhe parecia ser uma expressão da "mentalidade pré-lógica" característica do povo europeu do século XVI, indivíduos essencialmente religiosos e, por isso mesmo, "incapacitados a não crerem na existência divina". Algum tempo depois, mais precisamente em 1953, o *annaliste* reafirmaria, nos *Combates pela História*, sua convicção sobre a importância da linguística como "aliada da história" (FEBVRE, 1977, p. 135).

Se nas últimas décadas as reflexões dos historiadores e sua relação crítica com os discursos vivem uma longa fase de depressão – contexto no qual, aliás, os métodos de base linguística foram potencialmente abandonados em prol do contato com a Semiótica do Discurso e do emprego de metodologias como o quadrado semiótico, o grupo de Klein etc. –, duas tendências essenciais devem ser ressaltadas neste nosso balanço crítico. A primeira delas diz respeito aos descaminhos trilhados na relação entre História e Linguística, o que deu origem a perspectivas inadequadas e, no entanto, hegemônicas no quadro atual da disciplina. Ainda em 1969, Alphonse Dupront (1969, p. 15-16) viria a radicalizar as proposições de Lucien Febvre relativas à linguagem ao afirmar que o método de pesquisa dos historiadores deveria consistir numa "semântica histórica", cabendo-lhes essencialmente promover uma perspectivação histórica dos discursos. Não tardaria muito para que outros levassem ao extremo a redução da história à linguagem. Assim, inspirados em Saussure, Foucault ou Hayden White, chega-se, nos dias que correm, à negação da capacidade explicativa da história, configurando-se a disciplina como um gênero narrativo ou prisioneira das insuperáveis estruturas discursivas (CARDOSO; VAINFAS, 1997, p. 378). O avanço insidioso de tal perspectiva no campo historiográfico guarda íntima relação com a crise de paradigmas que afeta, há algumas décadas, a História, consubstanciada no avanço do paradigma "pós-moderno" em detrimento daquele - dito "iluminista" ou "moderno" - que fundamentou duas das principais correntes analíticas do século XX (o marxismo e a já referida "escola dos *Annales*"). Consideremos, em seguida, algumas das orientações básicas vinculadas ao tal paradigma atualmente predominante nos círculos acadêmicos.

Perspectivas Pós-modernas...

Seguindo as referências de J.F. Lyotard (1984), o pós-modernismo caracteriza-se pela "morte dos centros" e pela "incredulidade em relação às metanarrativas". Tais premissas, quando aplicadas à história-disciplina, implicam a negação da existência da História - em benefício de uma multiplicidade de histórias produzidas "por" e "para" diversos grupos restritos de poder - bem como de qualquer teoria global do social que fundamente a interpretação. O conhecimento reduz-se a processos de semiose e interpretação (hermenêutica) alheios a qualquer possibilidade de avaliação crítica ou valorativa. Os modernos partidários de uma concepção hermenêutica dos estudos sociais retomam, sob nova roupagem, uma velha bandeira dos neokantianos de fins do século XIX e começo do século XX, a noção de que o comportamento humano e seus resultados são essencialmente diferentes dos fenômenos estudados pelas ciências naturais, o que impediria qualquer aproximação metodológica a estas últimas. As ciências sociais, alheias a qualquer cientificidade de fato, devem assumir um enfoque votado à compreensão, isto é, à interpretação, à hermenêutica ou à crítica cultural. Ademais, seria preciso reconhecer que o observador é parte integrante, com sua própria subjetividade, do seu objeto de estudo, "descoberta" que leva a uma postura de extremo ceticismo em relação à validade das formas de conhecimento até então correntes.

> Neste ponto, as posições possíveis variam extremamente, indo da subjetividade do autor individual ou de um leitor implícito igualmente individual às posições de grupos de pessoas diversamente designados: "comunidade interpretativa", "comunidade textual", "sociedade discursiva". Tratar-se-ia, de qualquer forma, de um processo hermenêutico de interpretação, tomado, no campo da história, de empréstimo a uma certa antropologia (Clifford Geertz) ou a alguma outra vertente de culturalismo relativista (CARDOSO; VAINFAS, 1997, p. 18).

A conjugação destes elementos conduz, inevitavelmente, a um relativismo extremo e radical. As interpretações acerca de um dado tema são necessariamente variadas e não há formas aceitáveis de escolher entre elas. São todas válidas se satisfizerem os critérios do autor e daqueles que com ele concordarem. Foram particularmente influentes entre os historiadores as reflexões relativas às formas sociais das representações, que viriam a ser tomadas como elementos constitutivos por excelência do pensamento histórico. A indagação primordial do historiador, a despeito de qualquer conteúdo específico, deveria concentrar-se nas formas que o saber histórico recebe de sua estrutura literária, de sua textualidade ideologicamente condicionada (as *epistemes*, para Foucault). Ora, a redefinição do labor historiográfico – orientado, a partir de então, pelas "formas de representação" e pelos "níveis de discursividade" – faria soar o dobre de finados a qualquer vã presunção que atribua objetividade, racionalidade e, por que não dizer, cientificidade ao conhecimento produzido pelos historiadores. Resta-nos apenas, conscientes e humildes, abandonar qualquer pretensão analítica, estrutural, de macroanálise e explicação (ilusões cientificistas) em benefício da hermenêutica, da micro-história, da concepção de uma história que se constitui como um gênero narrativo ou literário (CARDOSO; VAINFAS, 1997, p. 17).

... e sua Crítica

Tal perspectiva assume, como postulado evidente – mas que está longe, contudo, de constituir uma verdade! –, a ideia de que o "discurso" e a "realidade humana" (individual ou coletiva) são grandezas incomensuráveis e irredutíveis: o primeiro falaria, por tal razão, sempre sobre si mesmo, a pretexto de falar sobre a segunda. David Carr, por exemplo, opôs-se à concepção, cara a Paul Ricoeur e Hayden White, da descontinuidade radical que se interpõe entre a narrativa e o mundo real físico ou humano. Segundo o autor, as narrativas seriam uma condição intrínseca e indispensável dos processos da própria vivência humana individual ou coletiva.

> A função narrativa é prática antes de ser cognitiva ou estética, razão pela qual, longe de poder negar-se qualquer relação entre o discurso narrativo e a realidade, a narrativa histórica mantém relações necessárias e estreitas com o seu objeto social real" (CARR, 1986, p. 26).

Assim, se, como propõe Iohannes Kabatek, "um dos problemas fundamentais da linguística histórica em geral - e dos estudos da língua medieval, em particular – reside na relação entre a evolução linguística e a tradição textual", (KABATEK, 2001, p. 97) à história impõe-se o da relação entre texto e contexto, entre o discurso e a sociedade em meio à qual se produz, à qual se refere, mas que o ultrapassa. Autor de discursos que se produzem, ainda hoje, essencialmente a partir de outros discursos – à história se impõem as línguas, instrumentos cruciais do diálogo –, tal relação, tão íntima, não é isenta de tensões e controvérsias que, em última análise, põem em xeque a natureza do próprio ofício do historiador. Será a história apenas um nominalismo bem temperado, e seu objeto tão somente os ecos quase inaudíveis dos discursos de outrora? O historiador pós-modernista F. R. Ankersmit, por exemplo, declara:

> Suponhamos que perguntamos pela causa da [...] 'Revolução Industrial' ou da 'Guerra Fria'. Devemos agora lembrar que esses termos não se referem a uma realidade histórica fora do texto, mas a elementos da narrativa. Isso significa que essas perguntas não são perguntas sobre a causa de um complexo estado de coisas no fim do século XVIII ou após a II Guerra Mundial, mas sobre a causa de uma ideia ou de um elemento da narrativa (ANKERSMIT, 1990, p. 285).

A abertura do historiador à linguística, à semiótica e à crítica literária – como de resto às demais ciências humanas, ao menos sob tal perspectiva acrítica e subserviente de interdisciplinaridade – concorre menos ao pleno cumprimento de seu ofício de fazer história do que à intenção de evadir-se dele!

Fixemos, pois, nossa perspectiva de base: considerar o conteúdo histórico do texto dependente de sua forma não implica, de modo algum, reduzir a história ao texto, como fazem os autores estruturalistas ou pós-estruturalistas, que negam a existência da história fora do discurso. Trata-se, antes, de relacionar texto e contexto, de buscar os nexos entre as ideias contidas nos discursos, as formas pelas quais elas se exprimem e o conjunto de determinações extratextuais que presidem a produção, a circulação e o consumo dos discursos. Em uma palavra, o historiador deve sempre, sem negligenciar a forma do discurso, relacioná-la ao social (CARDOSO; VAINFAS, 1997, p. 378). Por outro lado, negar a redutibilidade da história ao texto não significa admitir que haja uma história independente do texto. A história é sempre texto ou, mais amplamente, discurso, seja ele escrito, iconográfico, gestual etc., de forma que apenas a partir da decifração dos discursos que exprimem ou contêm a história poderá o historiador realizar seu ofício. Como destaca Eliseo Verón (1981, p. 192), no funcionamento de uma sociedade historicamente dada, o sentido não se encerra em uma instância particular, antes se encontra por toda parte, assim como a ideologia e o poder. Segundo o mesmo autor, as "condições de produção" de um discurso têm a ver com o "ideológico", com os valores sociais da comunidade que o produz, ao passo que as "condições de seu reconhecimento" dependem do poder, isto é, das instâncias capazes de legitimar ou não sua aceitação na sociedade.

Práticas ou Discursos?

Situando-me no contexto da transição da Antiguidade à Alta Idade Média Ocidental e em meio ao fluxo de um processo histórico marcado pelo fenômeno da implantação e disseminação do cristianismo, abordarei, na sequência deste artigo, as controvérsias historiográficas relativas ao teor a ser atribuído às "sobrevivências pagãs" recorrentes nos textos de época, denunciadas e combatidas pelos homens da Igreja. Atas conciliares, hagiografias, sermões, legislação constituem apenas alguns exemplos de gêneros discursivos amplamente devotados à caracterização de crenças incompatíveis com o sistema cristão em processo de afirmação no Ocidente. Assim, por exemplo, no que se refere à Península Ibérica do século IV d. C. ao VIII d. C., encontramos nas atas conciliares referências a um simbolismo pagão relacionado à fertilidade e à produção agrícola (VIVES, 1963).

Nos concílios de Braga de 572, presididos por São Martinho, as determinações fazem eco a seu famoso sermão, o *De Correctione Rusticorum* (NASCIMENTO, 1997): condenação do recurso a adivinhos e sortílegos visando à purificação das habitações, da celebração das tradições e festejos pagãos (Calendas), de observar o curso da lua e dos astros para determinar a melhor época para a construção da casa, a semeadura e a celebração do matrimônio, além do emprego de fórmulas supersticiosas pelas mulheres no trabalho doméstico. Segundo os cânones do III Concílio de Toledo (VIVES, 1963, p. 129-130), realizado em 589, a idolatria estaria arraigada por quase toda a Espanha. Este mesmo concílio refere-se a cantos e danças indecorosas nos dias dos santos. No mesmo ano, o sínodo provincial de Narbona (VIVES, 1963, p. 147) condena a celebração do quinto dia da semana em honra a Júpiter. O mesmo sínodo, em seu cânone IV, proíbe o trabalho no domingo, sobretudo aquele relacionado às atividades agrícolas. Tais referências encontram-se no sermão de Martinho de Braga, como aquelas às quais me refiro a seguir.

Os Concílios IV e V de Toledo (VIVES, 1963, p. 195 e 228), realizados respectivamente em 633 e 636, informam, ainda uma vez, sobre as comemorações das Calendas e de sortilégios em geral. Por fim, os concílios XII e XVI de Toledo (VIVES, 1963, p. 398 e 498) voltariam à carga contra a idolatria, coibindo o culto aos deuses alheios, astros, árvores, fontes e pedras sagradas. A legislação visigótica também nos fornece referências esparsas a cultos condenados pelo vínculo estabelecido com o paganismo ou, na extensão, com a intervenção diabólica. O *Forum Iudicum*, promulgado em 654, incorpora leis anteriores condenando os augúrios (McKENNA, 1938, p. 121). Não são poucas também as indicações correntes nas hagiografias, o que ademais configura os santos da Alta Idade Média como verdadeiros perseguidores do maravilhoso pagão. Quanto ao já referido *De Correctione Rusticorum*, de meados do século VI, tal sermão veicula ainda a condenação do culto ao mar, aos bosques, ao fogo doméstico, bem como das superstições relacionadas à saúde, à fertilidade, ao labor dos campos e ao trabalho doméstico.

Eu me ative, neste breve inventário, ao contexto mais restrito de minhas pesquisas (BASTOS, 2013). Extravasando, contudo, o quadro ibérico, ressalta-se o vigor desse discurso antipagão reproduzido em atas conciliares da Gália merovíngia, da Itália ostrogoda e da Inglaterra anglo-saxônica. Ademais, destaca-se a profunda identidade encontrada nas obras de Cesário de Arles, Martinho de Braga, Pirmino, Rabanus Maurus, Regino de Prüm e Burcardo de Worms (HEN, 1995, p. 168), ou seja, são efetivas as repetições das mesmas condenações, numa ampla variedade de fontes datadas do século VI ao século XI. Tratar-se-iam de tradições discursivas vigorosas, porém alheias a qualquer "materialidade"?

Parece ser esta a perspectiva que se reafirma com vigor nas análises mais recentes dedicadas ao tema, restabelecendo, de certo de forma mais sutil, a velha premissa da Idade da Fé, da Idade Média elitista plenamente identificada com a ortodoxia cristã. Assim, para autores como Harmening (1979, p. 49-73), as repetições e cópias que aparecem nas fontes coetâneas e posteriores são um sinal inequívoco de submissão à convenção literária, de forma que o paganismo se constituía apenas em manifestação discursiva. Yitzhak Hen, por seu turno, concebe, além da tradição discursiva, a intervenção em tais fontes de uma certa realidade existente no período de sua composição, restrita, contudo, ao campo da subjetividade. "Esta realidade era mais mental do que prática refletindo, essencialmente, os temores e receios que preocupavam a mente dos autores" (HEN, 1995, p. 171). Trata-se de adotar, em tais "análises", implícita ou explicitamente, as premissas do famoso "método arqueológico" de Foucault, dedicado a evidenciar um conjunto de regras de formação e transformação – tipos de apresentação, construção, encadeamentos, figurações, imagens, etc. – que controlam, em cada época (ou *episteme*), os diversos domínios do discurso, de acordo com "práticas" (ideológicas, sobretudo) articuladas ao próprio discurso. Essa maneira de encarar a pesquisa permitiria tomar os enunciados como efeito de um modo de apresentação discursiva que regula a sistematicidade deles, ressaltando o que há de comum a respeito em diferentes tipos de discurso. Este *modus operandi* apresenta, porém, graves distorções, cuja caracterização conclui este artigo.

Ora, considerando-se os campos de manifestação dos vários cultos condenados, destaca-se a sua incidência no âmbito de atividades e necessidades várias, fundamentais e correntes na vida quotidiana e trabalho das comunidades camponesas, como a fertilidade dos campos, a garantia e preservação das colheitas, a proteção da casa e do trabalho doméstico, além daquelas que podem estar diretamente associadas à importância econômica crucial das atividades nas áreas incultas, como os cultos às árvores, rios, mar, fontes. Referem-se, pois, a um âmbito essencial da estruturação das sociedades humanas, aquele que se efetiva nas relações estabelecidas entre os homens e a natureza. Nenhuma ação material do homem sobre a natureza, nenhuma ação intencional pode se desenvolver sem considerar, desde seu início, as realidades "ideais", isto é, as representações, as concepções acerca da ordem do funcionamento da natureza. Na sociedade medieval, como em várias daquelas estudadas pelos antropólogos, a religião incidia, justamente, sobre este tópico, isto é, consistia num vasto sistema de representações e de práticas simbólicas pelas quais os homens do período concederam um sentido e uma ordem ao mundo, ou seja, representaram, organizaram e legitimaram as relações estabelecidas entre si e com a natureza.

As reiteradas condenações às crenças visavam a práticas contraditórias à ortodoxia cristã, revelando, ademais, que a relativa autonomia preservada pelas comunidades camponesas sustentou uma base de contínua elaboração e reelaboração de uma cosmovisão plenamente irredutível aos preceitos ditados pelas elites eclesiásticas. Numa época em que os sacerdotes cristãos arrogavam-se e impunham pela força – o exclusivo da mediação com os céus –, erguiam-se fáceis e ao alcance de todos as pedras, as fontes e as árvores sagradas (BASTOS, 2014, p. 251).

Considerações Finais

Portanto, as práticas veiculadas pelos discursos não são, em si, predominantemente discursivas, não se limitam ou se reduzem ao plano da "discursividade". Não se trata, inclusive, apenas de aludir ao aspecto prático dos discursos. É fundamental à sua plena compreensão a consideração da diversidade das práticas sociais, inserindo-as no campo de estudos a partir de alguma teoria relativa ao funcionamento e à mudança das sociedades humanas (McNALLY, 1999, p. 33-49). Ademais, as tais "regras que controlam o discurso" determinam, quando muito, as condições de possibilidade, e não as condições efetivas de produção dos textos. Assim, a emergência, numa sociedade, de um enunciado, de um costume, de uma experiência, num contexto dado – o fato de que isto ocorra – não depende apenas (nem principalmente) de tais "regras", e sim, do jogo complexo das condições econômico-sociais, políticas e ideológicas diversas. Depende, essencialmente, do estado deste conjunto de fatores naquele momento específico, da intervenção dos indivíduos e até mesmo de certa dose de acaso. As "regras" são elementos necessários, mas não suficientes, do mesmo modo que as regras da gramática são um dos elementos necessários para que eu fale de forma inteligível, mas não determinam o conteúdo efetivo do que eu digo (CARDOSO, 1988, p. 111). Enfim, as continuidades ou transformações dos enunciados e das práticas só dependem de regras formais em um nível puramente abstrato. Na realidade, a História não é uma articulação sistemática de sistemas de articulação, mas depende do jogo efetivo das forças e contradições presentes e atuantes em todos os níveis que compõem a globalidade social.

Referências Bibliográficas

ANKERSMIT, F. R. Reply to Professor Zagorin. *History and Theory*, vol. III, p. 280-288, 1990.

BASTOS, Mário Jorge da Motta. *Assim na Terra como no Céu:* Paganismo, Cristianismo, Senhores e Camponeses na Alta Idade Média Ibérica (Séculos IV-VIII). São Paulo: EDUSP, 2013.

BATANY, Jean. Escrito/oral. In: LE GOFF, Jacques; SCHMITT, Jean-Claude (ed). *Dicionário Temático do Ocidente Medieval*, I. Bauru-São Paulo: EDUSC/Imprensa Oficial do Estado, 2002, p. 383-395.

BLOCH, Marc. *Apologia da História ou O Ofício de Historiador*. Rio de Janeiro: Jorge Zahar, 2002 [1949].

CARBONI, Florence; MAESTRI, Mário. *A Linguagem escravizada:* língua, história, poder e luta de classes. São Paulo: Expressão Popular, 2003.

CARDOSO, Ciro Flamarion Santana. *Ensaios Racionalistas*. Rio de Janeiro: Editora Campus, 1988.

CARDOSO, Ciro Flamarion Santana; VAINFAS, Ronaldo (ed). *Domínios da História*. Rio de Janeiro: Editora Campus, 1997.

CARR, David (1986). La Narrativa y el Mundo Real: Un Argumento en Favor de la Continuidad. *Historias*, XIV, p. 15-27, 1986.

DUPRONT, Alphonse. Sémantique Historique et Histoire. *Cahiers de Lexicologie*, I/II, p. 15-35, 1969.

FEBVRE, Lucien. *Combates pela história*. Lisboa: Editorial Presença, 1977.

GARDIN, Jean-Claude. Semiotic trends in archaeology. In: ___; PEEBLES, Christopher S. (ed.). *Representations in archaeology*. Bloomington-Indianápolis: Indiana University Press, p. 87-104, 1982.

HARMENING, D. *Superstitio. Überlieferungs- und theoriegeschictliche Untersuchungen zur kirchlich-theologischen Aberglaubensliteratur des Mittelalters*. Berlim: Erich Schmidt Verlag, 1979.

HEN, Yitzhak. *Culture & Religion in Merovingian Gaul, AD 481-751*. Leiden-Nova York-Köln: E. J. Brill, 1995.

KABATEK, Johannes. ¿Como investigar las tradiciones discursivas medievales? El ejemplo de los textos jurídicos castellanos. In: JACOB, Daniel; KABATEK, Johannes (eds.). *Lengua medieval y tradiciones discursivas en la Península Iberica*. Description grammatical - pragmática histórica - metodologia. Frankfurt am Main-Madri: Vervuert/Iberoamericana, p. 97-132, 2001.

KORSCH, Karl. *Marxismo e Filosofia*. Porto: Afrontamento, 1977.

LANGLOIS, Charles Victor; SEIGNOBOS, Charles. *Introdução aos estudos históricos*. São Paulo: Editora Renascença, 1946.

LYOTARD, Jean-François. *The Post-Modern Condition*. Manchester: Manchester University Press, 1984.

McKENNA, Stephen. *Paganism and Pagan Survivals in Spain up to the Fall of the Visigothic Kingdon*. Washington D.C.: The Catholic University of America Press, 1938.

McNALLY, David. Língua, história e luta de classe. In: WOOD, Ellen Meiksins & FOSTER, John Bellamy (eds.). *Em defesa da história:* marxismo e pós-modernismo. Rio de Janeiro: Jorge Zahar Editor, 1999, p. 33-49.

NASCIMENTO, Aires A. *Instrução Pastoral sobre Superstições Populares*. Lisboa: Edições Cosmos, 1997.

PONZIO, Augusto. *Producción linguística e ideología social*. Madri: Alberto Corazón, 1974.

PROVOST-CHAUVEAU, Geneviève. Problèmes théoriques et méthodologiques en analyse du discours. *Langue Française*, 1971, p. 1-32.

VERÓN, Eliseo. *A produção de sentido*. São Paulo: Editora Cultrix/ Edusp, 1981.

VIVES, José (ed). *Concilios Visigóticos e Hispano-Romanos*. Barcelona-Madri: Consejo Superior de Investigaciones Científicas, 1963.

A hagiografia visigoda como fonte histórica*

* Revisora da tradução do original em espanhol: Nathalia Monseff Junqueira. Professora Doutora do Departamento de História da Universidade Federal do Mato Grosso do Sul – UFMS – Campus do Pantanal.

Santiago Castellanos[1]

A hagiografia e o historiador

A hagiografia é um dos tipos de fontes que mais chamou a atenção dos historiadores acadêmicos nas últimas décadas. Relegada durante muito tempo ao âmbito dos historiadores propriamente eclesiásticos, hoje em dia é considerada uma fonte de informação de grande interesse para o cientista. Do ponto de vista textual e filológico, já se contava desde o século XIX com boas edições de textos, como é o caso das grandes coleções (do tipo dos *Monumenta Germania Historia* ou a *Patrologia*, tanto *Latina* como *Graeca*), e nos últimos anos foram acrescentadas excelentes edições, entre outras coleções, e para destacar uma delas, em *Corpus Christianorum*. Devemos acrescentar um grande número de edições específicas, fora de coleção, em diversos editoriais, e cada vez com mais frequência é possível encontrar traduções com

1 Professor Doutor da Universidad de León, Espanha.Este texto corresponde, em essência, à palestra ministrada na Universidade Estadual Paulista "Júlio de Mesquita Filho", Campus de Franca, em agosto de 2013, e faz parte do projeto HAR 2010-18991 (Ministério da Economia, Espanha), do qual sou investigador principal. Quero agradecer à Professora Dra. Margarida M. de Carvalho por seu gentil convite.

boas introduções e mecanismos críticos muito solventes. De todas essas possibilidades vão aparecer aqui alguns exemplos em função dos casos que vou resumir.

A origem da hagiografia tem lugar nas províncias orientais do Império Romano. Por sua vez, e de certo modo, tratava-se de uma transformação sobre a base das vidas de filósofos e sábios da tradição helênica. O modelo do *theios aner*, "homem divino", helênico encontrará cópia transcrita no Ocidente na imagem do *uir sanctus*, o "homem santo". Portanto, como em outras questões, o cristianismo adaptou um modelo intelectual grego, a ideia do homem divino que é capaz de situar-se acima do natural com sua capacidade taumatúrgica e sua especial conexão com a divindade, transformando-o no *homem santo*, que faz milagres e que traz a imagem da execução do plano divino sobre os homens.

É evidente que se trata de textos que, por sua própria natureza, exigem uma forte dose crítica por parte do historiador. Os hagiógrafos não pretendem escrever uma *historia*, mas sim uma *Vita*. Se até mesmo nas *historiae* desse período, como pode ser o caso de Gregório de Tours para o mundo franco merovíngio, ou de Isidoro ou João de Bíclaro para o visigodo, ou de Jordanes para o godo, para citar somente alguns exemplos (GOFFART, 1988), sabemos que existe um altíssimo grau de carga ideológica, de introdução do cristianismo como elemento de reforço e de justificativa, é fácil imaginar que tudo isso se multiplica no caso das *Vitae*. É preciso dizer que, em qualquer caso, se trata de textos muito vívidos, que trazem detalhes que usualmente não encontramos nem nas *Historiae* nem muito menos nas crônicas, e que apresentam um contexto narrativo muito diferente ao daquelas. São, pois, textos que exigem a máxima capacidade crítica possível, por um lado, mas que são apaixonantes por sua intensidade, sua gama de matizes, seus detalhes anedóticos, sua descrição de paisagens locais tanto rurais quanto urbanos. Daí seu interesse para o historiador.

A hagiografia visigoda

O reino visigodo esteve assentado na Hispânia entre o início do século VI e os primeiros anos do século VIII. A partir da conversão do *rex* e da *gens Gothorum* com Recaredo (CASTELLANOS, 2007), o sistema político godo manteve pontes de contato muito estreitas, não livre de conflitos, mas também não de apoios, com a Igreja católica. Os concílios, que sempre foram uma assembleia de questões eclesiásticas, disciplinares, mas também de poder, de patrimônio e de recursos, tornaram-se a partir de então referência política no *regnum*. Os bispos passaram a ter mais protagonismo no âmbito político e ideológico, e foi precisamente nesse momento quando começaram a ser escritas as hagiografias mais importantes que chegaram até nós da época visigótica. Não vou me deter nas *Passiones*, que em termos filológicos e literários correspondem a outro tipo de parâmetros, mas nas *Vitae* de santos (é fundamental VELÁZQUEZ, 2007 sobre a natureza da hagiografia visigoda a partir desse ponto de vista, faço referência a uma abordagem política, social, a CASTELLANOS, 2004 e a ANDRADE FILHO, 2012). Alguma dessas Passiones, como a *Passio Mantii*, mantém muitas semelhanças com as *Vitae*, mas em conjunto pertence antes a este grupo de *Passiones* (sobre o conteúdo e abrangência histórica da *Passio Mantii*, ver GONZÁLEZ SALINERO, 1998). Neste momento, refiro-me a quatro textos concretos: as *Vitas Sanctorum Patrum Emeretensium* (*VSPE*), a *Vita Aemiliani (VSAe)*, a *Vita Fructuosi (VF)* e a *Vita Desiderii (VD)*. Os escritos de Valério do Bierzo podem ser entendidos antes como autobiográficos do que como hagiográficos, e para sua análise, refiro-me aos estudos a respeito (entre outros DÍAZ, 1986; 2013; UDAONDO PUERTO, 1997; FRIGHETTO, 2006).

Em conjunto, a hagiografia da época visigótica obedece aos padrões típicos deste tipo de textos. Seus protagonistas são homens santos, que desafiam a maldade e apoiam a bondade, no esquema próprio do binômio entre "bons" e "maus" que contemporaneamente pode ser visto nas *Historiae*, principalmente, em autores como Gregório de Tours (HEINZELMANN, 2001). A política está muito presente, talvez menos que na *VF*, ao ponto que nos outros três textos aparecerão reis godos, e em alguns casos se indicam dados relevantes sobre a administração do reino, ou sobre o grau de implantação do poder político no território urbano e no rural. Um dos casos, *VD*, é evidentemente um texto com alto grau de essência política, dado que foi escrito por um rei, Sisebuto (612-621), embora seu conteúdo se situe no mundo merovíngio. A Igreja, como era de se esperar, é outro dos elementos presentes nos textos, embora seu tratamento seja muito desigual. Em algumas ocasiões, o aparecimento de bispos é muito marginal (*VSE*), outras vezes, silencia-se diretamente a dimensão episcopal do protagonista e volta-se apenas para sua faceta monástica (*VF*), e também se dá o caso de protagonismo de um bispo (*VD*) ou de vários (*VSPE*). Enfim, a hagiografia da época visigótica, escrita realmente no século VII, é sem dúvida um dos materiais informativos mais interessantes desse período (ver um ensaio monográfico sobre esses textos do ponto de vista histórico em CASTELLANOS, 2004).

O caso de Mérida

As *VSPE* talvez sejam o texto mais rico em dados e em essência social, econômica e política de todo o panorama hispano-visigótico. Mérida, a romana *Augusta Emerita*, tinha sido a sede do *uicarius Hispaniarum* na fase tardorromana. Na época visigótica foi um centro de poder, capital da província da Lusitânia, e um dos locais com presença de aristocracia de tradição romana, importante sede episcopal e, portanto, com relações na escala de poder político do *regnum* (COLLINS, 1980). É muito provável que durante a guerra entre Hermenegildo e seu pai Leovigildo e seu irmão Recaredo, a cidade se inclinasse para o lado do primeiro, o que motivou que Leovigildo empreendesse uma campanha contra Mérida em 582 (para as fontes sobre este assunto, ver CASTELLANOS, 2007; GARCÍA MORENO, 2008). Com a conversão de Recaredo ao catolicismo, as pontes entre a realeza goda e os bispos eram mais facilmente transitáveis, e talvez seja este um dos temas-chave das *VSPE*, escritas posteriormente.

A obra *VSPE* é composta de cinco livros, e no estado atual dos conhecimentos filológicos parece que estamos diante de uma dupla redação datada na década de 630 e de 670, em qualquer caso, as mãos que foram escrevendo e compilando o texto estavam vinculadas ao âmbito eclesiástico e monástico de *Emerita*, com atenção particular para o complexo de Santa Eulália (MAYA SÁNCHEZ, 1992; VELÁZQUEZ, 2008). Na atualidade, dispõe-se de importantes registros arqueológicos na cidade. Embora não disponha agora de espaço para entrar em muitos detalhes, não gostaria de omitir as escavações na própria basílica de Santa Eulália, que terminaram confirmando que sobre um espaço altoimperial havia sido construído um mausoléu provavelmente vinculado ao primeiro culto à Eulália, uma mártir da época da Tetrarquia, e que foi no século V quando se construiu a primeira basílica, e já mais tarde, avançada a época visigótica, esta foi reformada e ampliada. Os espaços funerários marcam a basílica, num exemplo gráfico, que pode ser visitado hoje graças ao trabalho de conservação e musealização, de enterramentos *ad sanctos;* como dado de interesse, cabe lembrar que na necrópole da basílica foi encontrada a lápide sepulcral do diácono Eleutério, personagem mencionado nas *VSPE* (a monografia de referência sobre a basílica de Santa Eulália é a de MATEOS, 1999). Paralelamente, hoje sabemos que a cidade dos séculos VI e VII, que foi quando ocorreram os fatos descritos nas *VSPE* e quando estas foram escritas, havia sofrido numerosas mudanças em sua paisagem. Os grandes espaços públicos haviam diminuído, não poucas *domus* tinham sido transformadas em moradias com usos agropecuários, e as ruas tinham sido estreitadas (ALBA, 2011). A cidade da época visigótica tinha outros referentes políticos e ideológicos, e as mudanças na paisagem urbana não eram senão um reflexo dessas transformações (MATEOS; CABALLERO, 2011). A cidade, de longa tradição aristocrática e política, teve um papel relevante na articulação do *regnum Gothorum*. E, nesse contexto, escreveram-se as *VSPE*.

O livro I é dedicado ao jovem Augusto, residente no monastério de Santa Eulália, quem finalmente foi enterrado na basílica. O livro II tem como protagonista um monge aficionado à comida que morava no monastério de Cauliana, a algumas milhas da cidade. O livro III está voltado para um personagem procedente da África, Nancto, a quem o rei Leovigildo concedeu um *locus* do *fiscus* régio para assentar-se e levar uma vida ascética nos arredores de Mérida. O texto, neste caso, está centrado na ideia do ascetismo, propagando o ideário moralista quanto ao corpo, que como é bem sabido se consolidara no mundo tardorromano pela hegemonia do cristianismo. Os livros IV e V, que tratam de bispos de Mérida, são os mais relevantes quanto à densidade de informação e dados referentes ao panorama político de final do século VI. O livro IV se detém nos bispos Paulo e Fidel. Paulo procedia do Mediterrâneo oriental, e o texto proporciona detalhes de como ele ganhara uma fortuna ao praticar uma intervenção cirúrgica na dama de um rico casal de tradição aristocrática. Terminou negociando com o clero da cidade para que, em troca da Igreja emeritense herdasse seu patrimônio, seu sobrinho Fidel, também procedente do Oriente, fosse aceito como futuro bispo, o que era absolutamente irregular do ponto de vista canônico. Obviamente, tudo isso dá ideia das tensões dentro da própria estrutura eclesiástica, em que a riqueza e o *patrimonium* eram aspectos muito relevantes, como fica claro ao estudar as atas do concílio de Mérida de 666 (DÍAZ, 1995). O bispado de Fidel é apresentado no texto como o de um especial vínculo com a padroeira local, Eulália, em mais um exemplo do culto aos santos, *patroni* e *patronae*, próprio da Antiguidade Tardia (BROWN, 1981). Outra das características dos bispos nos textos hagiográficos costuma ser sua dimensão edilícia, que no caso de Fidel aparece com a restauração do *atrium* episcopal e a da basílica de Santa Eulália, à qual acrescentou torres.

Mas talvez o protagonista quase absoluto das *VSPE* seja Masona pela densidade de seu tratamento no texto, ao qual se dedica o livro V. Também a dimensão edilícia aparece com clareza no perfil de Masona, a quem se adjudica a fundação de monastérios aos quais dotou com propriedades, a construção de basílicas, ou a de um *xenodochium*, isto é, um hospital para doentes e peregrinos. Como costuma acontecer nos *topoi* hagiográficos sobre os bispos, outro dos aspectos que costuma aparecer é o da caridade. Masona aparece no texto distribuindo azeite, vinho e mel no *atrium* episcopal, ou a dotação de 2000 *solidi* (uma cifra altíssima) à basílica de Santa Eulália. Em todo caso, em meu entendimento, os dois aspectos que os hagiógrafos quiseram destacar em maior medida da figura de Masona foram seu especial vínculo com Eulália, que aparece constantemente no livro V, e seu papel ativo como suposto líder da cidade e, portanto, sua intervenção política, sua relação com o rei, primeiro Leovigildo e depois Recaredo.

Nesse sentido, o texto é recriado sobre o conflito entre Masona e Leovigildo, que, segundo esta versão, teria tentado atrair o prelado católico, mas que finalmente apoiou o bispo ariano Sunna, e exilou Masona. Os detalhes vão construindo uma versão que termina exaltando o culto a Eulália e a figura do prelado católico, que eram as duas mensagens que os hagiógrafos do século VII enviavam a seu público, em sua maioria clérigos, monges e aristocratas. O julgamento público que Masona e Sunna enfrentaram, ou o comparecimento de Masona perante o rei Leovigildo, ocultando sob suas vestimentas a túnica-relíquia, são dois desses detalhes vívidos, apresentados no terreno do sobrenatural, dentro dos clichês habituais do gênero hagiográfico. Quanto ao momento em que Recaredo é rei após a morte de seu pai (desde 586), o texto apresenta informações sobre as conjurações contra Masona, na última instância frente ao próprio rei. São vários os *nobiles* godos que participam delas, de acordo com o bispo ariano Sunna, e são desbaratadas graças à confissão final de Viterico, envolvido nelas desde o início, e naquela ocasião rei godo no futuro. Que as conjuras tinham um claro sentido político ficou evidente a partir da sentença que o próprio Recaredo promulga como rei, e cujos termos são registrados pelos hagiógrafos emeritenses.

As *VSPE*, emanadas de um contexto monástico e eclesiástico, colocam os bispos católicos como defensores da santidade para uma época que é apresentada como de combate teológico e político, a do reinado de Leovigildo, e de tensões, a do início do reinado de Recaredo, com sua conversão e a da *gens Gothorum*. A rua (DÍAZ, 1997) é o palco da exaltação dos prelados, que através da liturgia e da caridade representam a liderança cívica.

Emiliano e o Alto Ebro

Bráulio, bispo de Zaragoza entre 631 e 651, escreveu uma *Vita Aemiliani* (ed. CAZZANIGA, 1954), em que o protagonista era Emiliano, homem santo do Alto Ebro, no noroeste da província Tarraconense do reino visigodo. Emiliano viveu entre o final do século V e pouco depois da campanha de Leovigildo para *Amaia* (574). Assim sendo, Bráulio era o bispo de uma (*Caesaraugusta*) das cidades mais importantes da província Tarraconense, mas também era um dos bispos mais influentes do *regnum*, principalmente, após a morte de seu amigo Isidoro de Sevilha (636). No estado atual dos conhecimentos, parece evidente que Bráulio teve uma notável capacidade de influência não somente entre seus colegas os prelados, mas na própria corte (para saber mais sobre a abrangência, e também sobre os limites do papel de Bráulio no *regnum*, ver MARTÍN IGLESIAS, 2002). O texto que nos ocupa, a *VSA*, foi provavelmente escrito no início dos anos trinta do século VII, embora sua cronologia seja muito difícil de precisar. A obra está dedicada a seu irmão Frunimiano, na ocasião abade da comunidade monástica que se estabeleceu sobre o *oratorium* onde Emiliano tinha vivido (sobre a cronologia do texto e o papel de Frunimiano, ver VALCÁRCEL 1990-91 e 1997; CASTELLANOS, 1998; MARTÍN IGLESIAS, 2004).

A obra narra a vida de Emiliano, que esteve à frente de uma igreja em *Vergegio*, supostamente na região de Berceo, em La Rioja Alta (Alto Ebro), mas que perseguido por seus detratores, sempre segundo Bráulio, foi relevado pelo bispo de Tarazona. A partir de então, começou sua vida ascética, que na maior parte do tempo transcorreu em seu *oratorium* do Monte Distercio ou Dercetio, na região do atualmente conhecido como Monte San Lorenzo, na serra riojana. O culto do santo, já iniciado numa tradição local e oral, seria fortemente estimulado pelo texto de Bráulio. O fato de que um dos bispos mais influentes do reino dedicasse uma obra a Emiliano deve ter repercutido no culto, inclusive no nível litúrgico, uma vez que o próprio Bráulio assinala que o texto tinha de ser lido na *missa eius*, isto é, na eucaristia própria do dia da festividade do santo.

Em seu *oratorium* Emiliano recebe um grande número de visitas, que o hagiógrafo projeta em todos os estratos sociais, desde aristocratas, pomposamente conhecidos como *senatores*, até *ancillae* (escravas), passando por estratos intermediários da sociedade do Alto Ebro do século VI. O texto, embora escrito pouco mais de meio século depois da morte do santo, deixa entrever certa organização sociopolítica, que aparece descrita como um *senatus*. O fato de que Bráulio utilizasse aqui terminologia já ultrapassada, própria da tradição romana, não creio que invalide o fato de que provavelmente houvesse certa estrutura de poder coletivo entre os poderosos da região. Personagens como Abundâncio, que aparece no texto burlando-se da profecia de Emiliano na qual anunciava a aniquilação de Cantábria (a região do Alto Ebro na época visigótica) certamente fariam parte dessa estrutura, que Bráulio quis anotar sob a forma de um *senatus*. Como se sabe, a atividade profética faz parte dos *topoi* habituais nas hagiografias. Bráulio apresenta como um anúncio profético a notícia prévia do ataque do rei Leovigildo à Cantábria, fato que se produziu em 574 e que coletamos em fontes como João de Bíclaro e Isidoro; a campanha teria significado a anexação da Cantábria ao *regnum Gothorum* (CASTELLANOS, 1998).

O texto é recriado em detalhes sobre a atuação taumatúrgica de Emiliano, outro dos traços típicos das *Vitae*. Realiza milagres tanto em vida como, acredita-se que por sua intercessão como *patronus caelestis*, após sua morte, em seu sepulcro situado no *oratorium*, sobre o qual mais tarde se ergueria o monastério medieval de San Millán de la Cogolla, em Suso, na parte alta da montanha, que não deve ser confundido com o de Yuso, no vale. Enfim, o texto traz dados sobre a estrutura social de uma região do norte da Hispânia, onde as formas romanas parecem apenas inalteradas, pelo menos em sua expressão terminológica, durante a época do reino godo. Alguns trabalhos arqueológicos confirmaram a ocupação de pontos de referência no território, como o *castellum Bilibium*, ou a possível propriedade de Honório em *Parpalines* (ESPINOSA, 2011), entre outros.

A Vida de Frutuoso

Frutuoso foi abade e fundador de monastérios, e também bispo de *Bracara*, a sede metropolitana de *Gallaecia* (sobre *Bracara* como capital política e religiosa, ver DÍAZ, 2000). A *Vita Fructuosi*, de autor anônimo (edição e tradução de DÍAZ; DÍAZ, 1974, ver também DÍAZ; DÍAZ, 1953), é composta no mínimo de duas etapas, embora se considere a possibilidade de que uma parte do documento esteja relacionada a Teudiselo, num monastério dos arredores de Lamego e da rede de poder que emanava de *Bracara* (CODOÑER, 1987). De todo modo, o texto está voltado para a dimensão ascética de Frutuoso, em seu labor como incentivador de comunidades monásticas, e não em sua faceta como bispo.

É evidente, dado o conteúdo do texto, que o autor ou os autores da *VF* promoviam o culto ao fundador de monastérios, e nem tanto ao bispo. Não se oculta, por outro lado, que Frutuoso pertencia à aristocracia, que seu pai tinha sido *dux exercitus Spaniae* e que, de modo geral, a família esteve relacionada à realeza, *ex clarissima regali progenie exortus*. Como se isso não bastasse, um interessante material conservado pela tradição manuscrita e conhecido como *Versiculi a sancto Fructuoso editi* (DÍAZ; DÍAZ, 1951), destaca o vínculo familiar com o grupo de Sisenando (rei entre 631 e 636), integrado também por Pedro de Béziers e Sclua ou Silva de Narbona. Portanto, Frutuoso estava integrado numa família de tradição na Narbonense e com presença política e militar no Noroeste do reino godo (ver os detalhes em CASTELLANOS, 2004, p. 263 ss). Enfim, os milagres e as atividades próprias de um homem santo que a *VF* vai acumulando tendem a uma determinada finalidade, que não é outra que a de propiciar o culto ao fundador monástico. Certamente, com isso se perseguiam dois objetivos claros. Primero, o culto ao santo em si mesmo, e a veneração de seu sepulcro. Segundo, a propagação de seu *exemplum*, a ideia segundo a qual um aristocrata pode entregar sua vida (e seus bens, é claro) às atividades monásticas. Isso não se encaixava muito bem com as pretensões da realeza, que tentava que esses investimentos fossem antes para a defesa do *regnum* e do próprio *rex*, de modo que a *VF*, nesse sentido, propunha uma alternativa que não pôde ser bem-vista pelo poder central (LÓPEZ QUIROGA, 2002).

O rei Sisebuto e Desidério de Vienne

A *Vita Desiderii* (*VD*, ed. MARTÍN IGLESIAS, 2000) que agora nos ocupa, a vida de Desidério, bispo de Vienne (*ca.* 596-607), na Gália, foi escrita pelo rei Sisebuto (612-621). É bem conhecido o interesse que Sisebuto teve pelos textos literários, e que tornam sua época um momento de particular interesse do ponto de vista da produção intelectual na Europa (no contexto europeu, ver HEN, 2011). O fio condutor da obra é a apresentação de um modelo de santidade na pessoa de Desidério e de um antagonista de exceção, nada menos que Brunilda, filha de Gosuinda. Foi esta esposa dos reis godos Atanagildo e Leovigildo, mãe da própria Brunilda, mas também de Galsuinta, entregue a Chilperico da Nêustria. Brunilda se casou com Sigiberto I da Austrásia, e teve uma enorme influência, não isenta de oposição, sob o governo de seu filho Childeberto II. Foi um personagem de grande impacto no mundo merovíngio, como destacaram diversos estudos (entre outros, NELSON, 1986; para a dimensão hispânica do assunto e um contexto geral no reino godo, ISLA, 2004). No texto ganha protagonismo especial o reino da Borgonha, dirigido finalmente por Teoderico II, neto de Brunilda, que conclui com a execução de Desidério por lapidação, e o castigo divino, próprio da hagiografia, encarnado na intervenção decisiva de Clotário II da Nêustria, que ganha os territórios até então na órbita de Brunilda, que será esquartejada numa morte cruel, também própria do gênero hagiográfico. Como bem se indicou a partir da filologia (MARTÍN IGLESIAS, 1998), o texto tem a complexidade da mensagem hagiográfica, que utiliza e manipula os dados realmente históricos. Tudo, em consequência e como ocorre nesses casos, é narrado sobre o plano hagiográfico, que tende a indicar o bom *exemplum* e a contrastá-lo com o mau comportamento, sempre a partir da perspectiva do hagiógrafo, evidentemente.

A obra tem, portanto, uma enorme carga política. Começando pelo seu autor, um rei visigodo. E continuando pelo conteúdo desta, que tem como protagonistas, além do próprio Desidério de Vienne, os reis da Austrásia e da Borgonha, e finalmente o da Nêustria, que como se sabe terminou unificando os reinos no início do século VII (expliquei o contexto político e o conteúdo da obra em CASTELLANOS, 2004, 217 ss, com as referências bibliográficas tanto para o caso godo como para o merovíngio). É precisamente este corolário político o que parece, em minha opinião, interessar a Sisebuto. A ideia de um reino unificado que triunfa sobre o mal, encarnado neste caso por uma rainha que, na ocasião, tinha origem goda. É evidente que o mal, mais uma vez, é o projetado pelo hagiógrafo, neste caso, o rei visigodo Sisebuto. E, nesse seguimento, há um duplo sentido no texto. O primeiro é para o mundo merovíngio (FONTAINE, 1980), Sisebuto parece buscar uma sintonia com a situação recentemente resolvida por Clotário II, destacando o papel "malvado" de seus inimigos derrotados. Em segundo lugar, para o próprio *regnum Gothorum*, o rei tece o ideal de que o governante protegido por Deus termina triunfando apesar da entidade de seus rivais. Num reino, o visigodo, com fortes contradições internas, a mensagem parece clara. O *rex* deve ser respeitado, porque é capaz de mobilizar forças suficientes como para enfrentar seus rivais e vencê-los, desde que tenha (ou, melhor, exiba), uma relação de proteção por parte da divindade. Mais uma vez, a hagiografia contém uma alta dose de ideologia, que os milagres e a linguagem hiperbólica contribuíam para projetar.

Referências Bibliográficas

ALBA, M. Los espacios domésticos en la ciudad visigoda de *Emerita* (ss. V-VII). In: ÁLVAREZ MARTÍNEZ, J. Mª.; Mateos Cruz, P. (eds.). ACTAS CONGRESO INTERNACIONAL 1910-2010. El yacimiento emeritense, Mérida, p. 521-546, 2011.

ANDRADE FILHO, R. de O. *Imagem e Reflexo.* Religiosidade e Monarquia no Reino Visigodo de Toledo (séculos VI-VIII). São Paulo: EDUSP, 2012.

ARCE, J. *Esperando a los árabes.* Los visigodos en Hispania (507-711). Madrid: Ediciones de Historia, 2011.

BROWN, P. *The Cult of the Saints.* Its Rise and Function in Latin Christianity. Chicago: University Press, 1981.

CASTELLANOS, S. *Poder social, aristocracias y hombre santo en la Hispania visigoda.* La Vita Aemiliani de Braulio de Zaragoza. Logroño: Universidad de la Rioja, 1998.

______. *La hagiografía visigoda.* Dominio social y proyección cultural. Logroño: Fundación San Millán de la Cogolla, 2004.

______. The Significance of Social Unanimity in a Visigothic hagiography: keys to an ideological screen. *Journal of Early Christian Studies*, 11, 3, p. 387-419, 2003.

______. *Los godos y la cruz.* Recaredo y la unidad de Spania. Madrid: Alianza Editorial, 2007.

CAZZANIGA, I. La Vita di S. Emiliano scritta da Braulione vescovo di Saragozza: edizione critica. *Bolletino del Comitato per la preparazione della Edizione Nazionale dei Classici Greci e Latini, Nuova Serie*, 3, p. 7-44, 1954.

CODOÑER, C. Sobre la *Vita Fructuosi. Athlon. Satura grammatica in honorem Francisci R. Adrados*, 2, Madrid, p. 183-190, 1987.

COLLINS, R. Mérida and Toledo: 550-585. In: JAMES, E. (ed.). *Visigothic Spain: new approaches*. Oxford, p. 189-219, 1980.

DÍAZ, P. C. El reino suevo de Hispania y su sede en *Bracara*. In: RIPOLL, G.; GURT, J. Mª. (eds.). *Sedes regiae (ann. 400-800)*. Barcelona, p. 403-423, 2000.

______. Iglesia propia y gran propiedad en la autobiografía de Valerio del Bierzo. ACTAS I CONGRESO INTERNACIONAL ASTORGA ROMANA. Astorga, p. 297-303, 1986.

______. La rue à Merida au VIe siècle: usage sacré et usage profane. In: La rue, lieu de sociabilité? ACTES DU COLLOQUE DE ROUEN, Rouen, p. 331-340, 1997.

______. Propiedad y poder: la iglesia lusitana en el siglo VII. *Cuadernos emeritenses*, Mérida, n. 10, p. 49-72, 1995.

______. Valerio del Bierzo: la equívoca marginalidad de un asceta tardoantiguo. In: GONZÁLEZ SALINERO, R. (ed.). *Marginados sociales y religiosos en la Hispania tardorromana y visigoda*. Madrid: Signifer Libros, 2013, p. 293-315.

DÍAZ Y DÍAZ, M. C. A propósito de la *Vita Fructuosi*. *Cuadernos de Estudios Gallegos*, v. 8, p. 155-178, 1953.

______. *La Vida de San Fructuoso de Braga*. Estudio y edición crítica. Braga: Walter de Gruyter, 1974.

______. Un nuevo códice de Valerio del Bierzo. *Hispania Sacra*, Navarra, v. 4, p. 133-146, 1951.

ESPINOSA, U. *La iglesia de Las Tapias y los monasterios tardoantiguos de Albelda de Iregua y Nalda (La Rioja)*. Logroño: Universidad de la Rioja, 2011.

FONTAINE, J. King Sisebut's *Vita Desiderii* and the Political Functions of Visigothic Hagiography. In: JAMES, E. (ed.). *Visigothic Spain:* New Approaches. Oxford: University Press, 1980. p. 93-129.

FRIGHETTO, R. *Valerio del Bierzo.* Autobiografía. Noia-La Coruña: Toxosoutos, 2006.

GARCÍA MORENO, L. A. *Leovigildo.* Unidad y diversidad de un reinado. Madrid: Real Academia de la Historia, 2008.

GOFFART, W. *The Narrators of Barbarian History (A. D. 550-800).* Jordanes, Gregory of Tours, Bede and Paul the Deacon. Princeton: University Press, 1988.

GONZÁLEZ SALINERO, R. Los judíos y la gran propiedad en la Hispania tardoantigua: el reflejo de una realidad en la *Passio Mantii*. *Gerión*, v. 16, p. 437-450, 1998.

HEINZELMANN, M. *Gregory of Tours.* History and Society in the Sixth Century. Cambridge: University Press, 2001.

HEN, Y. *Roman Barbarians.* The Royal Court and Culture in the Early Medieval West. Basingstoke: Palgrave Macmillan, 2011.

ISLA, A. Reinas de los godos. *Hispania*, Madrid, v. 64, n. 217, p. 409-434, 2017.

LÓPEZ QUIROGA, J. Actividad monástica y acción política en Fructuoso de Braga. *Hispania Sacra*, Navarra, v. 109, p. 7-22, 2002.

MARTÍN IGLESIAS, J. C. Braulio *Caesaraugustanus* ep. In: CHIESA, P.; CASTALDI, L. (eds.). *La trasmissione dei testi latini del Medioevo.* Mediaeval Latin Texts and their Transmission. Te.Tra. 1. Florencia, p. 38-52, 2004.

______. *La Renotatio librorum domini Isidori de Braulio de Zaragoza (+651)*, Logroño: Fundación San Millán de la Cogolla, 2002.

______. Una nouvelle édition critique de la *Vita Desiderii* de Sisebut, accompagnée de quelques réflexions concernant la date des *Sententiae* et du *De uiris illustribus* d'Isidore de Séville. *Hagiographica*, 7, p. 127-180, 2000.

______. Verdad histórica y verdad hagiográfica en la *Vita Desiderii* de Sisebuto. *Habis*, Sevilla, v. 29, p. 291-301, 1998.

MATEOS, P. *La basílica de Santa Eulalia de Mérida.* Arqueología y urbanismo. Madrid: C. S. I. C., 1999.

MATEOS, P.; CABALLERO, L. El paisaje urbano de *Augusta Emerita* en época tardoantigua (siglos IV-VII). In: ÁLVAREZ MARTÍNEZ, J. Mª.; MATEOS CRUZ, P. (eds.). ACTAS CONGRESO INTERNACIONAL 1910-2010. El yacimiento emeritense. Mérida, p. 505-519, 2011.

MAYA SÁNCHEZ, A. (1992), *Vitas Sanctorum Patrum Emeretensium*. Turnhout: Brepols Publishers, 1992.

NELSON, J. Queens as Jezebels: Brunhild and Balthild in Merovingian History. In: NELSON, J. *Politics and Ritual in Early Medieval Europe*. Londres, p. 1-48, 1986.

UDAONDO PUERTO, F. J. (ed.). Valerio del Bierzo: su figura, su obra, su época. *Helmántica*, Salamanca, v. 48, p. 145-46, 1997.

VALCÁRCEL, V. La *Vita Aemiliani* de Braulio de Zaragoza: el autor, la cronología y los motivos para su redacción. *Helmantica*, Salamanca, v. 147, p. 375-407, 1997.

______. ¿Uno o dos Frunimianos en *Vita Aemiliani* y cartas de Braulio de Zaragoza? *Faventia*, Barcelona, v. 12-13, p. 367-371, 1991.

VELÁZQUEZ, I. *La literatura hagiográfica.* Presupuestos básicos y aproximación a sus manifestaciones en la Hispania visigoda. Burgos: Fundación Instituto Castellano y Leonés de la Lengua, 2007.

______. *Vidas de los santos Padres de Mérida.* Introducción, traducción y notas. Madrid: Editora Trotta, 2008.

Entre o figurativo e o ornamental: os evangelistas e seus símbolos nas tábuas de cânones iluminadas

Maria Cristina Correia Leandro Pereira[1]

Tradicionalmente, a História da Arte traça uma fronteira bem nítida entre o figurativo e o ornamental, privilegiando o primeiro (sobretudo por sua possibilidade de referência a um conteúdo textual) e relegando o segundo à categoria de simples instrumento para estabelecimento de estilo ou datação. No entanto, ao proceder assim, incorre-se em um duplo equívoco, do ponto de vista da semântica histórica: por um lado, a fronteira entre o figurativo e o ornamental não é estanque, já que elementos considerados pertencentes ao universo figurativo podem assumir valores ornamentais, e vice-versa. Por outro lado, não há como hierarquizar estas instâncias, uma vez que ambas trabalham na e para a construção dos sentidos da imagem.

Um exemplo particularmente ilustrativo dessa tese é a famosa carta do pintor Nicolas Poussin a seu cliente e amigo Chantelou, em 1639:

> Quando tiverdes recebido o vosso [quadro do Maná], suplico-vos, se estiverdes de acordo, que o

1 Professora Doutora do Departamento de História e do Programa de Pós-Graduação em História Social da Universidade de São Paulo – USP. Pesquisadora do LATHIMM-USP.

> adorne com uma pequena cornija, pois ele precisa dela, a fim de que, considerando-o em todas as suas partes, os raios do olho sejam retidos" (MARIN, 2000, p. 205).

Os termos são claros: há uma *necessidade* de associar o figurativo ao ornamental, e de ambos é feita a *totalidade* da obra.

Outro exemplo, que nos ocupará neste texto, são as tábuas de cânones, um tipo de esquema gráfico comum a manuscritos iluminados dos Evangelhos e Bíblias medievais até por volta do século XIII, no qual o ornamental e o figurativo se entrelaçam e trabalham juntos.

As tábuas de cânones: esquemas gráfico-ornamentais

Estes esquemas gráfico-ornamentais serviam para demonstrar a concordância entre os quatro Evangelhos: neles são dispostas em colunas as referências das passagens paralelas entre cada um dos Evangelhos – sendo uma das tábuas dedicada a listar as passagens sem paralelos. Os números de referência são distribuídos ao longo dos Evangelhos, em uma divisão que lembra a atual, em capítulos e versículos, apesar de não corresponder inteiramente a ela. De acordo com a tradição, este sistema teria sido criado por Eusébio de Cesaréia (c. 260-340), embora este autor alegue que teria se baseado em um construto anterior, bastante mais simples, de autoria de Ammonius de Alexandria, também do século III (EUSEBIUS CAESARENSIS, 1857, p. 22, 1275-1292). De toda forma, essa atribuição a Eusébio se justifica, senão por uma invenção *ex nihilo*, por seu prestígio, além de sua preocupação em criar ferramentas para facilitar a tarefa dos leitores (como, por exemplo, tábuas cronológicas com a história do mundo desde Abraão. EUSEBIUS CAESARENSIS, 1857, p. 19, 349-598), em uma época em que o formato do livro em códice estava ainda se difundindo. Como propõem Anthony Grafton e Megan Williams (2006, p. 194), ele saberia que "uma apresentação tabular pode fazer com que uma informação assuma sentidos radicalmente novos".

O esquema comparativo-combinatório de que tratamos aqui resultara em um total de dez tábuas, contendo a primeira delas os paralelos entre os quatro Evangelhos; as três seguintes, os paralelos entre os Evangelhos tomados três a três; as próximas cinco, os paralelos entre os Evangelhos tomados dois a dois; e a última, as passagens sem paralelos em cada um dos Evangelhos. Nos manuscritos medievais, essas tábuas ocupavam, em geral, doze fólios – a despeito do fato de que o protótipo que Eusébio teria encomendado teria apenas sete fólios, segundo Carl Nordenfalk (1982, p. 30). Mas nem todos os conjuntos traziam todas as tábuas previstas por Eusébio. Além disso, dependendo do tamanho do manuscrito e das letras, não haveria uma correspondência estrita entre um fólio e uma das tábuas de Eusébio, como pode ser visto, por exemplo, no *Codex Beneventanus* (British Library, Ms Add. 5463), manuscrito do século VIII estudado por D. H. Wright (1979, p. 139-140).

Para além de sua função prática, segundo Nordenfalk, as tábuas teriam também um papel simbólico: elas seriam "uma epítome matemática da mensagem crística de salvação, de certo modo assim como o cristograma, era para o nome completo do Senhor" (NORDENFALK, 1982, p. 29). Ele defende a hipótese de que o próprio Eusébio teria tido uma intenção simbólica ao estabelecer dez tábuas, e não doze, deixando de lado duas possibilidades combinatórias (os paralelos entre Marcos, Lucas e João e entre Marcos e João). Como dizia Eusébio, o número 4 produzia 10, porque este era a soma de 1, 2, 3 e 4, e ele seria o ideal para expressar a "harmonia" da vida e dos ensinamentos do Cristo (EUSEBIUS CAESARENSIS, 1890, p. 1499). Ainda que não estejamos inteiramente convencidos da interpretação simbólica de Nordenfalk, o paralelo que ele aponta entre as tábuas e o monograma do Cristo, o *chrismon*, oferece um caminho mais fecundo para a análise: o fato de que ambos são construções gráficas, visuais e, mais precisamente, ornamentais.

No entanto, apesar da importância das tábuas para os manuscritos bíblicos, elas têm sido muito pouco exploradas pelos historiadores da arte – Carl Nordenfalk é uma exceção, mas, ainda assim, restrito ao estudo das tábuas da Antiguidade Tardia. Além de pouco estudadas, elas raramente são de fato vistas ou mostradas. Em geral, apenas uma ou duas das tábuas de um dado manuscrito são disponibilizadas nas publicações impressas e mesmo digitais –[2] como se, vista uma, todas o fossem.

Por trás dessa pouca atenção está o arraigado preconceito da historiografia em relação à ornamentação, vista como algo supérfluo e externo à imagem. Procuraremos demonstrar, a contrapelo dessa visão, como a ornamentação, arquitetônica *e* figurativa, é tão parte integrante e essencial às tábuas que faz com que possamos qualificá-las como um esquema exegético gráfico-ornamental.

As tábuas e a ornamentalidade figurativa arquitetônica

Como Nordenfalk demonstrou em sua obra clássica sobre as tábuas (1938, p. 66-72), desde o protótipo eusebiano, hoje perdido, estaria prevista a ornamentação para as tábuas, e os Evangelhos armênios de Etschmiadzin, de 989 (Yerevan, Mashtots Matenadaran Archive, 2374), seriam próximos deste protótipo. Mas antes destes, e desde pelo menos o século VI, a ornamentação podia ocupar um pa-

2 Uma exceção é o banco de dados "Enluminures", do Ministério da Cultura Francês, que disponibiliza grande parte das miniaturas de manuscritos pertencentes aos acervos das bibliotecas municipais. Disponível em: <http://www.enlumi¬nures.culture.fr.>

pel de grande destaque nas tábuas, com elementos que reforçavam e ecoavam a ordenação em colunas – notadamente graças a colunas arquitetônicas apoiando arcos e separando as colunas de números. Em um momento em que, após tornar-se a religião oficial do Império, o cristianismo começara a se territorializar com a edificação de igrejas (IOGNA-PRAT, 2006, p. 302), a escolha desse tipo de ornamentação não era desproposital. Os elementos arquitetônicos tinham como uma das principais atribuições fornecer um enquadramento adequado, "decente" – no sentido de *decus*, de beleza honorífica, como traduz Bonne (1996, p. 45), e conveniente – que não só honrasse os Evangelhos, mas também o próprio trabalho de exegese bíblica que a concordância fundava e auxiliava. Além disso, tal enquadramento ornamental participaria da organização mesma das tábuas, ao separar, distinguir, enfatizar, duplicar, relacionar as colunas de números. Ou seja, vemos aí o ornamento em sua acepção clássica, vinda do mundo grego e ainda preservada no mundo medieval, em seus dois desdobramentos, *kosmel e kosmos*: o primeiro, com o sentido de material necessário a uma preparação, a uma organização, e o segundo, como a própria organização (PUHVEL, 1976).

No período carolíngio, tal ornamentação era particularmente desenvolvida, com a presença frequente de frontões apoiados nas colunas, em geral com características antiquizantes, como colunas de mármore finto e colunas torsas (fazendo menção explícita às colunas da igreja de São Pedro em Roma, como é o caso de uma das tábuas dos Evangelhos de Saint Médard de Soissons, do início do século IX – Bibliothèque Nationale de France, Ms Latin 8850, ff. 7r-7v);[3] frontões triangulares (como nos Evangelhos produzidos em Reims no início do século IX – BNF Lat 17968); pavões

3 Doravante, utilizaremos as abreviaturas BNF Lat para nos referirmos aos manuscritos latinos conservados nesta biblioteca.

(a exemplo dos Evangelhos de Hurault ou Blois, produzidos em Reims, em c. 825-850, BNF Lat 265, fol. 9v); além de fundos com púrpura (como nas tábuas de Evangelhos produzidos em Metz, entre 835-845, BNF Lat 9383).

Se, como bem analisou Dominique Iogna-Prat, "o edifício eclesiástico da época carolíngia se impõe pouco a pouco como o lugar fundador da comunidade, como polo estruturante de uma nova paisagem social" (IOGNA-PRAT, 2006, p. 309), a figuração de construções eclesiásticas nas tábuas também cumpria um papel estruturante da "paisagem" intelectual – exegética e simbólica. A *figura* da fachada da igreja que consta nas tábuas era necessária para que o sistema de envios e, portanto, de concordâncias funcionasse, e em uma bela e conveniente ordem, apoiada na *auctoritas* da Antiguidade.

Mas a ornamentação que se desenvolveu nas tábuas ia além da arquitetura, embora nunca dela se afastasse. Afinal, como apontado por Jean-Claude Bonne, um dos trabalhos do ornamental é modular, intensificar e diferenciar o objeto – ou a imagem - ao qual adere (BONNE, 1997, p. 106). Essa ornamentação – historiada, zoomórfica, fitomórfica ou geométrica – podia se colocar dentro, acima, sobre, ao lado dos elementos arquitetônicos. E ela era única para cada manuscrito – ainda que alguns temas e motivos se repitam, como as cenas de caça ou de combate. Mas, ainda nesses casos, seu agenciamento era sempre distinto.

Uma das temáticas figurativas mais comuns na ornamentação das tábuas era os quatro evangelistas e seus símbolos (também conhecidos pela tradição como o Tetramorfo) – o que se explica facilmente, considerando-se que esses esquemas são feitos para os textos a eles atribuídos. É sobre eles que trataremos a seguir.

Os evangelistas e seus símbolos

Na maioria das vezes, os evangelistas são representados por seus símbolos, de acordo com a visão de Ezequiel do carro de Yahvé (Ez 1, 5-15) e sua retomada como os Quatro Seres Viventes do Apocalipse (Ap 4, 6-9; 5, 6-14; 6, 1-8; 7, 11; 14, 3; 15, 7; 19, 4) – uma associação comum na exegese desde pelo menos o século II, com Irineu de Lyon, que buscava, assim, provar a existência de somente quatro Evangelhos: "*Quadriformia enim animalia, et quadriforme Euangelium*", como disse em *Aduersus haereses* (*IRINEUS*, 3, 11, 8; 1979, p. 164-165). Quanto à identificação de cada um dos animais, ela não foi sempre a mesma – talvez porque Ezequiel e João dessem cada um uma ordem diferente. Assim, para Irineu (*Aduersus haereses*, 3, 11, 8; 1979, p. 164-169), o leão era João; o boi, Lucas; o homem, Mateus; e a águia, Marcos. Para Agostinho (*De Consensu evangelistarum*, 1, 6, 9; 1857, p. 34, 1046), e mais tarde Beda (*Explanatio Apocalypsis*, 1, 4 ; 1857, p. 93,144), Lucas era o boi; João, a águia; o leão, Mateus; e o homem, Marcos. Mas iria prevalecer a associação proposta, entre outros, por Ambrósio de Milão (*Expositio Evangelium secundum Lucam, prologus*, 8; 1988, p. 44-45) e Jerônimo (*Commentarium in evangelium Matthaei*, prol. 5-6; 1979, p. 64-67): o homem para Mateus, o leão para Marcos, a águia para João e o boi para Lucas. Jerônimo assim se justificava, baseado no início de cada Evangelho, em Ezequiel e no Apocalipse: Mateus era representado pelo homem porque iniciara com a genealogia de um homem, o Cristo; Marcos como o leão porque iniciara citando Isaías e o deserto; Lucas como o boi por citar o profeta Zacarias; e João como a águia por ser o discípulo que voou mais alto falando do Verbo divino.

Em muitas imagens medievais, os evangelistas são representados sob a forma humana e acompanhados de seus símbolos, mas também é possível sua condensação, tendo o corpo humano e a cabeça com símbolo, ou ainda, somente o símbolo. Nas tábuas, são essas duas possibilidades as mais frequentes – sobretudo esta última. Poderíamos sugerir, entre outros fatores, uma explicação visual para tal preferência, pois é a que permite a identificação mais evidente de cada um dos evangelistas. Ao mesmo tempo, ela é também a que mais fortemente retoma a interpretação exegética dos evangelistas, relacionando-os a Ezequiel e ao Apocalipse. A figuração dos evangelistas como seus símbolos sublinharia a estreita vinculação (e mesmo a superposição) entre o Antigo e o Novo Testamento, entre a Profecia e a Revelação, realizando a concepção medieval de *figura* (AUERBACH, 1997, p. 42-51).

Disposição

Em geral, os evangelistas e/ou seus símbolos são dispostos acima das colunas de números, no interior dos tímpanos formados por arcos apoiados sobre as colunas arquitetônicas. Encontramos dois tipos de arranjos básicos, que podem ser, *grosso modo*, percebidos no mundo carolíngio e no mundo românico. No primeiro caso, eles em geral dividem o mesmo tímpano, e no segundo estão em geral em tímpanos separados. A ideia de unicidade prevalece no mundo carolíngio, o que não surpreende, considerando-se a tendência centralizadora da reforma carolíngia. No caso românico, a compartimentalização, ou a fragmentação, é algo mais comum: como afirma Alain Guerreau, "o espaço [no mundo feudal] não era concebido como contínuo e homogêneo, mas como descontínuo e heterogêneo, no sentido de que era em toda parte polarizado" (GUERREAU, 1996, p. 87). É certo, porém, que mesmo dentro dessas tendências gerais, os arranjos são variados, com certo predomínio da associação entre um evangelista e a coluna de números de seu Evangelho.

Assim, nos Evangelhos Dourados de Harley, um manuscrito carolíngio de c. 800 conservado na British Library (Ms Harley 2788, ff. 6v-10),[4] os quatro evangelistas compartilham o mesmo tímpano, mas estão afastados entre si, cada um posto sobre sua coluna de números.

No entanto, isso não ocorre no prestigioso manuscrito conhecido como os Evangelhos de Saint-Médard de Soissons, datado do início do século IX e produzido na corte de Carlos Magno (BNF Lat 8850, ff. 7r-12v),[5] em que o Tetramorfo encontra-se reunido em um único tímpano e exibindo a cada vez um único e mesmo livro, em cada uma das tábuas. Trata-se, como dissemos, de um recurso bastante claro para reafirmar a unicidade da mensagem que eles trazem e o propósito mesmo das tábuas: a concordância entre os Evangelhos.

Nas duas primeiras tábuas (ff. 7r e 7v), as únicas que trazem todos os quatro evangelistas, eles não se encontram posicionados acima de suas respectivas colunas de números. Eles estão dispostos em cruz, mas de forma diferente em cada uma delas. No fólio 7v, a ordem, se iniciarmos pela águia de São João, à direita, corresponde à sequência das colunas, terminando com o homem alado de São Mateus no alto. Mas no fólio 7r[6] a sequência é alterada, com uma inversão entre as posições de Mateus e Marcos.

---

4 Disponível em: <http://www.bl.uk/catalogues/illuminatedmanuscripts/ILLUMINBig.ASP?size=big&IllID=20152> (para o primeiro fólio das tábuas dos Evangelhos Dourados de Harley; os demais se seguem no site da biblioteca).

5 Disponível em: <http://visualiseur.bnf.fr/Visualiseur?Destination=Daguerre&O=8002361&E=JPEG&NavigationSimplifiee=ok&typeFonds=-noir> (para o primeiro fólio das tábuas dos Evangelhos de Saint Médard de Soissons; os demais se seguem no site da biblioteca).

6 Disponível em: <http://visualiseur.bnf.fr/Visualiseur?Destination=Daguerre&O=7831550&E=JPEG&NavigationSimplifiee=ok&typeFonds=noir>.

De toda forma, nessas duas tábuas a disposição dos símbolos dos evangelistas é distinta do que previa a visão de Ezequiel, com o leão à direita e o boi à esquerda (Ez 1, 10). Ela tampouco segue a disposição prevista pelo papa Gregório Magno em suas Homilias sobre Ezequiel (4,3; 1986, p. 152-153), quando explica que o homem e o leão estão à direita, porque este é o lado da alegria (da Encarnação e da Ressurreição); o boi está à esquerda, porque é o lado da tristeza (da Paixão); e a águia, ao alto, pois ela simboliza a ascensão do Cristo. Ou seja, nessas tábuas há maior liberdade em relação ao texto, tanto bíblico quanto exegético, e uma preocupação maior com as especificidades visuais, prevalecendo os princípios estéticos da variação (na disposição das personagens) e da interrelação entre os Evangelhos. E, sobretudo, na possibilidade de formar uma cruz com os próprios evangelistas, que não só falam do Cristo como o figuram e o ornam.

No mundo pós-carolíngio, são muito numerosos os exemplos em que se dispõe cada um dos evangelistas, em forma humana ou zoomórfica, no interior do tímpano logo acima da coluna de números de seu próprio Evangelho. Podemos citar uma Bíblia francesa datada de c. 1170-1180 e conservada na Biblioteca Municipal de Clermont-Ferrand, a chamada Bíblia de Clermont (1: 272-276); ou uma outra Bíblia, quase contemporânea, conservada na Biblioteca Nacional da França, a Bíblia de Pontigny (Lat 8823, f. 4r).[7] Além dessa distribuição, em ambos os casos os pró-

7 Disponíveis em: <http://www.enluminures.culture.fr/public/mistral/enlumine_fr?ACTION=CHERCHER&FIELD_98=REF&VALUE_98=D-002805> e <http://visualiseur.bnf.fr/Visualiseur?Destination=Daguerre&O=22008428&E=JPEG&NavigationSimplifiee=ok&typeFonds=noir> (Bíblia de Pontigny, fol. 4r).

prios arcos são entrelaçados, reforçando-se os vínculos entre os Evangelhos, o que é o objetivo das tábuas.

No entanto, lembramos que não há um rigor muito grande nessa divisão tipológica e cronológica. Um exemplo particular é um manuscrito dos Evangelhos produzido na França na segunda metade do século XI (BM Reims 13) [8] e que contém dois conjuntos de tábuas: um, desprovido de iluminação e fragmentário – talvez inconcluso, e um segundo, iluminado e completo. Em ambos, os evangelistas estão agrupados no interior de um mesmo tímpano, mas referindo-se diretamente a sua coluna de número. No segundo grupo isso é bastante claro: eles estão um tanto afastados, postos imediatamente acima das colunas arquitetônicas e de números que lhes concernem. Eles portam (ou melhor, quase abraçam) seus livros (em formato de *codex* e de tamanho relativamente grande). Na maioria das vezes separadamente, mas em dois momentos parecem intercambiá-los, pois os livros se tocam (ff. 3v e 4r). Trata-se, pois, de uma montagem mais "tradicional", frisando cada um dos livros de forma separada, mas também de forma repetitiva, quase redundante – o que, em última instância, é algo buscado pela concordância entre os Evangelhos.

O primeiro conjunto apresenta uma variação mais importante. Em suas três tábuas (ff. 1v a 2v), os evangelistas não estão sobre suas respectivas colunas. Mas eles portam longos rolos, que se assemelham mais a filactérios, ágrafos, que partem de suas mãos ou patas e vão terminar no interior da coluna de números correspondente a cada um deles. A ordem, porém, não é linear: os filactérios se entrecruzam até chegarem a seu destino. A imagem chama a atenção, portanto, justamente para a ideia de correspondência,

8 Disponível em: <http://www.enluminures.culture.fr/documentation/enlumine/fr/BM/reims_010-01.htm>.

de entrecruzamento entre os Evangelhos – mais que de unicidade. Mesmo a posição de cada um dos personagens, as trocas de olhares reforçam esse entrelaçamento – que é próprio da imagem, mas também do texto (tanto o inexistente, embora evocado pelos filactérios, quanto o do interior das colunas).

Um arranjo bastante incomum, trazendo uma quebra na correspondência entre a coluna de números de um Evangelho e o símbolo de outro evangelista, é encontrado em algumas tábuas da chamada Bíblia de Leão de 920, iluminada pelo diácono Juan (LEÓN, Archivo Catedralício, Ms 6, ff. 149r-155v). Isso não significa que um novo sistema de associações entre evangelista-símbolo estivesse em cena: como dissemos antes, desde Ambrósio de Milão e, sobretudo, Jerônimo, a associação entre cada evangelista e seu símbolo era mais ou menos constante. Poderíamos levantar a hipótese de um equívoco por parte do iluminador, mas há que se lembrar de que os manuscritos passavam por uma revisão antes de seu término. Nesse manuscrito, há cinco trocas (dentre as 35 associações Evangelho-símbolo do evangelista), o que é uma proporção importante. E não há uma alteração constante. Em quatro delas, o símbolo está trocado com seu vizinho no mesmo tímpano, mas em uma delas a troca é por um evangelista que não faz parte daquela combinação – o que afasta ainda mais a possibilidade de um simples engano. Poderíamos pensar, ao contrário, que essas trocas indicam e sublinham a equivalência, os intercâmbios entre os Evangelhos. Há aí operando, claramente, um desvio, como é próprio à *figura*, no sentido medieval do termo, como bem observou Georges Didi-Huberman (1994, p. 159).

Os evangelistas e o Cristo: *Maiestas Domini*

Com muita frequência, os evangelistas são figurados acompanhando o Cristo, o que não causa estranhamento, considerando-se ser ele a personagem central dos Evangelhos. O tema iconográfico mais comum é a *Maiestas Domini*, que mostra o Cristo tronando e rodeado pelo Tetramorfo. Os exemplos são abundantes na escultura monumental, nas pinturas murais e nos manuscritos - particularmente naqueles que contêm o Apocalipse e os Evangelhos, e dentre eles podemos citar a Bíblia de Moûtier-Grandval, de c. 830-840 (Londres, British Museum, Ms. Add. 10546, fol. 352r)[9] ou a abside de San Clemente de Tahull, de 1123 (atualmente no Museu Nacional d'Art de Catalunya). Como bem definiu M.-A. Poilpré, a *Maiestas Domini* "tem como objetivo proclamar, somente por sua presença, a grandeza da Igreja e sua ligação com Deus" (POILPRÉ, 2005, p. 17). No caso das tábuas, no entanto, sua frequência é bastante menor, talvez para não ofuscar a presença dos evangelistas, ou mesmo por se tratar de uma imagem sintética por demais (POILPRÉ, 2005, p. 273-274), quando o que se buscava era a abertura de possibilidades de leituras e interpretações, como é próprio ao trabalho de exegese cristã. E quando a *Maiestas Domini* é figurada, sua disposição está longe da mais tradicional, como veremos em alguns exemplares de lugares e tempos distintos.

O primeiro exemplo se encontra no manuscrito hiberno-saxão dos Evangelhos de São Columba, produzido por volta de 800, mais conhecido como o Livro de Kells (Dublin, Trinity College, Ms 58), na terceira tábua (fol 2v).[10] Estão presentes os evangelistas e o Cristo, mas a disposição é diferente de uma *Maiestas Domini*. Poderíamos mesmo dizer que se trata de uma *Maiestas* ao contrário, pois é o

9 Disponível em: <http://www.bl.uk/manuscripts/FullDisplay.aspx?ref=Add_MS_10546>.

10 Disponível em: <http://digitalcollections.tcd.ie/home/index.php?DRIS_ID=MS58_002v>.

Cristo quem rodeia os quatro Seres Viventes. Estes dividem o mesmo tímpano, posicionados lado a lado, enquanto o Cristo está mais acima, com os braços abertos em forma de cruz, interrompendo a moldura, que é em parte formada por animais híbridos cujas longas línguas ele segura e que se enrolam em seu punho.

O segundo exemplo se encontra na primeira tábua de um manuscrito borguinhão dos Evangelhos para uso na abadia de Saint-Pierre de Flavigny, de fins do século VIII (BM Autun 4, f. 8r).[11] A estrutura arquitetônica é reduzida à sua expressão mínima, constando apenas de colunas com pequenos arcos semicirculares ornamentados. Ocupando o lugar dos capitéis – ou de estátuas-colunas –, encontram-se os quatro símbolos dos evangelistas, com o Cristo no eixo central. Cada um leva um livro em formato de *codex*. A exceção é o anjo de Mateus, que é figurado como escriba, sentado, à maneira dos evangelistas nos frontispícios de seus Evangelhos. Ele tem o corpo voltado para o centro, contrastando com a frontalidade do Cristo, o único assim representado, de pé com uma cruz de haste longa na mão direita e um livro na mão esquerda envolta em seu manto. Nas bases das mesmas colunas, encontramos novamente os evangelistas, mas em sua forma humana, escrevendo, com São João Batista ao centro. A relação entre os dois extremos das colunas é bastante clara: a base do edifício-*Ecclesia* é a escritura de cada Evangelho, enquanto a parte superior é sua revelação mística; assim como São João Batista aponta para o Cristo, revelando aquele que "virá depois dele" (Mt 3, 11; Mc 1, 7; Lc 3, 16). Ou seja, mesmo no período carolíngio, esse tipo de imagem parece ser considerado unificante em demasia, e a *Maiestas Domini* é esvaziada de seu caráter monumental.

---

11 Disponível em: <http://www.enluminures.culture.fr/documentation/enlumine/fr/BM/autun_024-01.htm>.

Mesmo quando a disposição das personagens se aproxima daquela de uma *Maiestas Domini* típica, há variações precisamente em torno da figura do Cristo. Ele pode ser evocado por outros símbolos, como o Cordeiro, o trono vazio ou a cruz. Esse é o caso, por exemplo, da imagem no frontispício das tábuas de um manuscrito dos Evangelhos do sudeste da França da primeira metade ou meados do século XI (BM Avignon 22, f. 25v),[12] que mostra os símbolos dos evangelistas no interior de medalhões, formando uma cruz quadrilobada, com uma pequena cruz no meio. Ou seja, em uma representação dupla da cruz, temos aqui o Tetramorfo com a *Maiestas Cruci.* Nas tábuas que estão nos fólios que se seguem a este não há outras figurações dos evangelistas, o que dá ainda mais destaque a esta imagem.

Em outro manuscrito que já mencionamos, os Evangelhos Dourados de Harley, o Cristo também é evocado por meio de seus símbolos, notadamente a cruz. As tábuas (com exceção de uma, no f. 11r) têm no interior do tímpano uma cruz entre ou acima dos evangelistas. A cada vez, porém, ela apresenta uma ornamentação diferente: em uma das tábuas ela tem pendurados à sua haste horizontal o alfa e o ômega (f. 6v),[13] e em duas delas está acompanhada de uma árvore (f. 6v e 7r),[14] que pode evocar a árvore da vida. O cuidado com esse símbolo é um exemplo da importância do culto à cruz no mundo carolíngio, que tem em Rábano Mauro

12 Disponível em: <http://www.enluminures.culture.fr/documentation/enlumine/fr/BM/avignon_022-01.htm>.

13 Disponível em: <http://www.bl.uk/manuscripts/Viewer.aspx?ref=harley_ms_2788_f006v>.

14 Disponível em: <http://www.bl.uk/manuscripts/Viewer.aspx?ref=harley_ms_2788_f007r>.

e seu "*In honorem sanctae crucis*", quase contemporâneo a esses Evangelhos, um de seus epígones.

Os evangelistas e os livros: *Maiestas Libri*

Além da cruz, um objeto de fundamental importância para o cristianismo, ainda que com funções e sentidos distintos, é o livro. Nas imagens, ele figura o conjunto da Bíblia, podendo estender-se às Leis e mesmo ao Verbo encarnado. Assim, não causa estranhamento que em duas tábuas dos já citados Evangelhos de Saint-Médard de Soissons encontremos outro tipo de *Maiestas*: rodeado pelos quatro Seres Viventes está o livro aberto, em forma de *codex*, com as páginas escritas e pintadas na prestigiosa cor púrpura, emolduradas por uma borda dourada com ornamentações. Trata-se, pois, de uma *Maiestas Libri* em que o livro faz figura do Cristo, Verbo encarnado.

E isso é tanto mais significativo quando se observa que os livros exibidos pelos evangelistas nas outras tábuas desse livro não têm esse formato, mas sim o de rolo – ou algo próximo a isso. Em seis delas, eles são representados como rolos; em uma delas, parece uma tarja (f. 9r);[15] em outra, o livro se assemelha a uma faixa de tecido, mais larga que o rolo e com uma espécie de franja ornamental (f. 10r);[16] e ainda em outra, eles têm a forma de pequenas cortinas, ou mesmo estandartes (f. 11r).[17] É certo, contudo, que eles são sempre pintados na prestigiosa cor púrpura e têm grandes dimensões

15 Disponível em: <http://visualiseur.bnf.fr/Visualiseur?Destination=Daguerre&O=8003208&E=JPEG&Navigation Simplifiee= ok&typeFonds=noir>.

16 Disponível em: <http://visualiseur.bnf.fr/Visualiseur?Destination=Daguerre&O=8003210&E=JPEG& Navigation Simplifiee=ok&typeFonds=noir>.

17 Disponível em: <http://visualiseur.bnf.fr/Visualiseur?Destination=Daguerre&O=8003210&E=JPEG& Navigation Simplifiee=ok&typeFonds=noir>.

– o que diz muito a respeito do prestígio desse objeto, tanto nos Evangelhos de Soissons como na cultura carolíngia, de modo geral.

Esta série, que coloca em destaque os livros, tem, no entanto, uma ruptura importante. No fólio 10v,[18] portanto a oitava tábua, que traz a concordância entre os Evangelhos de Mateus e de Lucas, em lugar dos personagens apresentarem o livro eles apresentam o próprio Verbo divino – que, ele sim, porta um *codex*, além da cruz de haste longa – no interior de uma esfera com fundo azul salpicado de estrelas douradas. O aspecto triunfante desse Cristo em glória reforça a dimensão de revelação não só dos Evangelhos, mas do próprio trabalho de exegese que a concordância pressupõe e auxilia. Mas é certo que não se trata exatamente de uma *Maiestas Domini*, pois o Cristo não está tronando.

Essa tábua é também a única em que a relação entre a coluna com os números dos Evangelhos e o evangelista não é respeitada. Além disso, o Tetramorfo não está completo: o boi está ausente, e o homem alado de Mateus é representado duas vezes. A Majestade está reservada, pois, ao livro.

Considerações Finais

Assim, os evangelistas, ao mesmo tempo que são elementos figurativos evidentes, ao servir de identificação à sua coluna de números, fazer figura de fachada da igreja, compôr com o Cristo ou com o livro imagens de prestígio, poder e autoridade, também ornamentam. Juntamente com as cores e as formas geométricas, eles se somam às estruturas arquitetônicas que estruturam as tábuas – e, por extensão, às próprias tábuas. O figurativo e o ornamental se entrelaçam, pois, desempenhando, de modos distintos,

18 Disponível em: <http://visualiseur.bnf.fr/Visualiseur?Destination=Daguerre&O=7831556&E=JPEG& NavigationSimplifiee=ok&typeFonds=noir>.

funções que se repetem ou se complementam. Além de ornamentar as tábuas adequadamente, convenientemente, de maneira sábia e bela, trabalham para seu bom funcionamento como esquema gráfico-ornamental.

Referências Bibliográficas

AMBROSIUS MEDIOLANENSIS. *Expositio Evangelium secundum Lucam*. Trad. Gabriel Tissot. Paris: Cerf, 1988, l. 1 (Col. Sources Chrétiennes, 45).

AUERBACH, Erich. *Figura*. Trad. Duda Machado. São Paulo: Ática, 1997.

AUGUSTINUS. *De Consensu evangelistarum*. Ed. J. P. Migne. Patrologia Graeca. Paris: J. P. Migne, 1857, t. 34.

BASCHET, Jérôme. *Fécondité et limites d'une approche systématique de l'iconographie médiévale*. Annales ESC 2, março/abril 1991, p. 375-380.

BEDA VENERABILIS. *Explanatio Apocalypsis*. Ed. J. P. Migne. Patrologia Graeca. Paris: J. P. Migne, 1857, t. 93.

BONNE, Jean-Claude. De l'ornemental dans l'art médiéval (VIIe-XIIe siècle). Le modèle insulaire. In: SCHMITT, Jean-Claude et BASCHET, Jérôme (orgs.). *L'image*. Fonctions et usages des images dans l'Occident médiéval. Paris : Le Léopard d'Or, 1996[b], p. 207-249.

______. De l'ornement à l'ornementalité. La mosaïque absidiale de San Clemente de Rome. In: *L'ornement dans la peinture murale*. Colloque Saint-Lizier, 1-4 juin 1995. Poitiers: Université de Poitiers, 1997, p. 103-118.

______. Les ornements de l'histoire (à propos de l'ivoire carolingien de saint Remi). *Annales HSS*, Paris, ano51, n. 1, jan/fev. 1996, p. 37-70.

DIDI-HUBERMAN, Georges. *Poderes da figura. Exegese e visualidade na Arte Cristã.* Revista de Comunicação e Linguagens 20, 1994, p. 159-177.

EUSEBIUS CAESARENSIS. *Canon Chronicus.* Ed. J. P. Migne. Patrologia Graeca. Paris: J. P. Migne, 1857, t. 19.

EUSEBIUS CAESARENSIS. *Epistola.* In subsequentes canones evangeliorum. Ed. J. P. Migne. Patrologia Graeca. Paris: J. P. Migne, 1857, t. 22.

EUSEBIUS CAESARENSIS. *Oration of Eusebe in praise of Constantine*, VI, 14. Ed. SCHAFF, Philip. Nicene and Post-Nicene Fathers. Series II, Volume 1. Michigan: W. B. Eerdmans, 1890.

GRAFTON, Anthony; WILLIAMS, Megan. *Christianity and the transformation of the book: Origen, Eusebius, and the library of Caesarea.* Cambridge: Harvard University Press, 2006.

GREGORIUS MAGNUS. *Homeliae in Hiezechielem prophetam. Trad. Charles Morel.* Paris: Cerf, 1986, l. 1 (Col. Sources Chrétiennes, 327).

GUERREAU, Alain. Quelques caracteres spécifiques de l'espace féodal européen. In: Idem et al. (ed). *L'État ou le Roi.* Les fondations de la modernité monarchique en France (XIV-XVII siècles). Paris: MSH, 1996, p. 85-101.

HIERONYMUS. *Commentariorum in Matheum.* Trad. Émile Bonnard. Paris: Cerf, 1977-1979 (Col. Sources Chrétiennes, 242-243).

IRINEUS. *Aduersus haereses.* Trad. Adelin Rousseau e Louis Doutreleau. Paris: Cerf, 1979, l. 3 (Col. Sources Chrétiennes, 211).

MARIN, Louis. *Sublime Poussin*. Trad. Mary A. L. de Barros. São Paulo: Edusp, 2000.

NORDENFALK, Carl. *Die spätantiken Kanontafeln*. Gothenburg: O. Isacsons, 1938, 2 v.

NORDENFALK, Carl. Canon Tables on Papyrus. *Dumbarton Oaks Papers*, Washington, v. 36, p. 29-38, 1982.

POILPRÉ, Anne-Orange. *Maiestas Domini. Une image de l'Église en Occident. V-IXe siècle*. Paris: Cerf, 2005.

PUHVEL, Jaan. The Origins of Greek Kosmos and Latin Mundus. *The American Journal of Philology*, Baltimore, v. 97, n. 2, p. 154-167, 1976.

RABAN MAURO. *In honorem sanctae cruces*. Ed. M. Perrin. Turnhout: Brepols, 1997 (Col. Corpus Christianorum Continuatio Mediaevalis, 100-100A).

QUINTILIANUS. *Institutio oratoria*. Trad. H. E. Butler. Londres: Loeb, 1920-1922.

WRIGHT, David H. The Canon Tables of the Beneventanus Codex and related decoration. *Dumbarton Oaks Papers*, Washington, v. 33, p. 135-155, 1979.

O caminho de Santiago: o ir e o vir de viajantes e peregrinos

Adailson José Rui[1]

Introdução

Muito já se escreveu sobre o *Caminho de Santiago*, rota por onde peregrinos provenientes principalmente de várias partes do Ocidente se dirigiam a Santiago de Compostela, no extremo noroeste da Galiza, para venerar os restos mortais do primeiro dos apóstolos de Jesus Cristo a sofrer martírio.

Com frequência, os pesquisadores, ao se propor trabalhar com temáticas relacionadas ao *Caminho*, enfatizaram e enfatizam temas relacionados a questões políticas, econômicas, religiosas e artísticas. As questões políticas normalmente estão vinculadas à própria construção, abertura do caminho. Procuram os artífices e os interesses de tais artífices na concretização desse projeto. As questões econômicas geralmente estão vinculadas aos intercâmbios comerciais e ao desenvolvimento de núcleos urbanos possibilitados pela existência dessa rota de peregrinação. As questões religiosas enfatizam, principalmente, os motivos que levavam os peregrinos a percorrer longas distâncias até chegar ao local, onde acreditavam que estava o sepulcro de Santiago. As questões relacionadas à arte normalmente

1 Professor Doutor do Departamento de Ciências Humanas da Universidade Federal de Alfenas - UNIFAL.

estão vinculadas aos estudos relativos ao desenvolvimento e à presença do estilo românico ao longo do *Caminho.*

Tais direcionamentos de campos de pesquisa referentes ao caminho encontraram grande impulso na segunda metade do século XIX e ganharam intensidade a partir da publicação em 1948 da obra *Las Peregrinaciones a Santiago de Compostela*, de autoria de Luiz Vasquez de Parga, José Maria Lacarra, Juan Uria Riu (1948). Nessa obra, fundamentados em vasta documentação oriunda sobretudo do arquivo da Catedral de Santiago, os autores fizeram uma história da Peregrinação na qual tratam de diversas temáticas relacionadas diretamente com o *Caminho de Santiago*. Por ter uma estrutura – que poderíamos dizer – geral, a obra referida, além de apresentar muitas informações sobre as peregrinações a Santiago de Compostela, instigou e instiga o desenvolvimento de pesquisas, entre outros motivos, em virtude de suscitar interrogações e oferecer referências documentais.[2]

2 A obra *Las Peregrinaciones a Santiago de Compostela* está dividida em três volumes. Em virtude da riqueza de informações e das referências, a vasta documentação que a torna uma importante obra de referência aos pesquisadores, apresento aqui os títulos dos capítulos que a compõem. Parte I: La peregrinación compostelana hasta el final del siglo X/ Peregrinos jacobitas de los siglos XI y XII/ La peregrinación en los siglos XIII y XIV/ Nuevas modalidades de la peregrinación em el siglo XV/ el protestantismo y la decadência de la peregrinación compostelana/ Los peregrinos/ La peregrinación forzada/ Parte II: El " Liber Sancti Jacobi" y sus textos referentes a la Leyenda de Santiago/ Itinerarios y relatos de viajeros/ Las cofradias/Proteción jurídica del peregrino/ La hospitalidade conm los peregrinos y el hospedaje/ La peregrinación compostelana enm el aspecto medico/Parte III: La repoblación de las ciudades en el caminho de Sanbtiago: su trascendencia social cultural y econômica/ Las peregrinaciones y la literatura/ Las Canciones de los peregrinos/ La peregrinación a Compostela y el arte/ La iconografia de Santiago y la peregrinación/ Un tema santiaguista extendido por la peregrinación (el milagro del ahorcado vivo y de las aves resucitadas).

O estudo dessa obra contribui para a compreensão de como o *Caminho de Santiago* foi durante a Idade Média um dos espaços de encontro e de sociabilidade em terras ibéricas entre pessoas de diversas origens e aspectos culturais distintos. Tenho como meta, nessa exposição, apresentar alguns indícios da dinâmica social vivenciada pelos peregrinos ao longo do *Caminho de Santiago*.

Caminho de Santiago: origem e desenvolvimento

Nas narrativas referentes à abertura do *Caminho* são verificadas, principalmente, duas tendências – uma, preponderantemente seguida pela historiografia franca presente no primeiro capítulo da *Crônica do Pseudo Turpin*, obra elaborada no século XI, na qual, ao narrar a ida de Carlos Magno a Santiago de Compostela, o autor apresenta o imperador como sendo o primeiro peregrino e aquele que deu início a uma rota jacobea e outra ibérica, especificamente castelhana, presente inicialmente na *Crônica Silense* (séc. XII) e mantida na *Crônica de Rebus Hispaniae*, de Rodrigo Jimenez de Rada, e na *Primera Crónica General de España*, ambas elaboradas no século XIII e que, ao apresentar as origens e os artífices do caminho, sustentam que foram os ibéricos, contestando assim a versão franca.[3]

3 Sobre a abertura do *Caminho de Santiago*, no capítulo primeiro da *Crônica do Pseudo Turpin* é apresentada uma aparição de Santiago a Carlos Magno. Nela, o apóstolo diz o seguinte para Carlos Magno: "El camino de estrellas que viste en el cielo significa que desde estas tierras hasta Galicia has de ir con un gran ejécito a combatir a las pérfidas gentes paganas, ya liberar mi caminho y mi tierra, ya visitar mi basílica y sarcófago. Y después de ti irán ali peregrinando todos los pueblos, de mar a mar, pidiendo el perdón de sus pecados y pregonando las alabanzas del Señor, sus virtudes y las maravillas que obró" (LIBER SANCTI IACOBI, 1999, p. 408).A *Primera Crónica General de España* recolhe outra versão para a abertura do *Caminho de Santia-*

Aqui, não nos interessa essa disputa pela paternidade do caminho, interessa-nos, sim, o fato de que por ele passavam indo e voltando de Santiago de Compostela peregrinos provenientes das mais diversas partes do Ocidente. E, em virtude desse trânsito, eles fizeram do *Caminho* uma rota de intercâmbios e também um espaço de fixação de pessoas, que povoaram e desenvolveram a dinâmica da vida conduzida pela prática do comércio.

Contudo, o ponto de partida e motivador das peregrinações e consequente construção do *Caminho* foi o encontro do sepulcro que contém, segundo a tradição, o corpo inteiro de Santiago. Tal encontro ocorreu mediante uma *revelatio*, segundo a qual o bispo Teodomiro de Iria Flávia passou a ver luzes em determinado local. Em virtude da permanência das luzes, o bispo entendeu que elas eram um sinal por meio do qual indicava-se que aquele era um local especial. Ao se verificar, percebeu-se que nele havia uma arca, cuja descrição fazia com que acreditassem que lá estava o corpo do apóstolo Tiago, segundo a tradição, o evangelizador da Hispânia. A partir dessa descoberta a notícia se espalhou e o culto ao apóstolo e evangelizador começou a ser difundido (LIBER SANCTI IACOBI, 1999, p. 393-395). No local do encontro foi erguida uma igreja que logo, em virtude do seu prestígio, começou

---

go. Nela, ao tratar das conquistas que Carlos Magno teria feito em território Ibérico, é afirmado o seguinte: "Ca certa cosa es que si quier de moros , si quier de cristianos Carlos con su hueste fue uençido en Ronçasvalles, et luego se torno dende con grant danno et grant perdida de su hueste. Pues non es con guisa que el abriese el caminho de Sanctiago quando non passo el puente de Ronçasualles; ca luengo tiempo despues del, por muchas lides et muchas faziendas et por grant trabaio, fue aberto et pobladoel camino de Sanctiago; et los que dantes yuan por sendas encobierta, pasaron despues por carera poblada por o uienen et pasan fascas todas las tierras del mundo o cristianos a. (MENÉNDEZ PIDAL, 1955, p. 356).

a receber doações régias, cujos primeiros registros, conforme o *Tumbo A* da Catedral de Santiago, aconteceu no ano de 834.[4] Tal doação expressa o reconhecimento do encontro pela monarquia de Astúrias, que se sentira fortalecida pela presença em seu território de tão importante relíquia.

Testemunhos da divulgação do encontro na Cristandade são localizados no martirológio escrito entre 860-870 por Usuardo e também no martirológio escrito por volta de 896 pelo monge Notker, de Sant-Gall. Ambos foram difusores da epístola escrita por volta do ano 850, em Oviedo, porém atribuída a Leão, patriarca de Jerusalém (LOPES ALSINA, 1988, p. 122-127). Nessa epístola dirigida pelo patriarca aos reis francos, vândalos, godos e romanos (esse último representado pelo ostrogodo Teodorico), é relatada a transladação do corpo do apóstolo, de Jerusalém à Galiza. Para tanto, noticia: a forma como Santiago foi preso e condenado à morte por Herodes; como os discípulos de Santiago retiraram o corpo na calada da noite e o colocaram em um barco que, conduzido por Deus, chegou até a Galiza; o encontro do local para sepultá-lo, e o sepultamento.

Conforme estudo de Fernando Lopes Alsina, o período cronológico que os autores procuraram dar à carta foi do último quartel do século V a pouco mais do primeiro quartel do século VI, 476-535, justifica-se isso pelos destinatários da epístola ("*Leo episcopus vobis regibus francorum, et vandalorum, gotorum et romanorum. Notescimus vobis de translacione beatissimi Jacobi...*") (LOPES ALSINA, 1988, p. 122). Nela, verifica-se o esforço e o empenho dos homens da Igreja que vivem no século IX para criar uma narrativa, cuja função era dar legitimidade ao encontro da relí-

---

4 Sobre o *Tumbo A* da Catedral de Santiago de Compostela, veja o estudo de: LUCAS ALVAREZ, 1998.

quia que havia sido localizada no extremo noroeste da Península Ibérica por volta de 810. Sendo a epístola apresentada como um documento feito muito antes do encontro do sepulcro, havia, por meio dela, uma maneira de legitimar o precioso achado, visto que, além de confirmar que Santiago havia sido sepultado em terras da Galiza, ela dava pistas do local do sepulcro.

Os resultados dessas primeiras notícias sobre o encontro do corpo de Santiago ganharam a aceitação dos populares e da realeza, conforme pode ser verificado pelo desenvolvimento das peregrinações e pelas cartas de doações preservadas tanto no *Tumbo A* como no *B* da Catedral de Santiago, assim como nas Crônicas elaboradas no período que se estende do século IX ao XIII.[5] Segundo Klaus Herbbers, o registro do primeiro peregrino que foi a Santiago, proveniente de terras do além Pirineus, data do ano 930. Os registros seguintes fazem referência ao bispo de Puy, Godescalco, e ao bispo de Reims, Hugo de Vermandois.

Caminho de Santiago: as rotas e os milagres

Dois eram os caminhos possíveis para chegar a Santiago, um marítimo e outro terrestre. O marítimo ligava a costa da Aquitânia à Galiza, rota existente desde o domínio de Roma na região. O terrestre, que mais nos interessa, seguia o traçado da antiga via romana setentrional que ligava o mar mediterrâneo à Galiza pelo curso do rio Ebro e depois seguia pelo norte da Meseta.

Segundo Adeline Rucquoi, na segunda metade do século XI a via terrestre se tornou, realmente, o Caminho francês (2007, p. 105). Caminho que será o cenário também de diversos milagres, testemunhos da graça divina intermediada pelo apóstolo e também do estabelecimento de relações entre pessoas provenientes

5 *Tumbo B* de la Catedral de Santiago (GONZÁLEZ BALASCH, 2004).

das mais diversas partes do Ocidente que, no decorrer da jornada em razão das aventuras oferecidas pelo caminho, vão construindo traços de uma sociabilidade que nos demonstram, por um lado, o esforço dos homens da Igreja, que naquele contexto tinham como missão propagar os valores implícitos na reforma gregoriana, e, por outro, daqueles que não levavam tão a sério as normativas e valores que a Igreja tanto queria transmitir, pois o *caminho*, além de ser o espaço de expressão dos valores cristãos, era um espaço propício para a atuação daqueles que tinham a vida conduzida pelos valores terrenos e carnais.

Com o propósito de nos direcionarmos à busca de uma compreensão daquilo que está relacionado com o ir e o vir do peregrino, delimitaremos nosso olhar sobre o *Livro dos Milagres de Santiago*, um dos cinco livros que constituem o *Liber Sancti Iacobi* (1999), obra elaborada no século XII, cujo propósito era ser utilizada como instrumento de divulgação e propaganda incentivadora à realização de peregrinações a Santiago de Compostela.[6]

Em específico, o *Livro dos Milagres* é constituído por 22 milagres, sendo 18 atribuídos ao Papa Calixto II (1119-1124),

6 O *Liber Sancti Iacobi* é constituído por cinco livros: o primeiro contém sermões, homilias em honra ao apóstolo Tiago ofícios litúrgicos; o segundo é formado por vinte e dois milagres atribuídos a Santiago, conhecido como o *Livro dos Milagres de Santiago*; o terceiro trata da transladação do corpo de Santiago de Jerusalém, local onde sofreu o martírio, para Compostela, onde foi sepultado; o quarto livro é a *Crônica do Pseudo Turpin* que trata da ida e da presença de Carlos Magno na Espanha, apresentando-o como sendo o responsável pela abertura do Caminho de Santiago e o quinto constitui um verdadeiro guia de viagens para os peregrinos e viajantes. Nele está contida a descrição do caminho, da cidade de Santiago de compostela e da Catedral onde está o sepulcro do Apóstolo. Para maior conhecimento sobre o *Liber Sancti Iacobi* veja: DÍAZ Y DÍAZ, 1988.

dois, atribuídos a Santo Anselmo de Canterbury (1033-1109), um, a Huberto, canônico da Igreja de Santa Maria Madalena de Bezançón, e um a Beda (673-735). O elemento comum a esses milagres é a intervenção direta de Santiago. Em 16 deles, o santo aparece e se comunica com o peregrino. Como maneira de exemplificar, escolhemos dois milagres. Um faz referência direta à proteção de Santiago aos ibéricos, e outro, àqueles devotos do apóstolo de origens não ibéricas. No primeiro milagre selecionado, o de número I, o papa Calixto II, que aparece como aquele que recolheu o milagre, enfatiza que o irá expor com o intuito de ensinar aos caminhantes – "*Por esto vamos a exponer, para enseñanza de los venideros...*" (LIBER SANCTI JACOBI, 1999, p. 338). Dessa maneira, o papa tem como meta promover o conhecimento do papel e do poder desempenhado por Santiago. Ao apresentar o poder de intervenção do santo, acrescenta informações, de maneira a fazer com que os peregrinos se insiram no ambiente de valores religiosos, cujo santo, mediante seus atos, é fiel defensor e propagador.

Conforme o registro atribuído ao papa Calixto II, no decorrer do reinado de Alfonso VI (1065-1109), após a perda de Zaragoza para os muçulmanos, 20 homens que haviam se convertido ao cristianismo e, como tal, eram batizados foram levados pelos muçulmanos como prisioneiros. Quando na prisão, conduzidos pela divina inspiração de Santiago, imploraram:

> Santiago, apóstol precioso de Dios, que con la obra de tu piedad ayudas piadosamente en sus angustias a los oprimidos, alargando tu mano a los gemidos de tan inaudito cautiverio, apresúrate a soltar propicio lo que inhumanamente nos sujeta.

Escutando os chamados, Santiago apareceu de forma radiante na prisão escura e disse:

> Heme aqui a quien llamasteis. Y obligados porla claridade de tan inaudita grandeza, alzaron sus rostros, que por la fuerza del dolor tenían fijos en las rodillas, y cayeron postrados a sus pies. Mas Santiago, condolido en sus entrañas, les rompió las ligaduras derramando el bálsamo de su virtude. Trabando además la diestra de su poder con las manos de los cautivos y sacándolos milagrosamente de prisión tan peligrosa, llegaron con tal guia a las puertas dela ciudad. A su vez las puertas, hecha la señal de la cruz, ofrecieron salida en honor del Apóstol tan espontâneas, que así que hubieron ellos salido restablecieron el rigor de su anterior unión. El apostol Santiago, passado largo tiempo después de cantar el gallo y casi al assomar los rayos de la aurora, llegó con ellos, yendo él delante, a certo castillo que estaba bajo guardia de cristianos, donde mandándoles también que le invocasen, subió visiblemente a los cielos. Y al invocarlo su mandato con grandes voces, se abrieron las puertas y fueron recibidos dentro (LIBER SANCTI JACOBI, 1999, p. 339).

O milagre apresentado é um exemplo a ser seguido pelos cristãos ibéricos frente à ameaça islâmica. Santiago aparece como o protetor divino que acompanha e guarda aqueles que o invocam nos momentos difíceis contra o infiel, aqui representado pelos muçulmanos. O contexto em que o milagre ocorre é expressivo, pois se trata da perda de Zaragoza para os infiéis, um período de abalo nas forças cristãs. Mas o milagre oferece um testemunho de que, frente ao inimigo, os cristãos não estão sozinhos, visto que contam com o apoio de Santiago. Apoio que também estará presente nas batalhas, onde Santiago passara a intervir a favor dos cristãos frente aos muçulmanos, caracterizado como guerreiro, e, como tal, suas ações estarão mais no campo terreno. Será o guerreiro que, com as armas conhecidas pelos combatentes, lutará e matará muçulmanos, além, é claro, de por meio de suas ações de bravura incentivar os ânimos dos guerreiros cristãos. No entanto, é importante destacarmos que no *Liber Sancti Iacobi* todos as referências a Santiago o apresentam como o apóstolo evangelizador e que faz milagres.

Se o milagre apresentado traz consigo a ideia de proteção exercida por Santiago aos cristãos ibéricos, outros milagres procuram apresentar também o poder de proteção e de intervenção que o apóstolo exerce em relação àqueles que, independentemente da origem, o têm como protetor. Exemplifica isso o milagre de número XVII. Nele, o poder de intervenção de Santiago é apresentado frente a outro inimigo: o demônio. O registro do referido milagre é atribuído a Santo Anselmo (1033-1109), arcebispo de Canterbury.

Segundo o arcebispo, perto de Lyon vivia um rapaz com a mãe, já anciã. Fiel devoto de Santiago, ia todos os anos em peregrinação a Compostela para entregar suas oferendas. Era casto; no entanto, com o tempo deixou-se levar pelos prazeres da carne e teve relações sexuais com uma jovem, justamente na noite que antecedeu o início da peregrinação. De momento, não considerou o que havia feito à noite como algo anormal, pecaminoso. Ao amanhecer, conforme havia planejado, partiu com alguns companheiros em direção a Compostela. Após alguns dias de caminhada, o demônio – descontente com a paz existente no grupo de peregrinos – passou a intervir. Tomou a forma de homem e se apresentou ao rapaz como sendo Santiago. Com essa caracterização, chamou sua atenção, dizendo:

> [...] Has de saber que estaba muy contento contigo, por que esperaba certamente muy bien de ti. Mas hace poco, antes de salir de tu casa fornicaste con mujer y desde entonces no te has arrepentido de ello ni o has querido confesarlo. Y así te puseste en caminho con tu pecado como si tu peregrinación fuese grata a Dios y a mí. No es eso lo que debe ser. Pues todo el que por mi amor quiere peregrinar debe manifestar antes seus pecados en una humilde confesion y hacer luego penitencias de ellos peregrinando y de quien obre de outro modo la pereginación sera mal vista (LIBER SANCTI JACOBI, 1999, p. 368).

Antes de continuarmos, chamamos a atenção para que a lembrança do ato sexual como pecado foi apresentada pelo demônio. O jovem cristão e devoto de Santiago o tinha praticado na véspera da peregrinação e não havia sentido que cometera um pecado. A noção do pecado foi transmitida a ele pelo demônio na forma de Santiago. Será esse alerta do demônio que passará a incomodar o rapaz. No *Liber Sancti Iacobi*, como um todo, são encontrados vários relatos atribuídos a homens da Igreja que fazem menção ao sexo como pecado. Nesse milagre, quem enfatizou o sexo como pecado foi o demônio disfarçado de santo.

Voltando ao relato do milagre, o arcebispo nos informa que o jovem passou a se incomodar e a sentir o peso da falta cometida. Diante dessa situação planejava voltar para casa e ir até o padre da localidade para confessar o delito cometido. Feito isso, conforme passava a planejar, retornaria ao caminho em direção a Compostela.

Percebendo os planos do rapaz, novamente o demônio volta, lançando vários questionamentos a ele, aumentando seu peso da culpa e sua preocupação em conseguir se redimir da falta cometida. Eis os questionamentos apresentados pelo demônio ao rapaz:

> Que és que piensas en tus adentros, volver a tu casa y hacer penitencia para tornar después a mí dignamente?
>
> Crees que un pecado tan grande puede borrarse con tus ayunos e tus lagrimas?
>
> Estás muy errado, cree en mis consejos y te salvarás. Pues de outro modo no podras salvarte (LIBER SANCTI JACOBI, 1999, p. 368).

A intensidade da noção de pecado atribuída ao ato sexual foi tamanha que fará com que o rapaz, aconselhado pelo falso Santiago, aceite a solução por ele apresentada: "*si deseas limpiarte totalmente de tu culpa, córtate en seguida las partes viriles con las que pecastes*" (LIBER SANCTI JACOBI, 1999, p. 369). Tal solução é entendida pelo rapaz como suicídio, prática também condenada pela Igreja, que aceita que somente Deus decide quando e como alguém deve morrer. Ciente disso, o rapaz interroga aquele que pensa ser Santiago, porém foi convencido por este a pôr em prática a solução antes mencionada. Isso o fez crente de que quem o aconselhara fora Santiago. Conforme a narrativa: "sencillo peregrino se animó a llevar a cabo la fechoria y por la noche cuando dormia sus compañeros sacó un cuchillo y se amputó las partes viriles. Y vueta luego la mano alzó el hierro y echandose contra su punta se traspasó el vientre".

A sequência da narrativa do milagre segue com as consequências da morte do rapaz em dois campos: um terreno e outro no além. No terreno, é destacado o choque dos companheiros que acordam com o barulho dos gemidos do rapaz no decorrer da sua agonia. Com receio de serem acusados, fogem deixando-o sozinho envolto em seu próprio sangue. Com o amanhecer, o corpo é encontrado e levado para uma igreja enquanto preparam a cova para sepultá-lo. Porém, o sepultamento não acontece, pois antes do momento final o morto ressuscita e, ciente de que havia sido enganado pelo demônio na forma de Santiago, conta o que presenciou enquanto estava morto. Por meio desse artifício, o arcebispo de Canterbury narra a experiência vivida pelo peregrino no além. Conforme o relato:

> Después que me quite la vida y mi alma fué expulsada del cuerpo, vino a mi el mismo maligno espeiritu que me había enganado trayendo consigo un gran tropel de demônios. Y al instante me arrebataron sin compasión y llorando y dando lastimeras vocês me llevaron a los tormentos (LIBER SANCTI JACOBI, 1999, p. 369).

No entanto, o verdadeiro Santiago aparece para intervir nesse processo. A narrativa é enriquecida com um diálogo entre o bem, representado por Santiago, e o mal, pelos demônios. Quem relata tal diálogo é o peregrino que assiste à conversa. Segundo ele:

> Santiago que venia siguiendonos llegó volando y apresando a los demônios dijo: De donde venis y adonde vais? Y contestaron ellos: Eh, Santiago, a la verdade aqui nada toca. Pues nos há creido tanto que se mato a si mismo. Nosotros le persuadimos, nosotros le enganamos, a nosostros nos pertenece. Mas él replicó: nada respondes de lo que os pre-

> gunto, sino que jactais y alegrais de haber enganado a un Cristiano. Pero tendeis mala recompensa, porque es un peregrino mio ese de cuya posesión os jactais. A lo menos no le llevareis impunemente (LIBER SANCTI JACOBI, 1999, p. 370).[7]

Conforme a narrativa, o poder de Santiago é tamanho que faz com que os demônios que carregavam a alma do rapaz fossem até Roma, justamente a determinado lugar onde estava havendo uma assembleia de santos presidida pela Virgem Maria. Uma vez diante dela, nos conta o peregrino:

> Ante ella se presntó en seguida el santo Apostól, mi piadosisimo abogado, y delante de todos clamó de que manera me habia vencido la falácia de Satan. Y ella volviendose al punto a los demônios dijo: ah desgraciados, que buscabais en un peregrino de mi Señor e Hijo y de Santiago su leal? Y apodria bastaros con vuestra pena sin necesidad de aumentar-la por vuestra maldad (LIBER SANCTI JACOBI, 1999, p. 370).

A ação da Virgem Maria fez com que os demônios fossem dominados por um grande temor. Também por ordem dela, a alma do rapaz retornaria ao corpo. Diante disso, relata o peregrino: "tomando-me, pues, Santiago me restituyó imediatamente a este lugar. De esta manera he muerto y he resucitado".

---

7 Como recurso de persuasão daquilo que narrava o peregrino oferece inclusive uma descrição física de Santiago: "y me parecia Santiago jovem de aspecto gracioso, delgado y de color quebrado, vulgarmente dicho moreno" (LIBER SANCTI JACOBI, 1999, p. 370).

A narrativa não termina nesse ponto, continua com o rapaz ressuscitado dando provas do sofrimento passado e testemunhos que suscitam a surpresa daqueles que o tinham como morto vendo-o com vida. O desfecho ocorre com a afirmação que enfatiza a autenticidade do milagre relatado. Segundo o relator, o arcebispo de Canterbury, Santo Anselmo, o abade Hugo de Cluny viu tanto o rapaz como as marcas que testemunhavam o ocorrido. Segundo ele: "El reverendíssimo Hugo, santo abad de Cluny, vió con otros muchos a este hombre y todos los signos de su muerte, y afirmo haberlo visto con frecuencia para admiración, segun se há contado" (LIBER SANCTI JACOBI, 1999, p. 371).

O milagre apresentado é o mais extenso dos 22 que compõem o *Livro dos Milagres*. A temática do pecado em razão dos desejos da carne - sexo - ocorre nele. No entanto, é importante enfatizar que esse não é o problema que faz com que Santiago intervenha. O ato sexual vivido pelo rapaz em nenhum momento é apresentado por Santiago ou mesmo pela Virgem Maria como pecado, aliás, esse tema não é mencionado. A ênfase é dada ao papel desempenhado pelas forças do mal, pois são elas que geram os problemas - no caso, a noção de falta cometida somente aparece como uma falta contra os valores cristãos, lembrada pelo demônio; portanto, com base nesse relato específico, o personagem que propicia a Santiago desempenhar seu papel de protetor é, inicialmente, inocente em relação ao pecado da luxúria. O relator do milagre tem interesse em apresentar elementos que expressam os valores cristãos, principalmente aqueles que estavam sendo colocados em vigor naquele momento histórico, por exemplo, colocar Roma como o centro da cristandade, pois é o local onde ocorre a *assembleia de santos presidida pela Virgem Maria.*

É importante destacar que, implícita à função de divulgação das peregrinações a Santiago de Compostela que consta no *Liber*

Sancti Iacobi, se encontra no livro a difusão do rito romano pelo Ocidente. Em específico, na Península Ibérica, em face da implantação desse rito, o rito local - moçárabe - estava em processo de substituição, propiciando com isso o estreitamento da Igreja local com Roma. É importante destacar também que Santiago fez com que os demônios levassem a alma do rapaz para Roma, e não para Santiago de Compostela, apontando com isso que Roma era o centro da cristandade.

Sabendo que o *Liber Sancti Iacobi* como um todo e, de maneira especial, os milagres eram lidos em locais públicos com o intuito de incentivar e propagar as peregrinações com destino a Santiago de Compostela, o milagre apresentado tem em si também uma forma de demonstrar aos populares que o apóstolo, apesar de todo seu poder, não é independente. As decisões estão em Roma. Neste caso específico, na assembleia dos santos presidida pela Virgem Maria. O que se passa no plano do além se reflete no plano terrestre. Ou melhor, as alterações no plano terrestre passam a também ser apresentadas como sendo aquelas que ocorrem no plano celeste. A Igreja está se unificando, tendo Roma como o centro.

Além dessa questão, os relatos apresentados nos oferecem, entre tantos outros, exemplos do estabelecimento de relações que foram constituídas a partir do vínculo entre homens da Igreja, homens do povo e santos. Parece-nos estranho falarmos de "relações sociais" com santos; embora sendo definidos como homens e mulheres que, em vida, foram fiéis servos de Deus, perecendo pela causa cristã, geralmente os entendemos como seres que pertencem a um campo distinto do qual estamos separados, com que, portanto, não há comunicação, mas sim solicitações que o homem faz ao sagrado procurando por meio de tais pedidos alcançar as graças desejadas.

Tal distanciamento não é o que se verifica nas crônicas nos *exempluns* e, de maneira especial, no *Livro dos Milagres de Santiago*, testemunhos que nos auxiliam a compreender o desenvolvimento da prática da peregrinação no Ocidente medieval. Especialmente no *Livro dos Milagres* percebemos que os autores, ao atribuírem ao santo pelo menos algumas características de quem está vivo, promovem a aproximação entre o mundo terrestre e o celeste, fazendo com que, realmente, os personagens humanos citados nas narrativas ampliem sua crença e devoção no santo. Santo cujas ações que desempenha – milagres – o tornam centro das atenções, atraindo a Compostela mais e mais peregrinos que para lá se dirigem em busca da solução de algo que os aflige.

Nessa busca entram em contato com aquilo que o cristianismo apresenta como sagrado e, também, com o profano, pois as ameaças das forças do mal normalmente se manifestam ao longo do caminho para desvirtuá-lo do propósito religioso que o impulsionou a fazer a longa jornada. No entanto, como a narrativa tem o propósito de divulgar o culto a Santiago, o personagem do milagre que recebe a graça concedida pelo santo a divulga, faz com que a graça recebida seja transformada em um exemplo do poder de intervenção de Santiago em cujos atos são expressos os valores cristãos; esses por meio dele chegam, conforme os relatos, às mais diversas partes do Ocidente. Por outra direção, temos que ter em mente que essas narrativas integram uma obra, o *Liber Sancti Iacobi*, cuja função principal é ser uma guia para o peregrino. Seguindo esse propósito, a leitura e divulgação de tais milagres entre aqueles que estavam no caminho ou que desejavam fazer o caminho funcionavam como incentivo e inspiração para se colocarem em marcha.

Se por um lado os milagres foram relatados com a finalidade de divulgar o culto a Santiago e, consequentemente, atrair peregrinos a Compostela, por outro, notamos que outro aspecto também precisa ser destacado: o efeito gerado pelo milagre, isto é, as consequências da divulgação deles, pois os autores dos relatos não se satisfazem em apresentar a intervenção do santo, procuram, sim, expressar o comportamento daquele que viveu tal ação. Geralmente, conforme apresentado nos milagres, o personagem que alcançou a graça concedida por Deus, pela intervenção de Santiago, ao retornar ao local de origem divulga sua experiência e, como consequência, instiga e desperta em vários conterrâneos o desejo de fazer a peregrinação a Compostela.

Se de uma feita essa perspectiva é apresentada nas narrativas – cumprindo, portanto, a função para a qual foram registradas –, de outra feita – ao verificarmos nas narrativas das crônicas e histórias que o propósito maior não é relatar milagres, mas sim os feitos de determinados "personagens" do reino, quando direta ou indiretamente apresentam algo relacionado às peregrinações e de alguma maneira mencionam o retorno do peregrino – fica claro que tal retorno, além de ser um testemunho do cumprimento de um ato religioso, é um meio pelo qual novidades descobertas ao longo do caminho chegavam às terras de origem do peregrino, tornando-se o *caminho* e a cidade de Santiago sítios que, além de expressões do religioso, eram espaços de difusão e intercâmbio de saberes e de bens materiais.

O *Caminho de Santiago*: possibilidades geradas

O *Caminho*, além de ser uma rota da fé, foi uma trajetória da vida ativa na qual os negócios, as espertezas e os prazeres da carne também faziam parte e funcionavam como atração para peregrinos, aventureiros e povoadores. Os primeiros viam na realização da caminhada, geralmente longa, a oportunidade de alcançar a intervenção do santo, mediante as dificuldades impostas pelo caminho e pelas penitências cumpridas; para os segundos, a oportunidade de dar vazão ao desejo de aventura. Para os terceiros, o constante fluxo de peregrinos ao longo do *caminho* era um indicativo de esperança e de real possibilidade de se encontrar um melhor local para, por meio da prática do comércio, conseguirem uma forma de sustento para a vida. Sobre essa temática, tendo como referência o século XI, José Maria Lacarra escreveu:

> Ao longo do *Caminho de Santiago* se estabeleceu normalmente um comércio ativo. Havia que dispor albergues, acumular víveres para os peregrinos que as vezes eram verdadeiras multidões; abrir estabelecimentos onde podiam trocar moedas ou adquirir as roupas ou utensílios necessários para realizar a viagem (VASQUEZ DE PARGA; MARIA LACARRA; URÍA RIU, 1948, p. 468).[8]

Com o intuito de proteger, incentivar e possibilitar aos peregrinos certa segurança, bispos, nobres e a própria realeza fizeram com que fossem construídas ao longo do caminho hospedarias que constituíssem locais de apoio. A fundação da abadia real de Santa Maria em 1052, pelo rei Garcia e pela rainha Estefania de Pamplona, é um exemplo. Conforme ordem dos monarcas referidos, a abadia tinha entre suas funções o dever de acolher os peregrinos. A mesma abadia, conforme consta no *Catálogo del archivo catedral* de Pamplona, recebeu como doação de um padre os bens que este possuía, com a condição de que fossem oferecidos aos pobres.[9]

No aspecto da segurança, a proteção ao peregrino era semelhante à oferecida ao mercador. Por exemplo, ao tratar dos

8 Após a publicação da obra referida, muitos foram os estudos e eventos específicos que tiveram como foco central temas relacionados a Santiago e/ou ao *Caminho de Santiago.*

9 Veja relação de exemplos no artigo: RUQCUOI, 2007, p.105-107.

bons feitos do rei Alfonso VI, é mencionado na *Primera Crónica General de España* que, diante das leis vigentes em seu reinado, "los mercaderos et los romeros que passauan por su tierra, tan guardados yuan que ninguno non les osaua tomar ninguna cosa de lo suyo" (MENENDEZ PIDAL, 1955, p. 520). No Canon IV do Concílio de Leon de 1114 é expresso que ninguém pode tomar os pertences e bens dos peregrinos (*Negotiatores et peregrini et laborarotores in pace sint, et secure per terras eant ut Nemo in eos, vel corum res manus mittat*) (LÓPEZ FERREIRO, p. 93 apud VASQUEZ DE PARGA; MARIA LACARRA; URÍA RIU, 1948, p 256). Mantendo a tradição, Alfonso X, o Sábio (1252 - 1284), fez constar no *Fuero Real*, elaborado sob sua ordem, a seguinte lei:

> Por que romeros que los fechos de Dios e de Sancta Eglesia por nos sean más adelantados,mandamos que todos los romeros e mayormietre los que uinieren en romería a Sanctiague quienquier que sean e dondequier que uengan, ayan de nos esto priuillegio: que todos nuestros regnos ellos e sus companas con sus cosas seguramente uayan e uengan e finquen, ca razoón es que aquellos que bien fazen que sea[n] por nos defendidos e emparados en las buenas obras e que por ningún miedo que ayan de recebir tuerto non dexen de uenir de cumplir su romería. Onde defendemos que ninguno non les faga fuerça nin tuerto nim mal ninguno, mas si[n] nengún empeçamiento aberguen seguramientre quando quisieren e o quisieren e tanto que sean logares de albergar. Otrosí mandamos que tan bien en las albergarías como fueras delas, puedan comprar las cosas que ouieren menester e ninguno non sea osado de les mudar las medidas nin los pesos derechos por que

> los otros de las tierras uenden e compren, e el qui lo fiziere aya la pena que manda la ley (MARTINEZ DIEZ, 1988, p. 503).

A proteção pela lei dada aos peregrinos deve-se, entre outras coisas, ao fato de serem eles vítimas de inúmeros abusos por parte daqueles que, ao longo do *Caminho* e na própria cidade de Santiago de Compostela, se aproveitavam da condição de estrangeiro dos peregrinos para lhes roubar os pertences ou então de os explorar, cobrando altos preços nas hospedarias e até mesmo provocando a morte de alguns para se apossar dos bens que possuíam. O peregrino, em virtude da obrigatória travessia que fazia por territórios de diferentes reinos até chegar a Santiago de Compostela, era geralmente um estrangeiro. Portanto, não contava com a proteção da legislação de seu local de origem.

Ao incentivar as peregrinações, principalmente a partir do século XI, os reis dos reinos por onde o caminho passava fizeram constar nas legislações normas que protegiam os peregrinos. Tais normas faziam com que os peregrinos – isto é, homens, mulheres e crianças visivelmente pobres, sujos, vestindo trajes rudes e com pouquíssimos pertences – tivessem a liberdade do ir e do vir sem ser incomodados pelos homens do rei. A condição de peregrino funcionava como um salvo conduto. Conforme Histórias e Crônicas elaboradas no período, tal condição a ele atribuída era útil tanto para aquele cuja caminhada era feita por motivos gerados pela crença religiosa como por aqueles que viam nessa posição a forma de passar por locais em que, em condições normais, seria feito prisioneiro.

O disfarce de peregrino possibilitava o ir e o vir, e dessa maneira era uma forma de tanto artefatos como informações secretas circularem pelo Ocidente. Como exemplo, podemos citar a narrativa inclusa na *História Compostelana*, segundo a qual o bispo de Santiago de Compostela, Diego Gelmirez (1100-1136), com o intuito de conseguir a honraria do arcebispado para a Igreja de Santiago, planejou ir até Clermont onde seria realizado um concílio com a presença do Papa Gelásio II (1118-1119). Era a oportunidade de estar diretamente com o Pontífice e com ele tratar do assunto desejado. Porém, o problema era fazer a travessia pelo território do reino de Aragão, uma vez que o rei não permitia. Uma primeira estratégia foi enviar o cardeal romano Deusdedit, que estava com Gelmirez. O cardeal, devido a sua posição, acreditava que passaria sem problemas. No entanto, Giraldo, um dos autores da *História Compostelana*, relata que isso não foi possível. Conforme o relato:

> Pues los espias del Rey de Aragón, según me referió despues el próprio cardenal, atacaron sus bagajes y sus fardos diciendo: "Sabemos que el obispo de Santiago quiere atravesar los Pirineos y que va a llevar uma infinita cantidad de dinero y que outra parte ya se la há encomendado a este cardenal para que la lleve. Asi pues, entregadnos todo el dinero del obispo de Santiago que lleveis con vosotros ´pues asi lo há ordenado nuestro Rey - para que no perdais también el vuestro" (HISTORIA COMPOSTELANA, 1994, p. 312).

Diante do fracasso dessa tentativa, em outra ocasião Diego Gelmirez envia Giraldo, canônico da Igreja de Santiago, para falar com o Papa que estava além Pirineus. Para tanto, Giraldo faz uso do seguinte estratagema: envia Bernardo, sacristão da Igreja de Carrión, para que faça a travessia de "una arca de oro de nueve marcos, cien morabetinos, doscientos once sueldos de Poitiers, sesenta sueldos de moneda milanesa, veinte sueldos de la de Tolosa, etcétera" (HISTORIA COMPOSTELANA, 1994, p. 316). O dinheiro foi entregue ao sobrinho do Papa Calixto II, sucessor de Gelásio II, que, ao regressar de Santiago de Compostela, estava passando pelo caminho entre Sahagún a Palencia. Feito isso, Giraldo faz a travessia. Segundo ele: "emprendi el viaje por caminos apartados, camuflado con ropas de pobre y acompañado de dos peregrinos, cómplices del trabajo y del proyecto" (HISTORIA COMPOSTELANA, 1994, p. 316). Em outro relato da *História Compostelana*, o disfarce de peregrino é utilizado pelo bispo do Porto para conseguir passar por territórios ibéricos até chegar no além Pirineus para ter uma audiência com o Papa Calixto II (HISTORIA COMPOSTELANA, 1994, p. 326). Outro exemplo encontramos na *Primera Crónica General de España*, que trata do rapto da esposa do conde Garci Fernandez por um conde da França. Para passar despercebido e chegar até onde a esposa estava, o conde Garci Fernandez fez que ia em romaria até Santa Maria de Rocamador e se colocou no caminho "de pie, con un su escudero a manera de omnes pobres desconnosçudos, et andudo tanto fasta que llego a aquella tierra de aquel condado o moraua aquel conde et la su muger quel leuara" (MENENDEZ PIDAL, 1955, p. 427).

Durante a Idade Média, principalmente ao longo do século XI, o *Caminho de Santiago* foi uma das mais importantes vias do Ocidente. Ao longo do seu trajeto – de Puente la Reina a Santiago de Compostela –, milhares de pessoas, na condição de peregrinos ou não, passaram por ele. Com elas, entre outros, desejos de cura; perdão por faltas cometidas; agradecimentos por graças alcançadas; aventuras; enriquecimento; furtos. Por elas, a circulação de ideias. Embora os registros escritos que ficaram normalmente tratem daquelas que foram pessoas importantes, o *caminho* foi o espaço do popular. Mediante os relatos de milagres podemos perceber como os valores da época foram transmitidos e propagados, de maneira a permitir que projetos maiores pudessem vir a se concretizar. Por meio dos relatos referentes ao *caminho* ou aos peregrinos, presentes nas Crônicas, nas Histórias e nas leis que constam nas legislações, percebemos entre outras coisas a astúcia do homem em fazer uso de elementos do cotidiano para, por meio deles, alcançar seus objetivos.

Referências Bibliográficas

DÍAZ Y DÍAZ, M. C. *El Códice Calixtino de la Catedral de Santiago.* Estudio codicológico y de contenido. 1ª ed. Santiago de compostela: Centro de Estudios Jacobeos, 1988.

GONZÁLEZ BALASCH, Maria T. (Ed.) *Santiago de Compostela*: Cabildo de la S.A.M.I. Catedral. Seminário de Estudios Galegos, 2004.

HISTORIA COMPOSTELANA, FALQUE REY, Emma (Ed. E Trad.) Madrid: Akal, p. 312, 1994.

LIBER SANCTI IACOBI, CODEX CALIXTINUS. Traducción de A. MORALEJO. C. TORRES. J. FEO. Santiago de Compostela: Xunta de Galicia, 1999.

LOPES ALSINA, Fernando. *La ciudad de Santiago de Compostela en la alta Edad Media.* Santiago de Compostela: Ayntamiento de Santiagpo de Compostela, Centro de Estudos Jacobeos e Museo Nacional de la Peregrinaciones, 1988.

LUCAS ALVAREZ, Manuel (ed. Lit.) *Tumbo A de la Catedral de Santiago*. Santiago: Seminario de Estudios Galegos. Cabildo de la S.a.M.I. Catedral, 1998.

MARTINEZ DIEZ, Gonzalo. *Leys de Alfonso X; II Fuero Real.* Avila: Fundación Sanchez Albornoz, 1988.

PRIMERA Cronica General de España. MENENDEZ PIDAL, Ramón (Ed.) Madrid: Gredos, 1955.

RUCQUOI, Adeline. O Caminho de Santiago: A criação de um itinerário. *SIGNUM.* Revista da ABREM, São Paulo, N.09, 2007.

VASQUEZ DE PARGA, Luiz; MARIA LACARRA, José; URÍA RIU, Juan. *Las Peregrinaciones a Santiago de Compopostela.* Madrid: Consejo Superior de Investigaciones Cientificas, 1948.

Dante Alighieri e os Espirituais Franciscanos: a construção de um *ethos* cristão no "outono da Idade Média"

Ana Paula Tavares Magalhães[1]

Introdução: considerações preliminares

Em audiência com jornalistas de todo o mundo, recebidos na Sala Paulo VI, no Vaticano, no dia 02 de março de 2013, um sábado, o Papa Francisco afirmou: "Como eu gostaria de uma Igreja pobre, para os pobres". Fez ainda referência a Francisco de Assis, o santo dos pobres, do qual se tornou homônimo porque esse representava "a paz". Naquele momento, o sumo pontífice católico externava, novamente, a essência de um discurso várias vezes repisado nos meios de comunicação e pelos meios de comunicação (nem sempre da maneira mais adequada), tendo em vista a precedência de uma tradição e de determinado *ethos* cristão historicamente construídos ao longo de dois séculos.

Uma ética marcada pela perspectiva da pobreza configurou-se como característica fundamental do cristianismo, dos primeiros séculos – entre sua forma primitiva e sua organização administrativa, episcopal – ao alvorecer da Idade Média – com

1 Professora Doutora do Departamento de História da Universidade de São Paulo – USP. Dedica-se ao estudo de temas ligados às Ordens Monásticas, às relações de poder entre o Reino e o Sacerdócio e à História Institucional e do Pensamento da Igreja na Idade Média.

as organizações urbanas, os movimentos heréticos e as Ordens Mendicantes, passando pelos reformadores dos séculos XI e XII, que recuperaram a cultura monástica e a tornaram emblemática de e para uma Igreja "reformada". A pobreza cristã, entretanto, seja enquanto discurso, seja enquanto prática, deve ser entendida como processo histórico e, dessa forma, compreendida em suas variações ao longo do tempo e das transformações produzidas na própria Igreja Católica.

Dessa forma, embora as palavras papais soem como unívocas e marcadas pela simplicidade, há uma série de elementos complexos que subjazem a elas, assim como uma série de camadas a se sobrepor. A concepção da pobreza, tanto quanto aquela de "Igreja", "reforma" ou "santidade", consolidou-se a partir de múltiplos aspectos em uma trajetória que legaria, por fim, a noção e a *práxis* franciscanas do século XIII, externadas no XIV pela eclesiologia dos Espirituais Franciscanos e pela poesia crítica de Dante Alighieri.

Da trajetória em questão, destacamos os três momentos aqui aludidos, a saber: o cristianismo dos anos 300 e sua organização com base no episcopado; a reforma dos séculos XI e XII e a prevalência da cultura monástica; o advento da Ordem Franciscana e sua correspondente produção literária.

O cristianismo "episcopal": consolidação dos bispados (séculos II-III)

De acordo com Peter Brown em conhecido ensaio no volume 1 da *História da vida privada*, três elementos foram fundamentais no momento de consolidação do cristianismo como religião institucionalizada: o pecado, a pobreza e a morte (BROWN, 1989, p. 266). Os pobres carregavam pesada carga de significados religiosos: eram o estado perene do pecador que sempre necessitava do perdão de Deus (e a linguagem dos *Salmos* formula a equação simbólica entre o pobre e o pecador). Eram, também, veículo para que os pecados dos abastados fossem aliviados (e, portanto, oportunidade para o dom). Em sua função social, representavam ainda uma importante via de acesso a posições públicas por parte de mulheres ricas, virgens e viúvas, naturalmente alijadas do poder público dentro da Igreja e do Estado – como protetoras dos pobres, por meio das esmolas e do cuidado dos doentes, elas desfrutavam de posição pública nas cidades mediterrâneas. Para os bispos, por sua vez, os pobres representavam a capacidade de alimentar uma nova categoria de pessoas: "a categoria anônima e profundamente anticívica dos pobres sem raízes e abandonados" (BROWN, 1989, p. 270). Em meio às crises econômicas e às ondas de invasores, por volta do ano 400 surgiram bispos influentes. Eles seriam os únicos responsáveis – porque também os únicos capazes – por dar proteção física às pessoas dentro das basílicas, bem como por remediar os efeitos da falta de alimentos. Assim, os pobres serviam como elemento a dar ingresso para a salvação dos ricos, formas pelas quais esses operariam obras piedosas e assegurariam o paraíso. Também supunham uma organização e uma distribuição do poder nas cidades recém-ocupadas pelo cristianismo.

A pobreza "reformada": o monasticismo dos séculos XI e XII

Ao longo da Idade Média, o cristianismo dialogaria com a pobreza de diferentes maneiras, sendo uma das mais fundamentais - no sentido da fundação das bases para o atual *ethos* cristão da pobreza – a expressão da vida reformada a partir da recuperação dos valores monásticos, traço marcante das reformas dos séculos XI e XII. Em seu célebre texto *São Bernardo e a Ordem Cisterciense*, Georges Duby definiu o ideal monástico reformado apresentando o rigor como sua característica mais fundamental. Sobre Cister, ressalta, citando a *Historia ecclesiastica*, de Oderic Vidal, que era um

> [...] lugar ermo quando Roberto [de Molesmes] ali chegou, onde os homens não costumavam ir por causa da opacidade da mata e dos espinhos; só os animais selvagens iam ali." E a seguir: "lugar desdenhado pelas pessoas do século era, por isso mesmo, mais propício ao estilo de vida religiosa concebido em seus espíritos [dos homens de Molesmes quando ali chegaram]; (...) a floresta, os arbustos e os terrenos pantanosos isolam o monastério, não é possível que uma aldeia se forme à sua sombra. (...) pois ele se pretende eremitério ao mesmo tempo que claustro (*claustrum et eremos*) (DUBY, 1990, p. 54).

Assim aparece Claraval na primeira hagiografia de São Bernardo, a *Vita de S. Bernardo de Claraval*, de Guilherme de Saint-Thierry: "uma solidão enterrada no mais profundo das florestas e fechada na sua linha de colinas, onde os servidores de Deus viviam escondidos" (DUBY, 1990, p. 54).

O rigor deveria supor, primeiramente, a restauração de uma prática da pobreza conforme a Regra Beneditina, transposto mais tarde para o plano da arquitetura e da ornamentação a partir do chamado "plano bernardino" – essencialmente funcional e despojado da ostentação, ele refletiria o rigor da proposta cisterciense (PACAUT, 1993, p. 153), a supor o retorno ao cristianismo primitivo e o surgimento do homem novo, conforme a profecia neotestamentária (em seu sentido cristão tradicional, conforme Rm 12,2, *reformatio* descreve a ideia de uma renovação pessoal, a difundir-se, posteriormente, pela comunidade, estabelecendo uma ética marcada pela solidariedade indistinta em Cristo).

A pobreza identificada ao *ethos* cristão: Francisco e o franciscanismo

Pode-se dizer que, no século XIII, o franciscanismo teria inaugurado a prática voluntária da pobreza como forma de *imitatio Christi*: em lugar do sofrimento que aproximava o mártir da paixão de Cristo, ideal de morte cristã e de santidade por excelência, consolidava-se um *ethos* segundo o qual a *imitatio* supunha a *vita Christi*, a saber, a busca pela *similitudo* em relação à vida de Cristo, pressupondo, automaticamente, que Cristo e o apóstolos nada haviam possuído, fosse em particular, fosse em comum.

Por outro lado, os séculos XIII e XIV foram marcados, no plano da cultura monástica, pela continuidade em relação aos ideais e práticas reformistas dos séculos precedentes – há uma relação direta entre a pobreza franciscana e o reformismo cisterciense, enquanto aspectos de um único movimento reformador na sociedade cristã da Idade Média Central. Um dos aspectos mais relevantes da ética cristã do fim da Idade Média no ocidente europeu diz respeito à retomada da noção de pobreza, então sob novas bases, o que conduziria, entre outras manifestações, à fundação da Ordem Franciscana. As bases sobre as quais assentava a Ordem dos Menores favoreceria justamente a elaboração de um novo ideário acerca da pobreza evangélica e da prática cristã em geral. Os Espirituais Franciscanos, considerados radicais na concepção e no exercício da pobreza franciscana, seriam responsáveis por formular uma representação de Francisco e de sua Ordem tendo como modelo a vida de Cristo e dos Apóstolos. A nova *imitatio Christi* deveria servir de instrumento de polêmica no interior da Ordem e da Igreja e ao mesmo tempo fundamentar a construção de um modelo de *ethos* cristão e franciscano que perduraria até os dias de hoje – marcando presença no discurso do papa de nome Francisco.

Ubertino de Casale (1259-1328) e sua *Arbor vitae crucifixae Iesu*: identidade entre Cristo e Francisco a partir da pobreza evangélica

Tendo como suporte a tese paulina e a exegese agostiniana da relação Cristo-cabeça/ Igreja-membros, de acordo com Ubertino de Casale haveria uma economia entre o Cristo-cabeça e a Igreja de fiéis autênticos. Esta, contudo, só poderia resultar em ser restritiva no que se refere à parte da Igreja envolvida, fazendo-a possivelmente coincidir com o grupo dos Espirituais Franciscanos. A importância da relação estabelecida reside, portanto, no fato de que ela não se processa entre Cristo e a Igreja em geral, mas antes entre Cristo e os chamados eleitos, ou seja, aquela parte da Igreja que permanece, no entender de Ubertino, fiel a ele. Dessa forma, para além das referências tradicionais à recíproca presença de Cristo na Igreja e vice-versa – de resto, presentes no corpo do texto –, a relação que prevalece tende a ser aquela entre Cristo e seus "membros eleitos" (UBERTINO DE CASALE in DAVIS, 1961, IV, 36, 37b).

Expoente importante do grupo, Ubertino de Casale conduziu adiante as queixas contra o relaxamento dos costumes que imperava, de acordo com os Espirituais, no seio da Ordem e da Igreja. Ao estabelecer a intimidade exclusiva existente entre Cristo e seus fiéis seguidores espirituais, Ubertino recuperava a tensão Igreja Carnal *versus* Igreja Espiritual, tendo como base as vicissitudes dos Espirituais: assim, tal intimidade não se referia a toda a Igreja, mas apenas àquela parcela em seu interior que efetivamente se esforçava por renovar a experiência evangélica. Dessa forma, somente a Igreja Espiritual, qual seja, a comunidade de fiéis que vivia estritamente segundo o exemplo de Cristo, pertencia realmente a Cristo, ao passo que a Igreja Carnal possuía idêntica função à da sinagoga contra a Igreja das origens. Ela devia, pois, percorrer um caminho de purificação, que só terminaria de se cumprir no tempo escatológico (UBERTINO DE CASALE in DAVIS, 1961, IV, 9, 311a e 308a).

A exigência do frade não deixava dúvida de que o acento recaía não na pobreza enquanto virtude exemplar de Francisco, mas sim na *intentio* franciscana segundo a qual aquela pobreza deveria caracterizar a experiência de toda a Ordem. O pensamento de Ubertino, naquilo que concerne à intenção profunda de Francisco em relação à Ordem e ao projeto de aperfeiçoamento do fundador, não poderia deixar de trazer como consequência, por um lado, a existência da Ordem por oposição radical relativamente aos padrões de organização eclesiástica de seu tempo, bem como às formas de vida religiosa anteriores; por outro, a crítica à organização atual da própria Ordem, denunciando o fato de que o projeto inicial encontrava-se desativado e mistificado. Assim como se havia observado um paralelismo entre as trajetórias de Cristo e da Igreja, Ubertino estabeleceu uma continuidade histórica e ideal entre Francisco e os Espirituais.

O fato de que Francisco assinalaria uma nova época na história da Igreja e, consequentemente, da humanidade é uma convicção profunda que perpassa a obra de Ubertino de Casale. Ele encara Francisco como uma figura plena da perfeição cristã em seus vários aspectos e, pouco a pouco, caracteriza-o como verdadeira imagem de Cristo – *imago* –, perfeita, na medida em que isso é concedido a uma criatura humana. Dessa forma, assim como no 13º dia a figura de Jesus apresentou-se aos três reis magos, da mesma forma, no 13º século, constituiu-se uma verdadeira manifestação da sabedoria cristã, sendo grandemente multiplicados os esplendores da divina sabedoria. Sobretudo pela religião da pobreza, foi renovada a vida evangélica em Francisco, o patriarca dos pobres (UBERTINO DE CASALE in DAVIS, 1961, II, 7, 129b-130a). De acordo com Ubertino, Francisco era comparável a Cristo não em virtude de uma série de aspectos exteriores que podem ser perfeitamente documentados – como afirma toda uma tradição do século XIV que culminaria com Bartolomeu de Pisa –, mas sobretudo por ter repercorrido plenamente a vida de Cristo. Sua ressurreição seria dada pelo cumprimento estrito da Regra na Ordem Franciscana.

Ubertino desejou ressaltar, para além da semelhança - *similitudo* –, a identidade de Francisco em relação a Cristo. Assim, Francisco encontrava-se, tanto na alma quanto no corpo, modelado e iluminado pelos *stigmata*. Tratava-se de um espelho perfeito que refletia fielmente a imagem de Cristo. Assim, belíssimo e formosíssimo era Francisco, porque carregava os sinais de uma semelhança muito bela. Era, de fato, candura de luz eterna e espelho da majestade, imagem da sua bondade. Já que o corpo de Francisco foi modelado de acordo com a visão do Crucificado, sua carne foi puríssima, e a alma, de uma pureza quase divina (UBERTINO DE CASALE in DAVIS, 1961, V, 4, 434a).

Assim, Jesus, perfeito, havia transfigurado Francisco à imagem de sua própria vida, fazendo-o viver à sua maneira, pela perfeita obediência ao Evangelho – a tal ponto que se poderia dizer, a respeito de Francisco de Assis, que a ele fora conferida uma descendência nova, além daquela de Abel (UBERTINO DE CASALE in DAVIS, 1961, V, 3, 429b).

Dante Alighieri (1265-1321) e a pobreza na *Divina Comédia*: *ethos* cristão para uma *imitatio* moderna

A figura de Francisco legada à posteridade assumiria, em larga medida, o caráter devocional construído e atribuído pela literatura: franciscana e não franciscana, de bases teológicas e não teológicas, englobando de composições obscuras a obras que se tornariam clássicas na literatura universal – responsáveis por reinserir sua figura piedosa no interior do "sistema" que correspondia à cristandade ocidental na Idade Média, atribuindo-lhe uma função-chave no movimento reformista cristão, até os dias atuais.

Assumindo que a fraternidade dos primeiros tempos se assentou sobre as formas conhecidas de piedade laica do período, podemos inferir que essa supunha uma forma de vida exatamente conforme a figura plástica pela qual, ainda na Idade Média, Francisco ficaria conhecido. O registro contemplativo das *meditationes vitae Christi*, produzido por Giotto di Bondone (1266-1337) em Pádua, encontra-se em paralelo com a concepção da pobreza estrita em sua forma mais laicizante. Artífices medievais como Giotto produziram um Francisco que incitava à própria contemplação da pobreza, emblemático antes do movimento de piedade laica que da ordem institucional. Na literatura, Dante reproduziria a mesma plasticidade na construção de um Francisco divorciado de sua Ordem, reforçando o discurso da decadência espiritual do grupo por meio da fala de Tomás de Aquino no círculo do Sol do *Paraíso*.

A pedido de Enrico degli Scrovegni, o mesmo Giotto pintou a pequena igreja dedicada a Maria na antiga Arena de Pádua, no mesmo ano de 1305. O ciclo, não dedicado especificamente a Francisco nem à sua trajetória, pode ser, por outro lado, considerado emblemático da piedade laica difundida pela sociedade da Baixa Idade Média. Tão representativa quanto a imagem é a motivação atribuída à encomenda. Enrico, filho de Rinaldo Scrovegni, da tradicional família Carrara, teria encomendado a ornamentação da capela do palácio como forma de associar seu pai à ética da pobreza. Dante colocara Rinaldo no sétimo círculo do inferno, em razão de seus ganhos usurários. Conta-se que Enrico chegara a se encontrar com Dante no interior da basílica de Pádua, onde teria confrontado o poeta, mas também, tomado sua decisão. Por isso, na primeira imagem da capela vemos Rinaldo, de joelhos, tendo o edifício erguido sobre seus braços, a fim de o entregar a Deus. A atitude, tanto quanto aquela que detectamos no ciclo dedicado à Virgem Maria, presentifica um *ethos* que caracterizaria a atitude cristã de *imitatio Christi* – marcada pelo despojamento, pela humildade e pela contemplação – a partir da modernidade.

Para além do conteúdo devocional, a questão da pobreza relacionava-se à querela política no interior da Ordem e se articulou, no ideário dos Espirituais Franciscanos, ao debate sobre o poder da Igreja e dos papas na Idade Média. Dessa forma, Dante constituiu o expoente de uma perspectiva radical que logrou reconstruir a imagem de Francisco e do franciscanismo, responsáveis por legá-la à modernidade. A exemplo de Guilherme de Ockham (1288-1347), Dante questionou a *plenitudo potestatis* atribuída aos papas de sua época pelos teóricos curialistas. Seu edifício de poder fundamentou-se no ideal de uma governança universal, excluindo poderes locais – dos quais o papa era, a rigor, no entender de uma série de intelectuais italianos, apenas um deles – e privilegiando a atuação daquele poder em vista do bem comum. Este incluía, entre outros aspectos, a noção da liberdade, em especial aquela contida na Lei Evangélica. De acordo com Guilherme de Ockham, a Lei Evangélica representava a libertação dos cristãos não somente da opressão representada pela materialidade – uma vez que pretende sua absoluta transcendência –, mas também dos jejuns e rituais impostos pela Lei Mosaica (GUILHERME DE OCKHAM in DE BONI, 1988, p. 48).

Da mesma forma, Francisco e sua escolha pela pobreza apostólica representavam, no entender de Dante, o ideal de perfeição evangélica não somente em sua manifestação mais elevada, mas sobretudo em consonância com a liberdade contida na Lei

Evangélica. Assim, a Providência teria buscado dois príncipes a seu favor, dos quais, a saber, um deles "todo seráfico no ardor" era Francisco. A passagem, situada no círculo do Sol do Paraíso, faz referência a Francisco e a Domingos, "[seráfico] no seu esplendor" (ALIGHIERI in MAURO, 1998, p. 80). A questão dominante é, portanto, a forma de vida das Ordens Mendicantes, cuja expansão e cujo debate dominaram a cristandade latina no século XIII, tendo resultado por muitas vezes em querelas fundamentais para a consolidação do pensamento e das instituições no ocidente medieval. No debate em questão, destaca-se a querela entre seculares e mendicantes na Universidade de Paris, que envolveu Boaventura e Tomás de Aquino, ao qual Dante dá a palavra nesta mesma seção para então alinhar-se aos frades.

A herança que Francisco teria a deixar a seus "descendentes" era a mesma senhora que ele havia desposado, a saber, a Pobreza, aquela que um dia fora desprezada pelo sacerdócio do reino de Cristo na Terra – o mesmo clero secular que, no interior das Universidades, pretendia manter sua hegemonia erradicando os mendicantes. À sua morte, tal como uma representação plástica de Giotto, essa "alma rara [vestiu] do Reino seu o Manto que ao seu corpo recusara" (ALIGHIERI in MAURO, 1998, p. 80).

Essa representação devocional vem ao encontro da *imitatio Christi*, que seria registrada por escrito e popularizada nos séculos seguintes. Ela representa, ao mesmo tempo, o espírito laico por excelência despojado do *dominium* – a propriedade – e indiferente à *potestas* – o poder. Opunha-se, por esta forma, a um clero hierárquico e a uma doutrina hegemônica, e foi a forma pela qual Francisco e o franciscanismo – muito mais do que Domingos e sua Ordem – acabaram por passar à posteridade.

Muito aquém da Ordem institucionalizada, com sua Regra e com suas normas coerentes com a Sé Romana, encontrava-se a primitiva *fraternitas* de Francisco de Assis (MAGALHÃES, 2003, p. 36). Composta por alguns poucos discípulos, a pequena sociedade deveria viver em estado de absoluta pobreza, entre a mendicância e o trabalho manual, com a retirada, a cada dia, do estritamente necessário para a sobrevivência, a recusa a fazer provisões, o porte de somente seu hábito cingido por uma corda, pelo caminhar a pé e mortificando-se como sinal de sacrifício pela purificação de suas almas. Tratava-se, de acordo com as fontes primitivas, de desposar a Dama Pobreza, de maneira absoluta e irrestrita:

> Amar a pobreza não é limitar-se a amar os pobres, cuidando de a si mesmo nada faltar; é fazer-se pobre com eles, recusar-se a alegrar-se quando eles sofrem e, como Nosso Senhor, abraçar seu estado e portanto sua indigência. Tal é a forma de heroísmo que revestirá a santidade do bem-aventurado [São Francisco de Assis] (ENGLEBERT, 1982, p. 57).

O amor à pobreza era equiparável ao amor cavaleiresco, testemunhado pela literatura em voga na Europa Ocidental e representado pela figura dos trovadores. De certa forma, o jovem assisiense teria recebido os influxos dessa manifestação cultural e artística do medievo cristão. O Francisco literário, homem cavaleiresco, buscava sempre de maneira nobre o objetivo a que se propunha (ENGLEBERT, 1982, p. 9); a Pobreza é verdadeiramente a Dama de seus pensamentos, a *Donna Povertà*: sendo seu cavaleiro, ele a defendeu com a veemência de um apaixonado (GOBRY, 1957, p. 63).

Dante faz referência ao amor de Francisco de Assis pela Pobreza equiparando-o ao amor entre o esposo e a esposa. Trata-se da passagem da *Divina Comédia* em que Tomás de Aquino discorre sobre a vida de Francisco de Assis e, após descrever detalhadamente o lugar de seu nascimento, passa aos acontecimentos de sua juventude, tendo sofrido a ira do pai por ter-se ligado a uma mulher (que será revelada como sendo a Pobreza), a qual tinha perdido o primeiro marido (Cristo) havia mil e cem anos.

> Porque jovem, por tal mulher, a guerra
> do pai sofreu, a quem, tal como à morte,
> ninguém a porta do prazer decerra;
> "e diante da espiritual sua corte
> e '*coram patre*' a ela foi unido
> e dia a dia teve-lhe amor mais forte.
> Ela, privada do primo marido,
> Mil e cem anos de abandono e dor
> Sofreu, sem receber um só pedido; [...]
> Mas, pra não prosseguir demais coberto,
> que Francisco e Pobreza esses amantes
> são, ora eu digo com falar aberto.
> (ALIGHIERI in MAURO, 1998, p. 81)

O círculo do Sol – em que predominam os teólogos e as almas sapientes – caracteriza-se pelo desprendimento, por oposição aos que praticam o sacerdócio e debatem o poder com aforismos, e igualmente àqueles que se encontram envolvidos na extorsão e nos prazeres da carne (ALIGHIERI in MAURO, 1998, p. 79). Por oposição, Dante encontra-se desprendido de tudo, ao lado de Beatriz (ALIGHIERI in MAURO, 1998, p. 79). De resto, ao atingir o cume da perfeição, a alma passa a participar dos movimentos dos espíritos celestes, os quais se realizam em forma circular, retilínea e helicoidal, conforme o texto de Dionísio Pseudo-Areopagita, conhecido por Dante:

> No que respeita à alma, o movimento circular significa um passar da forma para dentro de si mesma, uma concepção unitária de suas energias espirituais, a qual – como no interior de um círculo – a preserva da divagação e a desvia da multiplicidade das coisas externas, concentrando-a primeiro em si mesma, para então, uma vez obtida aquela uniformidade, uni-la às potestades (anjos), tornadas uniformes, e assim encaminhá-la ao belo e ao bem que é superior a toda essência, uno e idêntico, sem começo e sem fim. A alma se move em forma helicoidal quando, conforme a sua natureza, é iluminada pelos conhecimentos divinos, não de modo espiritual e unitivo, mas pelo raciocínio discursivo e como que por atividades mistas e alternantes (no objeto). O movimento retilíneo, enfim, é próprio da alma que não se reconcentra em si mesma, nem se move numa espiritualidade peculiar (tal movimento, como vimos, é o circular), mas progride no seu próprio ambiente e, a partir das coisas externas, como de outros tantos símbolos, múltiplos e diversificados, se alça aos conceitos simples e unitários (BOEHNER; GILSON, 2004, p. 123-124).

A partir desse momento, a alma, juntando-se ao movimento dos espíritos celestes, passaria a participar de Deus.

O mesmo desprendimento, experimentado a partir da presença de Dante e Beatriz no Céu do Sol, é representativo da vida dos mendicantes nas figuras de seus mais eminentes teólogos - Tomás de Aquino e Boaventura: Francisco despoja-se de sua vida assim como de seu manto. A representação devocional do despojamento viria a consagrar, definitivamente, uma espiritualidade essencialmente franciscana, que seria transmitida ao longo dos séculos a despeito das bases teológicas e jurídicas estabelecidas pelo próprio movimento.

Considerações Finais

A Ordem Franciscana supôs, desde o princípio, um *ethos* que, embora radicado na tradição reformista da Idade Média Central, pretendeu-se inovador ao estabelecer a pobreza como o conceito mais fundamental do cristianismo e sua prática como a forma mais elevada no exercício da *imitatio Christi* – a via por excelência para a perfeição evangélica. Esta encontrou ressonância nos espíritos modernos, desejosos de reformar o homem, porém refratários às práticas extorsivas verificadas na Cúria romana.

A literatura a respeito da Ordem e da Igreja contribuiria, ainda na Idade Média, para consolidar uma forma de imitação radicada na vida de Cristo – a partir da suposição de sua pobreza absoluta, pilar da Regra franciscana. Com o advento do capitalismo e a aceleração do consumo de bens materiais, o *ethos* franciscano passaria a coadunar-se inequivocamente ao ideal cristão de *reformatio*, no sentido da busca, no interior de si mesmo, pelo homem novo da tradição paulina.

A busca pelo homem novo, enquanto ideal cristão, permanece, em sua acepção mais geral, idêntica àquela que inspirava os cristãos do mundo mediterrâneo à época do registro paulino. E a prática franciscana segue sendo aquela que mais se aproxima de uma ideia difusa de perfeição evangélica. Assim é para a Igreja do século XXI – aquela que deve almejar ser pobre e para os pobres, conforme o ideal franciscano do pontífice Francisco.

Fontes

ALIGHIERI, Dante. *A divina comédia:* paraíso. Trad. e notas Ítalo Eugênio Mauro. São Paulo: Ed. 34, 1998.

GUILHERME DE OCKHAM. *Brevilóquio sobre o principado tirânico*; trad. Luís A. De Boni. Petrópolis: Vozes, 1988.

UBERTINO DE CASALE. *Arbor vitae crucifixae Jesu*, Ed. C. T. Davis. Torino, 1961.

Referências Bibliográficas

BÍBLIA DE JERUSALÉM. Dir. École Biblique de Jérusalem. São Paulo: Paulus, 2003.

BOEHNER, Ph.; GILSON, E. *História da Filosofia Cristã*. Trad. Raimundo Vier. Petrópolis: Vozes, 2004.

BROWN, P. A nova antropologia; A Igreja In: VEYNE, Paul (Org.). *História da Vida Privada, vol. 1*. Do Império Romano ao Ano Mil; trad. Hildegard Feist. São Paulo: Cia das Letras, 1989.

DUBY, G. *São Bernardo e a arte cisterciense*. Trad. Roberto Leal Ferreira/Eduardo Brandão. São Paulo: Martins Fontes, 1990.

ENGLEBERT, O. *Vie de Saint François d'Assise*. Paris: Albin Michel, 1982.

FALBEL N. *Os Espirituais Franciscanos*. São Paulo: Perspectiva: FAPESP: EDUSP, 1995.

GOBRY, I. *St. François d'Assise et l'esprit franciscain*. Paris: Seuil, 1957.

MAGALHÃES, A. P. T. Contribuição à questão da pobreza presente na obra *Arbor vitae crucifixae Iesu*, de Ubertino de Casale. Tese de Doutorado. São Paulo: Universidade de São Paulo, 2003.

PACAUT, M. *Les ordres monastiques et religieux au Moyen Âge*. Tours: Nathan, 1993.

Relações entre Inocêncio III e mestres e alunos em Paris entre 1200 e 1215. Uma análise por meio do *Chartularium Parisiensi*

Terezinha Oliveira[1]

Introdução

Analisar a relação de poder entre o Papa Inocêncio III (1160/1661-1216), cujo pontificado abarca o período de 1198 a 1216, e mestres e alunos de Paris no início do século XIII é tratar da própria origem da Universidade. Ainda que sua institucionalização, em termos históricos, tenha ocorrido em 1215 com o estatuto de Roberto de Courçon, seu primeiro registro, que marca os regulamentos iniciais e sua organização, verifica-se em 1200, por ocasião da promulgação do Diploma do rei Felipe Augusto (1165-1223), criando-se a Universidade. A partir dessa data podemos, em termos de registros históricos, acompanhar a história desta instituição de ensino que se conserva até nossos dias. Nosso objetivo central neste texto é mostrar que, nessa época, o ensino na Universidade 'dependia' diretamente do poder político do papa e do rei.

É preciso alertar que, nos seus primórdios, a Universidade era considerada uma 'Casa', a qual alunos e mestres habitavam em comum. Nela, todas as atividades cotidianas de manutenção da vida

1 Professora Doutora do Departamento de Fundamentos da Educação e do Programa de Pós-Graduação em Educação da Universidade Estadual de Maringá – UEM. Bolsista de Produtividade em Pesquisa do CNPq - Nível 1C.

material e de desenvolvimento do conhecimento eram efetivadas por todos, em consonância, evidentemente, com as funções que, respectivamente, cada um de seus membros exercia.

Acreditamos que a temática concernente às origens desta entidade e a suas relações com os poderes papal e real nos possibilita examinar um dos pontos mais debatidos da Universidade, na atualidade, particularmente as instituições públicas, uma vez que há hoje um intenso debate político e econômico acerca da autonomia universitária. Certamente, não podemos ignorar a enorme diferença de situação entre a Universidade do século XIII e a do século XXI. Todavia, uma reflexão sobre a estreita aproximação existente entre essa instituição e o poder político – leia-se, os governantes – nos permite a retomada do processo na sua origem.

Faremos essa recuperação por meio de um conjunto de Cartas de Inocêncio III dirigidas aos mestres e alunos da Universidade entre os anos de 1220 e 1215. Elas se encontram no *Chartularium Universitatis Parisiensi*, organizado e editado por Henri Denifle (1964). Observamos ainda que nosso texto está organizado em dois momentos. No primeiro, consideraremos as cartas direcionadas a regular a vida dos mestres, e no segundo, missivas que tratam de organizar as ações dos acadêmicos.

Ainda à guisa de esclarecimentos, salientamos que não adentraremos no debate acerca da influência da Igreja nas relações sociais, tampouco na ingerência dela sobre o poder laico no início do século XIII. Consideramos que essa abordagem daria ao texto outro caráter, e nosso objetivo é analisar as questões tratadas especificamente nas cartas. A respeito dessas reflexões, indicamos a leitura do artigo *Poder e Escolástica no Ocidente Medieval* (OLIVEIRA, 2010).

Relações do Papa com os mestres

A primeira Carta[2] que elegemos é também uma das primeiras do *Chartularium* ..., a de número cinco, na qual o papa Inocêncio III define o número de mestres que podem ocupar a função de professor de Teologia. Ela se intitula *'Inocêncio III, por meio de carta dirigida a Odone, bispo de Paris, reduz a oito o número dos mestres de teologia em Paris'*.

> O bispo Inocêncio, servo dos servos de Deus, ao venerável irmão, bispo de Paris, a saúde e a bênção apostólica. Como deve ser feito, cremos que, junto da cidade de Paris, junto da qual cabe especial redução de teólogos a favor da disciplina da sagrada página, exista abundância de mestres que distribuam o pão aos pequenos que o pedem e saciem a alma dos sedentos com o alimento da palavra de Deus: assim, também é conveniente que seja contida numerosidade dos mesmos, para que talvez por causa de uma multidão onerosa, que nada tem de honesto, ou avilte o ofício da categoria, ou seja, formada com menos organização, quando Deus fez tudo com número, peso e medida. Por isso, prudentemente conduzidos por esta consideração, com autoridade proibimos firmemente que em Paris o número dos mestres de teologia ultrapasse a oito, a não ser que ocasionalmente grande necessidade ou utilidade o exija. Portanto, de modo absoluto a nenhum dos homens seja permitido desobede-

2 Sobre as datas em que as Cartas foram escritas, é preciso considerar a partir de quando Inocêncio III tornou-se papa: 1198; assim, a Carta de nº 5 foi escrita em 1208.

> cer a esta página de nossa proibição ou diminuí-la com temerária ousadia. Se alguém, porém, ousar realizar isso, saiba que atrairá para si a indignação de Deus todo-poderoso e dos apóstolos Pedro e Paulo. Dado em Sútrio (Etrúria), aos dias dezoito de dezembro, no décimo ano de nosso pontificado (*Chartularium* ... v. I, Carta nº. 5, p. 65).

O primeiro aspecto que julgamos relevante na missiva é o 'problema' que ele suscita acerca do número elevado de mestres de Teologia. Do seu ponto de vista, há muitas pessoas dispostas a alimentar o espírito das pessoas, mas ele tem dúvidas se todas estão preparadas. Na verdade, entendemos que o problema, segundo Inocêncio III, incidiria na formação desses mestres, mas para nós pode também ser visto da perspectiva da própria corporação. Afinal, a situação de muitos mestres para poucos alunos causaria uma grande confusão diante da recém-criada Universidade, pois eles seriam em demasia quando o número de alunos não o era.

O segundo ponto que julgamos relevante observar na Carta é a forma aparentemente autoritária com que o Papa se dirige aos mestres, pois ele proíbe terminantemente que haja na 'Casa' mais do que oito mestres de Teologia. Em um primeiro momento poderíamos considerar que Inocêncio III faz uso de sua autoridade e pratica uma ingerência na Universidade ao se imiscuir nas questões administrativas e internas. Todavia, precisamos examinar o fato no seu tempo. A Universidade tinha sido criada há oito anos e necessitava de 'Ordo' para se manter e se desenvolver. Logo, precisava de um governo que legislasse sobre as suas condições de existência, e o Papa, por seu turno e nesse momento, era o poder político da cristandade latina. Portanto, sua suposta ingerência na instituição para definir o número de mestres era condição para a existência desta, já que ela ainda estava se estruturando e seguia os moldes de uma corporação de ofício.

Evidentemente que ao final da Carta o discurso do Papa expressa seu instrumento de poder: sua relação direta com Deus. Obedecer a sua proibição era, não somente atender à vontade pessoal do Papa, mas a de Deus. Aqui ele se investe de um poder que começou a se consolidar com a Reforma Gregoriana, no século XI, e que estava sendo questionado pela sociedade e pelo rei Felipe Augusto (1165-1223).[3]

A segunda Carta traz a mensagem de Inocêncio III proibindo o estudo das ciências seculares às pessoas da Igreja, leia-se, o ensino da filosofia antiga. Trata-se da Carta de nº 19 '*Determinações do Concílio provincial de Paris celebrado sobre os estudos, sob o legado da Sé apostólica, o mestre Roberto de Courçon*'.

> (I, 23) Determinamos que a ninguém que tenha o cuidado paroquial seja permitido aprender as ciências seculares das quais nada possa aproveitar para a salvação do seus súbditos (fiéis). E mais ainda: se tiver obtido do seu bispo a licença para ir às escolas, nada procure aprender a não ser a verdadeira palavra ou a sagrada página para informação de seus paroquianos se, na verdade, de todas as suas escolas trouxer as folhas secas da ciência secular [...] segundo o evangelho, seja rejeitado como um insensato e seja desprezado por todos (*Chartularium* ..., v. I, Carta 19, p. 77-78, trad. livre).

3 As disputas entre Inocêncio III e o rei Felipe Augusto ficaram consagradas pelo clássico Domingo de Bouvines, de George Duby.

O Papa indica o que deve ser aprendido e rechaça o ensino de outro conteúdo que não sejam os Escritos Sagrados. As palavras de Inocêncio III explicitam que ele aceita a Universidade, mas ao mesmo tempo pretende que o que for ensinado nela esteja sob seu controle. Evidencia também que as ciências da natureza, a filosofia aristotélica, são saberes que não devem fazer parte do conteúdo a ser aprendido por um homem da religião.

> (II, 19) Como alguns dos regulares, conforme utilizamos das palavras do Concílio de Latrão, sob a preocupação de velar pelos corpos dos irmãos debilitados e de tratar os negócios eclesiásticos mais dignamente, não temam sair dos seus conventos para se valer das leis seculares que devem ser lidas e devem ser ponderadas, pelo que se julgam prover aos outros pelas coisas exteriores: aderidos aos caminhos do mesmo Concílio determinamos que, se não retornarem para o convento dentro do prazo de dois meses, não obstante a licença concedida pelo seu abade, a qual ele não pode dar, sejam excomungados e evitados por todos e não sejam ouvidos em nenhuma causa, se quiserem oferecer patrocínio (*Chartularium* ..., v. I, Carta 19, p. 77-78, trad. livre).

Nesse passo da Carta consideramos que o Papa possa já estar se referindo aos Pregadores dominicanos, uma vez que a Ordem fora criada em 1209, e suas principais características eram a pregação e o estudo (PIEPER, 1973). Assim, Inocêncio III estaria buscando dirigir as ações destes 'novos' religiosos para que não se distanciassem da vida religiosa; daí definir o limite máximo de afastamento em dois meses.

> (III, 20) Proibimos também que alguém, depois que entra no convento por motivo de religião, saia por motivo de ir à escola, mas, se quiser, aprenda no convento. E aqueles que já estão nas escolas, retornem dentro do prazo de dois meses (*Chartularium* ..., v. I, Carta 19, p. 77-78, trad. livre).

Observamos que na mesma Carta o Papa faz uma distinção entre os religiosos que se dedicam à vida religiosa e aqueles seguidores da Regra. Aos primeiros, ele proíbe que se distanciem do convento para estudar, e aos segundos, permite ausências prolongadas, como vimos anteriormente. Essa diferença de tratamento entre os regulares e os religiosos ocorre ao longo de todo o século XIII, sendo em geral comum a todos os papas, particularmente no que diz respeito aos estudos na Universidade.

Ações do Papa sobre a vida dos alunos

A leitura das Cartas destinadas a regular a vida dos estudantes evidencia a preocupação do Papa em salvaguardar os direitos dos alunos e de suas vidas. Assim, elegemos duas Cartas que cuidam da moradia dos alunos, particularmente dos que são pobres, e uma terceira, que concede aos estudantes o direito de se defender. Os dois temas são bastante pertinentes, a nosso ver, para a construção da memória da Universidade. Em primeiro lugar, observamos que nos primeiros dois séculos de existência os principais alunos da Universidade ou eram pobres ou filhos de artesãos e comerciantes, portanto, burgueses (VERGER, 1990; CHARLES, 1994; LE GOFF, 2003), que buscavam os conhecimentos necessários às suas atividades. Em segundo, é preciso observar que os estudantes da Universidade estavam sempre em conflito com a população local. Eram muito comuns os conflitos nas tabernas e nas cidades, já que a maioria deles era 'estrangeira' em relação à cidade.[4] Também aconteciam atritos no interior da própria 'Casa' entre os mestres e os estudantes.

A Carta de nº. 14 mostra o conflito entre os estudantes e o chanceler de Paris, este, a pessoa encarregada de zelar por eles. Ela se intitula '*Inocêncio III, para o bispo Herveo, para o decano e arquidiácono Trecen, para que, por censura eclesiástica, reprimam a João, chanceler de Paris, a não ser que ele tenha retornado com ânimo melhor para com os alunos*'.

> O bispo Inocêncio, servo dos servos de Deus, ao venerável irmão... bispo, e aos diletos filhos... decano e... arquidiácono Trecen, saúde e a bênção apostólica. Estamos não pouco admirados e nos inquietamos porque, conforme deduzimos da queixa dos diletos filhos alunos de Paris, dos que querem dirigir as escolas, os quais também o consenso sua chanceler de Paris quer extorquir o juramento de fidelidade ou obediência e ainda, de tempo em tempo, o preço do dinheiro, encarcerando de própria iniciativa os delinquentes, onde também não se presume, o que, pela enormidade do delito, devam declinar o exame do juiz da fuga do presídio, e ainda exigindo dos mesmos dinheiro (como exija reivindicar o excesso para uso pessoal e não para as faculdades), converteu a mesma para uso próprio, a fim de que se veja a exercer vingança da cobiça com

4 Acerca dos estudantes serem estrangeiros na Universidade de Paris, recomenda-se a análise de Verger (1990), em sua *História da Universidade na Idade Média*, quando trata das quatro nações para analisar as origens geográficas dos estudantes parisienses no século XIII.

> ardor maior que com o zelo do juiz (*Chartularium* ... v. I, Carta, 14, p. 73-74, trad. livre).

O teor da Carta é bastante peculiar, a nosso ver, pois o Papa dirige-se ao bispo de Paris para que ele puna o chanceler de Paris que estaria usando de forma indevida sua autoridade sobre os estudantes. Essa questão é importante, pois a Carta revela que o Chanceler, pessoa que deveria zelar pelo bom funcionamento da 'Casa', estava cometendo atos injustos contra os estudantes. Dentre esses atos, estaria aprisionando os alunos e cobrando deles multas em dinheiro por possíveis infrações.[5] E mais, pelo discurso do Papa percebe-se que o chanceler ainda estava desviando dinheiro da casa para atender a seus interesses particulares. Exatamente por isso o Papa afirma que o chanceler estava quebrando o juramento de fidelidade e obediência. Não podemos nos esquecer de que essas duas 'virtudes' eram fundamentais para o bom funcionamento da 'ordo' na sociedade cristã medieval. Logo, o chanceler, ao cometer injustiças contra os estudantes e lesar financeiramente a 'Casa', estava agindo contra os princípios essenciais da sociedade na qual a Universidade estava se constituindo, a feudal.

5 Não sabemos ao certo quais eram os valores destas multas em dinheiro e em quais circunstâncias se poderia fazer a cobrança. Se considerarmos o Estatuto de Sorbonne editado em 1274, portanto, muitos anos depois desta Carta, as multas eram aplicadas quando os estudantes não respeitavam as regras da 'Casa', quando não usavam o emblema ou quando não entregavam ou mesmo estragavam os livros da Biblioteca. De qualquer modo, pelo Estatuto, os valores das multas eram sempre revertidos para a 'Casa'. Ver OLIVEIRA, T. Memória e História da Educação medieval: uma análise Autentica Habita e do Estatuto de Sorbonne. *Avaliação*, Campinas; Sorocaba, SP, v. 14, n.3, p. 683-698, nov. 2009.

> Portanto, como no tempo em que ocupamos o colégio de Paris com o estudo das letras, nunca vimos os alunos serem tratados assim, entregamos ao mesmo chanceler nossas letras como preceitos, para que assim, desta maneira, corrija por si mesmo, que façamos o menos possível para que ele seja compelido a isso por outro. Por isso, na vossa discrição ordenamos por apostólica escrita, de tal modo que, se o dito chanceler deixar de cumprir a nossa ordem, vos o afasteis da tal presunção com a supressão do obstáculo da apelação pela censura eclesiástica. Que se não puderdes levar todos a execução destas ordens, tu, irmão bispo, no entanto as executarás com outro deles. Dado em Latrão, no dia 13 de fevereiro, no 24º ano de nosso pontificado (*Chartularium* ..., v. I, Carta 14, p. 73-74, trad. livre).

Pela primeira parte da Carta, depreendemos que o Papa ordena ao bispo de Paris que zele para que os interesses dos alunos na casa sejam protegidos e defendidos das ações de homens da própria Igreja, e se estes não acatassem as ordenações do Papa seria necessário o afastamento, com punição, do chanceler. Isso revela a preocupação de Inocêncio III em proteger os alunos e a Universidade.

É importante salientar outra passagem da Carta em que Inocêncio III destaca que na época em que esteve no 'Colégio de Paris' esses desmandos não existiam. Assim, ele revela que estudou em Paris e, ao mesmo tempo, evidencia um aspecto da Universidade, que para nós é importante no que diz respeito à recuperação de sua memória. Pela indicação de que a 'casa' era antes um Colégio – os registros históricos evidenciam isso – podemos retomar as formulações de Verger (1990) e Rüegg (1996) acerca das três possíveis origens das universidades na Idade

Média – por sucessão, criação e espontâneas. Na medida em que a Universidade de Paris era antes um colégio, ela se inseriria no modelo das Universidades fundadas por sucessão, ou seja, já existiam como colégio ou *studium*.

A segunda Carta que trazemos para o debate sobre as ingerências do Papa na Universidade em relação aos alunos é a de nº. 10, que diz respeito à autorização de benefícios para alunos pobres. O título da Carta é '*Inocêncio III ordena a Pedro, bispo de Paris, que conceda ao provedor Thomas e aos religiosos da casa dos alunos pobres de São Thomas de Lupara, Paris, licença para construir capela, e também abençoe o cemitério para eles, salvo o direito paroquial*'.

> Inocêncio, bispo, servo dos servos de Deus, ao venerável irmão bispo de Paris saúde e bênção apostólica. Foi-nos pedido por parte dos diletos filhos de Thomas Provedor e dos irmãos religiosos da casa dos alunos pobres de São Thomas mártir de Paris que, como lhe tinha sido concedido pelo papa Urbano, de boa memória nosso predecessor, que se lhes conceda bênção de cemitério para eles pelo bispo diocesano, sobre isto dignaremos escre ver-lhe que, no entanto, seja concedido o poder de construírem a capela para si. Nós, portanto, como és diocesano do lugar, ordenamos querendo prescrever-te por carta apostólica, que segundo a concessão do nosso memorado predecessor abençoes do mesmo modo o cemitério para eles e, salvo o direito paroquial, concedas a eles a licença para construir a capela, sobre o que, se for movida alguma disputa e chamados os que devem ser convocados, decidas mediante justiça isenta a apelação deles; (nós, na verdade) executaremos o que, por censura

> eclesiástica, decretares seja observado firmemente. Dado em Latrão, no dia 2 de fevereiro,no décimo segundo ano de nosso pontificado (*Chartularium* .... v. I, Carta 10, p. 69-70, trad. nossa).

Ao assegurar o direito de 'bênção de cemitério' aos alunos pobres e, ao mesmo tempo, o direito de construir capela, o Papa possibilitava que os alunos tivessem recursos monetários para se manterem como estudantes, pois poderiam receber as doações dos fiéis para todos os ofícios a serem celebrados na capela – batismo, missas, confissões –, bem como receber os legados dos mortos, já que tinham a autorização do Papa para zelar por eles. Mais uma vez, observamos a preocupação de Inocêncio III em assegurar a vida material dos alunos em Paris.

Inocêncio III não protegeu os alunos somente no que diz respeito ao aspecto material e financeiro, mas preocupou-se também com as questões jurídicas que pudessem envolver esses personagens. A Carta de nº. 24 explicita essa preocupação, quando ele autoriza que possam ter e contratar defensores para proteger seus interesses. A Carta se intitula '*Inocêncio III concede aos alunos de Paris que podem constituir procurador para promover ação e defender*'.

> Para os alunos de Paris. Porque nas causas que se movem contra vós e a vosso favor, muitas vezes a vossa Universidade não pode intervir sem inconveniente para promover ação e defender, solicitastes a nós que vos déssemos permissão de instituir procurador sobre isso. Portanto, embora seja lícito que possais fazer isso por direito comum, contudo concedemos a vós a competência para instituir procurador sobre essas situações com a autoridade dos presentes (*Chartularium* ..., v. I, Carta 24, p. 82-83).

A concessão de buscar um defensor fora dos muros da Universidade assegura aos alunos um 'direito' bastante original. É preciso lembrar que a sociedade medieval era fortemente hierarquizada e que os homens estabeleciam entre si relações de estreita dependência. Elas ocorriam em todos os níveis e esferas das relações sociais. Ainda que comumente pensemos, sobretudo, na relação de dependência entre os senhores e os servos para o universo do campo e de senhores e burgueses, mestres e aprendizes para as relações citadinas, por todos os ângulos de que se observar, os vínculos de dependência eram evidentes. Os senhores dependiam de seus suseranos; os vassalos, de seus senhores; o rei, dos seus cavaleiros; o papa, ainda que constituísse autoridade maior, dependia dos senhores feudais, de todo o seu clero e do povo. Essa relação de dependência quando se referia a segmentos sociais de menor poder político e econômico significava, em relação ao campo, um estado de servidão, e nas cidades, um estado de liberdade, mas de profunda submissão.

Assim, a autorização para que os alunos buscassem a seu talante caminhos 'jurídicos' para defender seus interesses representava uma grande conquista de liberdade e de autonomia, pois os retirava da chancela direta do chanceler da 'Casa' e do bispo de Paris. Evidentemente, as razões pelas quais o Papa permite essa autorização estão associadas à redução de custos para a manutenção da 'Casa'. Contudo, ao permitir isso assegurou ao segmento da Universidade uma liberdade que as demais pessoas, em condições econômicas e políticas similares, não detinham. Essa medida abriu, certamente, caminhos distintos para o ambiente universitário e foi uma das razões pelas quais a Universidade galgou espaços de liberdade e de autonomia que outras instituições da sociedade ocidental, no início do século XIII, não usufruíam.

Essa liberdade que Inocêncio III possibilitou aos alunos não foi irrestrita. Ainda que a julguemos fundamental no que diz respeito às relações da comunidade universitária com os demais segmentos da sociedade, o Papa teve o cuidado de manter o 'controle' sobre as ações dos alunos em relação às pessoas da 'Casa', com particular atenção aos clérigos. Esse posicionamento é explicitado na Carta de nº. 15 – anterior à da autonomia para buscar defensores próprios – quando Inocêncio autoriza que as infrações dos alunos contra clérigos sejam punidas pelo próprio religioso da 'Casa'. O título da Carta é '*Inocêncio III para João, abade de São Vitor de Paris, para que não presuma absolver os alunos de Paris que em outro lugar que Paris tiverem usado violência com as mãos contra clérigos*'.

> Segundo recebemos recentemente pelas tuas cartas, como outrora foi suplicado humildemente a nós por parte dos diletos filhos alunos de Paris, como algumas vezes alguns deles, por causa de mútua violência com as mãos, incidam no cânon da sentença promulgada, por causa da qual não podem se dirigir à Se apostólica sem grave dispêndio e principalmente sem detrimento do estudo escolástico, sobre isso nos dignaremos misericordiosamente providenciar para os mesmos: nós te entregamos ordens a fim de que, quando fores reclamado pelos tais, fortificado com nossa autoridade conforme a forma da absolvição eclesiástica, lhes apliques as mãos e imponhas aos mesmos o que nestas circunstâncias costuma ser imposto, a não ser talvez que o excesso tenha sido tão grave e enorme, que merecidamente devessem diligenciar isso junto da Sé apostólica.

A autorização do Papa é explícita: o Abade, o bispo ou chanceler podem, eles próprios, punir os alunos que cometerem violência com 'as mãos', ou seja, se envolverem em disputas e brigas que resultassem em graves ferimentos ou mesmo em morte, situação, diga-se de passagem, usual para o tempo e para a cidade de Paris no século XIII. Inocêncio III enfatiza que só podem ser enviados à Sé infrações muito graves. Assim, se pouparia ao Papa envolver-se em questões menores.

> Tu, na verdade, com o conselho de alguns que concordaram os benefícios dos príncipes que teriam sido interpretados de forma latíssima, aos alunos de Paris que tinham incidido por isso no cânon em qualquer lugar usando temerariamente de violência com as mãos contra os clérigos, aplicaste o benefício de absolvição conforme a forma prescrita.

É importante destacar também que, para os casos de ações violentas que envolvessem os estudantes e o clero, o Papa concedia autorização ao religioso que zelava pela 'Casa' para chamar em seu auxílio a autoridade do príncipe. Observe-se aqui que, ao se isentar de julgar as infrações praticadas pelos estudantes de Paris, o próprio Papa delega poder à autoridade laica para que ela ocupe, junto com o religioso administrador da 'Casa', uma função que antes era papal. Conscientemente ou não, o Papa estava fortalecendo o poder do príncipe, ao menos no que se referia às questões da Universidade.

> Nós, portanto, tendo ouvido essas coisas, não pudemos não nos admirar de tua prudência, pois inclinaste o teu espírito para assim entender as nossas cartas, porque nas mesmas cartas não está dito *terão incidido*, mas *incidam* no cânon da sentença promulgada: que isso se entenda somente daqueles alunos que, existindo em Paris, cometem desta ma-

> neira o excesso. Em consequência, com a autoridade dos presentes ordenamos a ti que, de modo algum, presumas absolver aqueles alunos de algo mais, os quais em qualquer outro lugar quanto em Paris delinquiram de tal maneira, sabendo eles que não se podiam ter como absolvidos, cujos delinquentes absolvestes em outro lugar quanto em Paris, pois sobre tais coisas não terias recebido poder algum. Dado em Latrão, no dia 10 de fevereiro, no décimo quarto ano de nosso pontificado (*Chartularium*...., v. I, Carta de nº. 15, p. 74, trad. nossa).

A parte final da Carta é, a um só tempo, um elogio ao Abade a quem fora dirigida como uma solicitação para que os alunos da 'Casa' de Paris recebessem as mesmas punições que os alunos dos demais lugares e instituições. O Papa ordena que os alunos não tenham nenhum privilégio em relação ao seu próprio grupo. Mais: pede ao Abade que todos aqueles que cometessem delinquência fossem, portanto, punidos. Também julgamos importante esta Carta para compreender as maneiras pelas quais o Papa dirimiu os conflitos existentes entre os estudantes, seja em relação àqueles que envolviam pessoas da comunidade universitária, seja em relação àqueles que envolviam pessoas da comunidade externa à 'Casa'. Do nosso ponto de vista, ela revela a preocupação de Inocêncio III de punir os alunos infratores e, ao mesmo tempo, encontrar meios de estabelecer a paz entre os alunos, a comunidade religiosa e a sociedade laica, enfim, uma preocupação em conservar a Ordo na cidade de Paris.

Considerações Finais

Procuramos, neste texto, ao analisar as relações entre alunos e mestres de Paris durante o período que vai de 1200 a 1215, evidenciar a estreita dependência que existia entre eles e a autoridade papal. Buscamos destacar que não existia na 'Casa', no início do século XIII, possibilidade alguma de autonomia em relação ao poder do governante, já que a dependência era completa, fosse ela quanto às questões financeiras, fosse quanto à dinâmica da vida cotidiana e ao conteúdo a ser ensinado. Todavia, da parte do Papa, o que se depreende é uma preocupação com a organização e a sistematização da vida da 'Casa'. Por isso procurou proteger os alunos, especialmente os pobres, definir o número de mestres que deveriam ensinar Teologia, dentre outros aspectos que analisamos no texto. Evidentemente que a relação de dependência das pessoas da Universidade ao Papa proporcionou que este usasse de sua autoridade para gerir e ordenar a vida dos escolares, mas essa era, historicamente, a única condição para que a recém-criada instituição principiasse a dar seus primeiros passos.

Referências Bibliográficas

CHARLE, Ch. *Histoire des universités.* Paris: P.U.F., 1994.

CHARTULARIUM UNIVERSITATIS PARISIENSIS. Henricus. Denifle (Org.). Bruxelles: Culture et Civilisation, 1964. 2 t.

DUBY, G. *O Domingo de Bouvines*. São Paulo: Paz e Terra, 1993.

LE GOFF, J. *Os intelectuais medievais.* Rio de Janeiro: José Olympio, 2003.

OLIVEIRA, T. Memória e História da Educação medieval: uma análise Autentica Habita e do Estatuto de Sorbonne. *Avaliação*, Campinas; Sorocaba, SP, v. 14, n.3, p. 683-698, nov. 2009.

OLIVEIRA, T. Poder e Escolástica no Ocidente Medieval. *Dimensões*, v. 25, p. 266-285, 2010.

PIEPER, J. *Filosofía Medieval y Mundo Moderno.* Madrid: Rialp, 1973.

VERGER, J. *A Universidade na Idade Média.* São Paulo: Unesp, 1990.

As mobilidades das facções nobiliárquicas no Reino Português na segunda metade do século XIV (1367-1383)

Fátima Regina Fernandes[1]

Introdução

A densa política internacional que envolve os reinos latinos durante a Guerra dos Cem Anos e o Cisma do Ocidente (1378-1422) manifesta o esgotamento de modelos políticos, econômicos e espirituais de âmbito universalista. A sociedade política que cerca os reis se transforma na medida em que a administração do reino cada vez mais centralizada define e refina os papéis daqueles que servem ao monarca. A regeneração nobiliárquica e a centralização régia caminharão juntas neste contexto transformador dos fins do século XIV que inflete cada vez mais no sentido de políticas e modelos particulares regionalizando o âmbito de projetos de identidade ao âmbito do reino.

As resistências a este movimento se fariam sentir seja da parte dos estratos privilegiados seja dos municípios, e alguns sintomas nos apontam que alguns reis tentariam resgatar valores mais conservadores da época da Reconquista tais como a prioridade do critério de legitimidade sanguínea como valor primordial, a

1 Professora Doutora do Departamento de História e do Programa de Pós-Graduação em História da Universidade Federal do Paraná – UFPR. Pesquisadora II do CNPq. Coordenadora de projeto Chamada Universal MCTI/CNPq 014/2013-16 e projeto DGU/CAPES com a Universitat de Lleida (Espanha)/ 2013. Coordenadora do Núcleo de Estudos Mediterrânicos (NEMED).

defesa de uma composição sócio-política pautada ainda pela *extraterritorialidade* da nobreza, a indiferença perante a fronteira física e, a reboque disto, o destino da hispanidade dos reinos peninsulares. Por sua vez, as chamadas bases populares, precoces na percepção e elaboração de uma identidade do reino de tonalidade naturalista frente ao outro castelhano, estrangeiro, manifestariam, por sua vez, desagrado e desconfiança frente a uma política régia que os obrigava por vezes a receber em seus castelos de fronteira alcaides oriundos de outros reinos. Tensões que se estenderiam a vários campos, afinal, também as normas, leis gerais e os agentes da administração régia atingiriam de chofre os costumes e usos consuetudinários locais e regionais dos povos que se viam obrigados a incorporar formulações sistematizadoras do Direito à luz do *Utrumque Ius*, oriundas da administração central régia e, portanto, também estranhas às tradições locais. Um contexto transformador e instável, em que modelos de várias tonalidades conviviam lado a lado, apontando em direções diversas e movendo a História multifacetada destes homens reais no sentido de alguns encontros e alianças e, por vezes, em rotas de colisão.

Assim, compreendendo a forte dinâmica de ação e reação das forças sócio-políticas que dão as cartas do jogo nesta sociedade medieval, entendemos que, ao tratar do fenômeno dos exílios e exilados na medievalidade, por vezes a historiografia o tem feito de forma casuística. Usurpações e deposições aparecem como decorrências naturais de uma política personalista de poder cujos vínculos vassálicos, dispondo de uma lógica e critérios próprios de adesão ou rompimento, explicariam em si o movimento de grupos de um reino a outro a partir de motivações particulares a cada caso. Se considerarmos as transformações destes séculos tardo-medievais no âmbito das relações régio-nobiliárquicas acima apontadas, podemos analisar estes exílios como reflexos de transformações estruturais de um contexto maior e mais complexo e chegaremos a uma revisão de políticas régias rotuladas pejorativamente a serviço de projetos ideológicos posteriores.

Contextualização do problema

O reinado de Fernando I de Portugal, por exemplo, é apresentado por Fernão Lopes em seu conjunto cronístico abonador da legitimidade providencialista de Avis como um rei bem-intencionado, mas manipulado por conta de suas paixões e maus aconselhamentos. Instável, inconstante, acolhedor de nobres estrangeiros, enfim, um rei incapaz de se definir ou dominar seus instintos e desejos pessoais em detrimento do bem comum do reino. Uma imagem de rei que foge aos princípios preconizados por qualquer *Speculum Regum,* um monarca que passaria longe do modelo régio ideal de Fernão Lopes - Duarte, o rei Filósofo, filho do predestinado e apto a reinar dignamente em Portugal neste alvorecer da modernidade.

Compreendida a intenção da construção lopeana, podemos nos voltar à análise das estruturas sócio-políticas do reino à época de Fernando e tentar identificar e compreender suas opções políticas internas com ecos a nível internacional, inclusive o acolhimento e afastamento em relação a facções nobiliárquicas em razão de seus próprios projetos, suas escolhas ativas e conscientes antenadas com uma política que possivelmente já não se poderia sustentar, mas que passava longe da vitimização a que foi exposto constantemente pela historiografia. Um reinado pautado em seu início, meio e fim por movimentações de facções nobiliárquicas que chegam e partem do reino português e cujo sentido deve ser buscado na natureza dos argumentos e meios de atração e afastamento promovidos pelo rei. Centramos este estudo nos dois primeiros trânsitos de entrada e saída de galegos e castelhanos do reino português e as duas guerras fernandinas contra os

Trastâmara castelhanos. Em abono da profundidade e clareza de análise vejamos, no entanto, um pouco antes qual era o panorama sócio-político castelhano gerador destes conflitos.

O rei Pedro I, o Cruel de Castela, lidou desde a infância com dura concorrência, em primeiro lugar, durante sua menoridade a projeção de João Afonso de Albuquerque, epígono que dispunha de um enorme potencial de atração dos outros nobres,[2] de tal forma que o jovem Pedro viu-se obrigado a confrontá-lo rechaçando Branca de Bourbon e mandando eliminar em 1354 seu antagonista. Tal era a força do Albuquerque que mesmo em seu ataúde ainda era levado por seus apaniguados pelo reino mantendo em seu campo gravitacional Álvaro Peres de Castro e outros que, aos poucos, vão percebendo o esgotamento de sua causa. Em consequência, este último, bastardo dos Castros, seria relegado ao ostracismo em detrimento de seu meio-irmão e cabeça de linhagem, Fernando Peres de Castro, vassalo e cunhado do rei castelhano.[3]

Outra fonte subsequente de concorrência a Pedro, o Cruel, seriam seus meios-irmãos, filhos de Leonor de Guzmán, assassinada em razão do amor que lhe devotou Afonso XI. Enrique Trastâmara lideraria uma força de oposição ao já rei Pedro e arrebanharia entre seus aliados os muitos insatisfeitos com a sanha do rei, cujo epíteto lhe fazia jus em vida. Diogo Lopes Pacheco, nobre servidor direto da Corte de Afonso IV de Portugal, caçado pelo Infante português pela morte de Inês de Castro, seria um de seus apoiantes. Em 1366, quando já reinava Pedro I em Portugal, o rei castelhano sentiria a hostilidade do então Infante Fernando

---

2 Apoiado pelos "Infantes de Aragão", Fernando e Juan, filhos de sua tia Leonor e Afonso IV de Aragão (GERBET, 1997, p. 153-9).

3 Pedro, o Cruel, em 1354 anula seu casamento com Branca de Bourbon e casa-se com Juana de Castro, irmã de Fernando de Castro.

quando vai ao reino português solicitar apoio contra Aragão e seu apoiante Trastâmara.[4] O filho de Constança Manuel, herdeiro do ramo da Casa régia castelhana dos Manuéis que conservara sua legitimidade intocável desde a usurpação de Sancho IV, de quem Pedro, o Cruel, descendia, intimidaria de tal forma seu primo que este pediria um salvo-conduto ao rei português para sair do reino em segurança *e esto fazia elle temendosse do Iffamte Dom Fernamdo de Purtugal, por seer sobrinho da molher del Rei Dom Hemrrique.*[5] Estava feita a opção pessoal do Infante Fernando: fazer valer as amplas potencialidades que seu avô lhe deixara e honrar sua vinculação familiar direta aos Manuéis em detrimento de uma aliança com os descendentes de Sancho IV, com quem seu pai o comprometera ao prometê-lo à filha natural mais velha de Pedro, o Cruel.

Pedro, o Cruel, percebe a opção de Fernando e busca a aproximação aos ramos secundogênitos dos Plantagenetas, à Casa de Lancaster e Cambridge, com quem casa novamente as filhas que teve com Maria de Padilla, opção estratégica da qual lhe advém a

---

4 Desde novembro de 1356, Enrique Trastâmara se tornara vassalo de Pedro IV de Aragão recebendo de seu senhor bens e hostes. Em tal condição, segundo Gerbet, Pedro IV reconhecia oficialmente em seu reino um partido castelhano anti-petrista, os chamados anricados (GERBET,1997, p. 156). Condição da mesma natureza, mas de signo contrário, assumiriam 13 anos depois os emperegilados ou petristas em Portugal resistentes a Enrique Trastâmara e defensores dos direitos dos potenciais herdeiros do falecido Pedro, o Cruel, dentre eles, Fernando de Portugal e o Duque de Lancaster, conforme veremos.

5 Mesmo a comitiva escolhida para acompanhar o rei Pedro, o Cruel, até à fronteira com Castela teme o Infante Fernando que os mandara ameaçar, pelo que deixam o rei castelhano na Guarda apesar das propostas de pagamento extra se o levassem até a Galiza (LOPES, *Crónica de D. Pedro I* (*CDPI*), 1965, cap. 39, p. 180-1).

vitória de 1367 em Nájera, ano a partir do qual Fernando ascende ao trono português tecendo de *motu* próprio seus projetos de aliança política e usando até o infinito seu potencial matrimonial intacto à data de sua ascensão.

Disputas de legitimidade

Em 1369, a morte de Pedro, o Cruel, em Montiel, pelas mãos de Enrique Trastâmara, colocaria o rei Fernando numa situação de legitimidade inquestionável, neto de Juan Manuel, portanto, herdeiro da legitimidade dos Manuéis. Neto de Constança de Aragão, filha de Jaime II, além de único herdeiro legítimo de Pedro I de Portugal. Não teria um rival à altura em termos de disputa de legitimidade peninsular nem da parte de seu primo assassinado, que descendia do usurpador Sancho IV, muito menos de Enrique Trastâmara, bastardo e oriundo por via natural do mesmo ramo régio castelhano. O rei Afonso IV de Portugal provera bem seu neto Fernando de condições legítimas de reinar ao casar seu pai com uma descendente dos Manuéis, e a existência dos irmãos bastardos Castro em sua vida acirraria sua defesa de legitimidade sanguínea régia como política internacional durante parte de sua governação. Seria uma opção já um tanto anacrônica em sua época, mas como vimos seria em parte motivada pelos instrumentos de que lhe dotara seu avô Afonso IV e em parte pela necessidade de afirmação constante que lhe provocava a proximidade de seus meio-irmãos no reino.

Fernando de Castro,[6] que acompanhava seu cunhado Pedro, o Cruel, é preso em Montiel e acompanharia em cativeiro as campanhas henriquinas no Minho, até que em setembro de 1369, estan-

6 LOPES, *Crónica de D. Fernando (CDF)*, 1966, cap. 24, p. 73. A quem dedi-

do no cerco imposto a Guimarães, aproveita para fugir para dentro da cidade sitiada (LOPES, 1965, cap. 34, p. 93-4). Enquanto isso, os *emperegilados*, com apoio de Granada, lideram a resistência a Enrique Trastâmara, e importantes lugares da Galiza e Castela tomaram voz por Portugal, como Carmona.[7] Escrevem ao rei português oferecendo-lhe suas terras, e no caso de D. Fernando entrar no reino castelhano lhe fariam *preito e menagem* oferecendo-lhe suas vilas, convite que o rei português teria aceitado. Começaria a vinda de nobres galegos e castelhanos a Portugal – alguns "juntos em companhia", outros "per si com suas gentes" –, segundo Fernão Lopes, liderados pelo bispo de Ciudad Rodrigo e por Fernando de Castro.[8] Movimento parecido ao dos *anrica-*

---

cava uma extrema lealdade. Sabe-se de uma proposta feita por Henrique Trastâmara a Fernando de Castro, quando este defendia fortemente Lugo, de que se não fosse socorrido até dali a cinco meses por Pedro I de Castela poderia deixar o reino em paz entregando-lhe as fortalezas que por seu rei detinha. Proposta, como veremos pelo evoluir posterior dos acontecimentos, que foi recusada. (LOPES, *CDPI*, 1965, cap. 41, p. 188-9). Encontramos ainda outras referências a sua lealdade e a seu poderio militar, como na tomada de Monterei, quando leva consigo 90 escudeiros, os quais refletem, pela sua frequência e dimensão, ser Fernando de Castro um forte e perigoso opositor a Enrique Trastâmara (Id., ibid., cap.36, p.82-4 e passim). Fora feito Conde de Trastâmara, Lemos e Sarria, além de receber em morgado as terras que deveriam pertencer a Enrique Trastâmara (Id, ibid, cap. 40, p. 184).

7 Praça onde Pedro, o Cruel, concentrara sua riqueza, seus filhos e mesmo os remos de sua esquadra, cidade que possuía a torre chamada Estrela, onde, segundo a previsão do sábio mouro, ele seria morto. Tendo feito isto, aceita conversar com seu meio-irmão em Montiel, onde só muito tarde saberia da existência de torre homônima àquela da previsão sobre sua morte (LOPES, *CDF*, 1966, cap. 25, p. 75).

8 Inclusive seu meio-irmão Álvaro Pires de Castro que combatera Pedro, o Cruel, ao lado de João Afonso de Albuquerque, e ainda Alfonso Fernández

dos, castelhanos, Enrique Trastâmara dentre eles, vassalos do rei de Aragão desde 1356 que promoveram a causa henriquina desde o reino vizinho até pelo menos 1366. A diferença residia no fato de os *emperegilados* não disporem mais de um rei vivo para colocar no trono, transmitindo-se o direito a um terceiro, o rei português. Assim, a entrada voluntária dos *emperegilados* em Portugal convence Fernando da possibilidade de adesão ampliada de ainda outros lugares contra o Trastâmara, o que facilmente o tornaria rei de Castela ou "*da moor parte dela*", ou se assim não o quisesse poderia ainda fazer rei de Castela a um dos filhos de seu primo assassinado que estavam refugiados em Carmona.[9]

---

de Lacerda, filho natural de Juan Alfonso de Lacerda, neto, portanto, de Alfonso de Lacerda, cujos direitos sucessórios tinham sido usurpados pelo tio Sancho IV, o qual mais tarde retornaria a Castela após 1373 ainda que não tivesse sido expulso oficialmente e tenha sido investido junto ao Trastâmara (FERNANDES, 2003, p. 314; DIAZ MARTIN, 1987, p. 148-60; GARCIA TORAÑO, 1996, p. 214; LOPEZ DE AYALA, EVIII:11:53; *Portugaliae Monumenta Historica*. (PMH), *Livro do Deão*, 18F8; GERBET,1997, p. 124-9). Fernando de Castro receberia em Portugal doações régias em mero e misto império com jurisdição crime e cível demonstrando nem tanto na quantidade dos direitos, mas na forma da concessão, a consideração pela dignidade do beneficiário [ANTT/ Chancelaria de D. Fernando (ChancDF), l. I, f. 77v-78 (1371) e l. I, f. 101 e v (1372)].

9 Aos cuidados do Mestre de Calatrava, Martim Lopez de Córdoba com oitocentos cavaleiros, ginetes e balesteros castelhanos (LOPES, *CDF*, 1966, cap.35, p. 75-6; LOPEZ DE AYALA, *EIV* 1369, cap. VII, p. 285 e cap. IX, p. 293-4). Os apoiantes de Pedro, o Cruel, conforme relata Lopez de Ayala e Gerbet destaca, se concentravam nas periferias do reino castelhano, em zonas fronteiriças: Galiza, Andaluzia Ocidental (Sevilha, Carmona, Jaen, que tinha sido dado como reino vassalo a Alfonso de Lacerda, o deserdado e Úbeda), país Vasco e regiões fronteiriças dos reinos vizinhos de Navarra, Aragão, Valência e Múrcia (GERBET, 1997, p. 157). Vistos assim, os emperegilados em Portugal perdem um pouco de seu caráter extraordiná-

Segundo Fernão Lopes, o rei Fernando teria aceitado a causa dos *emperegilados* não por cobiçar o trono vizinho, mas para vingar seu primo Pedro, o Cruel, vilãmente usurpado, tendo inclusive encaminhado queixas de tal violência ao Papa.[10] Na verdade, o próprio cronista mais à frente admitiria que o rei português, no entanto, alegava seus direitos à herança dos reinos de Castela e Leon, pois era bisneto legítimo do rei D. Fernando IV de Castela,[11] ou seja, mesmo pelo ramo usurpador do direito dos Lacerda e de Afonso X, o rei português teria direito à sucessão do reino de Castela. Ao saber que alguns lugares da Galiza esperavam a sua presença para lhe darem voz, resolve finalmente passar a fronteira em junho de 1369 até La Coruña, que se entrega à sua fidelidade a partir de João Fernández Andeiro, o mais honrado homem do lugar (LOPES, *CDF*, 1966, cap. 30, p. 85-6). Em maio de 1369, a frota portuguesa aporta em San Lucar de Barrameda cercando a foz do Guadalquivir;[12] o rei português declarava suas intenções, alimentado pela esperança de conquistar ao menos uma parte de Castela e visando a ampliar seu território a partir do apoio mani-

---

rio, também eles acantonados fora do território castelhano, Carmona, por exemplo, dentro de Castela resistiria dois anos após a morte de Pedro a se entregar a Juana Manuel, mulher de Enrique Trastâmara. Os apoiantes da causa petrista que chegam em 1369 a Portugal viriam de Leon (Salamanca, Ciudad Rodrigo, Zamora), Galiza (La Coruña, Tuy, Parada), Extremadura (Cáceres), Castilla (Burgos, Castrojeriz), Andaluzia (Córdova) e Algeciras, além de alguns dispersos da Inglaterra. (FERNANDES, 2003, p. 267-318).

10 Por intermédio do bispo Martim Gil de Évora (LOPES, *CDF*, 1966, cap. 35, p. 76).

11 Neto da rainha Dona Beatriz, filha de D. Sancho IV.

12 Cerco que duraria 23 meses (LOPES, *CDF*, 1966, cap. 42, p. 109-111).

festo por parte da sociedade política castelhana petrista e amparado em seu direito de sucessão e legitimidade sanguínea.[13]

Os *emperegilados* lutam na Galiza, liderados por Fernando de Castro, em março de 1370 (LOPES, *CDF*, 1966, cap. 40, p. 106), e, ainda que a frota portuguesa tenha sido destruída por uma tempestade em fevereiro deste mesmo ano, o rei português recebe apoio declarado do rei de Aragão, Pedro IV, contra o Trastâmara, condição oficializada no tratado luso-aragonês de março de 1370. Formava-se uma coalizão de reis legítimos contra a usurpação e ilegitimidade indisfarçável de Enrique, apesar de seus esforços para buscar legitimidade ao se casar com Juana Manuel,[14] que mantém cercada Carmona.[15] O rei de Aragão, em março de 1370, ofereceria ao rei português sua primeira verdadeira proposta de aliança política, um tratado de união matrimonial com sua filha, a Infanta Leonor.[16] A proposta de acordo luso-aragonês pretendia,

13 Sobre este ponto, vide ainda AYALA MARTINEZ e VILLALBA RUIZ DE TOLEDO, 1990 e ARNAUT, 1986, p. 11-33.

14 Enrique Trastâmara era casado com Juana Manuel desde 1350. Pero Lopez de Ayala, numa passagem da crônica régia de Enrique a propósito das demandas de Da. Maria de Lara filha do Infante Fernando de La Cerda sobre Lara e Viscaya, usa o caso de Juana Manuel e seus direitos ao patrimônio de seu pai como exemplo em detrimento do rei Fernando de Portugal, neto de Juan Manuel por parte de sua mãe, Constança Manuel. Da. Juana seria mais próxima do direito em face de sua proximidade à linhagem, visto que é filha de Juan Manuel, do que Fernando, neto do mesmo (LOPEZ de AYALA, EII, VIII, XI:45-7, v. II, p. 356). Um exemplo do debate e preocupações que cercam o rei castelhano.

15 Carmona resiste mesmo sem apoio português ainda um ano mais, até março de 1371, pedindo e esperando em vão auxílio de D. Fernando, um rei legítimo, que justificasse a sua longa resistência; o único apoio que tem é do rei de Granada (LOPES, *CDF*, 1966, cap. 41, p. 107-8 e cap. 45-6, p. 118-126).

16 A mesma que desde 1367 Enrique Trastâmara pretendia consorciar com seu filho, Infante João, apesar das reticências de Pedro IV.

na verdade, garantir que Fernando combateria o Trastâmara, faria valer seus direitos; e, em troca do apoio, propunha uma partilha do território castelhano entre Portugal e Aragão. Um tratado que estruturalmente representaria um boicote à aliança de proteção aos petristas em Portugal e sua recolocação em Castela. Aragão apresentava-se a Portugal como uma alternativa em que o reino de Castela, agora trastamarista, desapareceria em suas pretensões de soberania e seria partilhado pelos aliados luso-aragoneses. Um acordo que, se concretizado, acabaria com as pretensões de Enrique Trastâmara e dos Lancasters, ou seja, ameaçaria as coalizões dos dois blocos franco-trastamarista e anglo-castro-petrista na Península Ibérica. Como se observa, uma realidade política peninsular que, devido à disputa dinástica castelhana, funcionava entre reinos – inglês e francês e suas respectivas linhagens castelhanas aliadas. Já a vinculação portuguesa com Aragão funcionava em termos de alianças entre dois reinos que neste contexto apresentavam unidade interna à volta do rei.

No entanto, a 31 de março de 1371 é assinado o Tratado de Alcoutim que põe fim à primeira guerra fernandina contra Castela (LOPES, *CDF*, 1966, cap. 53, p. 139-42). Interessava às duas partes uma rápida solução para as hostilidades, e a repentina resolução de estabelecer pazes, da parte de Castela, em vantagem bélica frente a Portugal, nos leva a pensar que Enrique Trastâmara teria antecipado o Tratado de Alcoutim para evitar a concretização da aliança luso-aragonesa, auxiliado pelo Conde de Barcelos, que deliberadamente atrasava as negociações. O Tratado de Alcoutim prevê o enlace matrimonial de D. Fernando com a Infanta Leonor, filha de Henrique Trastâmara, o que implicava o rompimento dos tratados previstos com Aragão. Em dote, D. Fernando receberia castelos na fronteira galega e castelhana. Portugal sai deste tratado como reino aliado, em igualdade de condições num acordo que naturalmente geraria represálias aragonesas, mas também algum ganho patrimonial ficaria para o reino português. Seriam devolvidos os prisioneiros, lugares e castelos conquistados pelas duas partes e

> perdoarom dhuuma parte aa outra, des o caso mayor ataa o mehor, a todollos que em serviço dos senhores amdarom, e se alçarom com villas e castellos, e tomarom voz comtra elles; e ficarom os Reis emtregar todos seus beens de raiz (LOPES, *CDF*, 1966, cap.54, p. 143-4).[17]

Com exceção do lugar de Carmona, em Castela, que ainda mantinha voz por Portugal. Ora, não são apontados traidores ou exilados, mas apenas servidores de cada um dos reis que tomaram partido de um ou outro, condição que eventualmente implicou sua transferência a outro reino. A saída dos Castros de Castela não constituíra uma condenação ao exílio, mas apenas o exercício de um direito de ligação feudo-vassálica a outrem após a morte de seu senhor, uma reflexão pertinente dentro da lógica tradicional que hierarquizava a sociedade política desde as suas origens. Um fenômeno que manifestava uma resistência dos cabeças de linhagem galegos em sua prerrogativa de interferir nos destinos do reino, situação que na segunda metade do século XIV sofria importantes inflexões, cabendo cada vez mais aos reis a responsabilidade de centralizar as expectativas e definição da política de seus reinos.

Uma claúsula deste tratado garantia a permanência junto a D. Fernando do líder da resistência petrista, Fernando de Castro, ao enviar sua família para junto do nobre em terras portuguesas (LOPES, *CDF*, 1966, cap. 53, p. 140-142). Oficializava-se da par-

17 Ciudad Rodrigo, Valencia de Alcantara, Monterei e Alhariz.

te do Trastâmara a mobilidade dos Castros a Portugal, realizada por vontade própria; ainda, caso retornasse voluntariamente e se dispusesse a ser restabelecido junto à dinastia Trastâmara, nada o impediria como ocorrera em tantos outros casos de *emperegilados* que ao longo do reinado de Enrique voltariam e seriam aceites e reintegrados; afinal, a frágil legitimidade da nova dinastia castelhana não poderia se dar o luxo de recusar apoios. Fernando, por sua vez, tentava usar sua arma de guerra pró-petrista, mas granjeava com esta aposta o desagrado da sua base municipal. Não nos sobraram atas das Cortes de Coimbra em fins de 1369, mas a lei de almotaçaria de 1371[18] e o teor dos Capítulos Gerais das Cortes de Lisboa de julho-agosto de 1371 e do Porto de julho de 1372 apontam-nos sintomas de que o preço cobrado pela guerra na economia local era demasiado, frente a uma política régia, central de expansão territorial e legitimidade. As queixas populares ao rei dizem respeito aos gastos régios exagerados, à concessão de benefícios aos poderosos, à investidura de alcaides estrangeiros em praças portuguesas; e, mesmo estabelecendo o pagamento de *contias* apenas aos filhos primogênitos das principais linhagens privilegiando a primogenitura legítima, que eram naturais do reino ou que viviam no reino português, a pressão popular continuaria intensa.[19]

18 Impunha a fixação dos preços do alqueire dos cereais e previa a fiscalização do peso e qualidade dos gêneros postos à venda nos mercados, assim como dos salários pagos aos trabalhadores. Organiza ainda, em épocas de carestia e fome, a distribuição de víveres entre a população mais pobre das cidades. Medidas que tentam garantir a estabilidade da economia interna do reino. Estão isentos da almotaçaria ou tabelamento, o pão, vinho e gados, segundo costumes antigos dos produtores e comerciantes portugueses (LOPES, *CDF*, 1966, cap. 56, p. 149-151).

19 Vide, a este respeito, MARQUES e DIAS, 1990, v. I, p.15-65 e Ordenações

Um casamento régio e seus ecos na geopolítica ibérica

Em 1372, Fernando casa-se com Leonor Teles, mais uma vez em detrimento da vontade dos povos. Diante desta opção, como ficava o reino português na geopolítica ibérica da Guerra dos Cem Anos? Bem, as pazes com Castela permaneciam depois do Tratado de Tuy, excetuando-se o casamento previsto em Alcoutim, condição que demonstra a urgência do Trastâmara em restabelecer a paz com Portugal a qualquer custo, mesmo o da humilhação de sua filha. Quase nada se altera para o reino português, a não ser a manutenção da autonomia da descendência régia portuguesa, agora ligada à Casa dos Teles de Menezes. Do ponto de vista externo, o reino português mantinha sua potencialidade de alianças, mas suas opções matrimoniais acirravam o descontentamento de blocos nobiliárquicos internos. A maior manifestação disto se daria na cerimônia do beija-mão da rainha, na qual o Infante Dinis de Castro e Diogo Lopes Pacheco se recusam a manifestar o reconhecimento de legitimidade à consorte do rei. A violência que segue obriga os dois nobres, assim como João Lourenço da Cunha, o marido traído, a se refugiarem em Castela junto ao rei Trastâmara, enquanto o Infante João de Castro destacava-se como epígono português.

Uma mobilidade de sentido contrário, que manifestaria a fluidez de posicionamentos dos nobres frente às opções políticas do rei, tentando reagir a um projeto que Fernando tecia ainda usando seus apoios anti-trastamaristas em Portugal. Ou seja, privilegiava seus próprios projetos de epigonismo ibérico pautado em sua legitimidade sanguínea, em detrimento de apoio dos naturais de seu

Afonsinas, l.II, tít. 64, p. 226-7.

reino. Livrava-se de parte dos bastardos da Casa régia que seu pai gerara e em muitos casos acolhera em seu reinado, além de uma nobreza privilegiadamente de serviço, e retomava uma política de seu avô, pautada no afastamento dos perigos da ilegitimidade, cujo signo mais claro teria sido a eliminação de Inês de Castro.

Fernando de Castro, cabeça de linhagem galega, permaneceria ao lado do rei português impermeável às tendências de flexibilidade da monarquia Trastâmara, relativamente aos parâmetros clássicos de legitimidade, administração centralizadora, valores de fidelidade fluidos, enfim, uma coalisão de refratários, rei português e nobre galego ao rumo das transformações inevitáveis tanto da instituição monárquica como das estruturas sócio-políticas tardo-medievas. Fernando I tentava centralizar os projetos do reino em suas próprias elaborações, mas ainda não aprendera a se utilizar proveitosamente de sua nobreza de serviço apoiando-se ainda em cabeças de linhagem, mesmo estrangeiros que lhe concorriam mais que apoiavam. Uma dialética própria de períodos de transformação, a qual outros reis seus coetâneos e mesmo sucessores também teriam de experimentar, uns com mais sucesso do que outros.

D. Fernando insistia em seus projetos, e em meados de 1372, por iniciativa do rei português, celebra-se o Tratado de Tagilde de aliança e mútua defesa por terra e mar do Duque de Lancaster, João de Gaunt, intitulado rei de Castela, com o rei português contra o Trastâmara e Aragão. A principal tese oficial que justifica esta posição portuguesa alega a influência dos pró-petristas junto ao rei D. Fernando. De fato, a presença do Andeiro na corte inglesa a serviço do rei português é conhecida desde o tratado de Tuy de 1371, quando se refazem as pazes entre Portugal e Castela, excluindo-se o casamento de D. Fernando com a Infanta castelhana seguido de seu imediato casamento com Leonor Teles, condição que liberaria a aliança entre o Duque inglês e o rei português. No entanto, a presença e ação do Andeiro na Inglaterra justificam-se na condição de um delegado régio, e não como uma ação individual. Se fosse Fernando de Castro, líder natural dos exilados galegos, quem estivesse negociando, este tratado teria mais suporte para a corroboração da tese de influência pró-petrista sobre o rei português. Este tratado só se concretizaria em junho de 1373, quando foi ratificado pelo rei inglês Eduardo III; só então é que os ingleses se consideram responsáveis pelo auxílio jurado pelo Duque [20] demonstrando a iniciativa portuguesa de celebração do acordo.

> E nom fazendo o dito Senhor Rey dom Joham guerra ao dito henrrique ata o mes de março primeyro que vem como dito he os ditos Senhores Reys dom Joham e dom Fernando serom obligados pera se aiudarem segundo he suso scripto seendo requeridos huum do outro.Item queserom plouguelhis e outorgarom que depois que odito Senhor Rey de

20 Algumas reflexões complementares se impõem. Em primeiro lugar, este tratado marca verdadeiramente a entrada de Portugal na Guerra dos Cem Anos, já integrado no eixo inglês. Além disso, a aliança luso-inglesa é, em princípio, uma aliança de concorrentes. Há possibilidade de ameaça a Portugal mesmo no caso de uma vitória inglesa sobre Castela (RUSSELL, 1940, p. 20-22). Esta aliança pressupunha que Portugal já não teria pretensões ao trono castelhano. A demora na ratificação do tratado, da parte inglesa, cerca de um ano depois (junho 1373), é igualmente sintomática. Os ingleses se mostrariam lentos a cooperar porque temiam a concorrência portuguesa à Coroa castelhana, daí que adiassem a ratificação. Ao que tudo indica, só depois do desastre da investida do Duque de Lancaster em França, acompanhado dos exilados galegos liderados por João Fernandes Andeiro, que retornam humilhados a Londres em abril de 1374 (Id, ibid, p. 26), é que os ingleses se conscientizam da necessidade de assumir Portugal como seu aliado (LOPES, *CDF*, 1966, cap.67, p. 177-8).

> portugal começar a fazer guerra nos ditos Regnos de Castella per suas gentes ou per seu corpo como dito he toda cousa que el e os seus tomarem e ganharem dos ditos Regnos que nom seia vila e castelo ou terra que o dito Senhor Rey de portugal o aia pera si sem embargo nenhuum.Item queserom prouguelhis e outorgarom que cada huum deles fezesse as ditas aiudas aas despesas suas proprias. Item queserom plouguelhis e outorgarom que toda cousa que qualquer dos ditos Reys tomarem dos Regnos daragom seia daquele que a tomar.Item queserom plouguelhys e outorgarom que nehum deles nom possa fazer paz nem tregoa com o dito dom henrrique nem com o dito Rey daragom sem consentimento do outro (PINTO, 1949, p. 15-6).

Neste trecho do tratado, D. Fernando reconhece não ter direito sobre a terra castelhana, apenas ao botim do vencedor sobre o Trastâmara, pensa novamente em fazer outra guerra com o apoio da Casa de Lancaster contra a vontade dos povos, que mais uma vez sobem o tom da voz nas Cortes de outubro-novembro de 1372 (CRISTINO, 1973 e MARQUES E DIAZ, 1984, v.I, p. 124-7). Ele se veria sozinho frente a seus aliados e a seu povo, e o cerco e pilhagem de Lisboa de março de 1373 (LOPES, *CDF*, 1966, cap.73-4, p. 195-8 e cap. 77, p. 204) desagradam tanto o rei português como o castelhano Enrique Trastâmara, queixoso do conselho de cercar Lisboa que lhe dera Diogo Lopes Pacheco, natural do reino português e membro da nobreza de serviço castelhana, de que assim que a cidade fosse tomada todo o reino se entregaria, processo que demorava mais e se fazia mais desgastante do que inicialmente supunha (LOPES, *CDF*,1966, cap.80, p. 209-210). Também o rei português se queixaria dos conselhos e serviços dos *emperegilados* pela derrota assumida no Tratado de Santarém, de março de 1373.

Duras e humilhantes condições são impostas ao reino português neste tratado. Obrigava o reino de Portugal a ser aliado de Castela Trastâmara e da França e inimigo das pretensões inglesas ao trono castelhano. D. Fernando é obrigado a disponibilizar, a partir de maio deste ano, duas galés durante três anos para Castela fazer guerra contra a Inglaterra. Proíbe qualquer transação comercial dos portugueses com aquele reino, a quem deveriam fechar os portos. Uma das cláusulas aponta nominalmente os castelhanos pró-petristas, opositores do Trastâmara, que D. Fernando deveria em um mês expulsar de seu reino. Impõe ao rei português a obrigação de dar seu perdão aos naturais portugueses que tivessem lutado ao lado do Trastâmara, especialmente o Infante Dinis de Castro, Diogo Lopes Pacheco e, segundo a Chancelaria régia, João Lourenço da Cunha, [21] um tratado cujas cláusulas tradicionais demorariam a ser cumpridas integralmente; mas cabem ainda aqui algumas reflexões sobre o seu teor.

Em primeiro lugar observe-se que a legitimidade de Enrique Trastâmara como rei de Castela é imposta a Fernando e, portanto, Enrique considera-se nestes termos soberano na ordenação da expulsão dos *emperegilados* de Portugal, *Outrossi que do dia desta paz firmada, ataa trimta dias seguimtes, el Rei Dom Fernamdo lamçasse fora de* seu *reino das pessoas que se pera elle veherom de*

21 O primeiro marido da rainha Leonor Teles (LOPES, *CDF*, 1966, cap. 82, p. 215-8 e ANTT, ChancDF, l. II, f. 45v-46). Estabelece-se ainda neste mesmo tratado o casamento da meia-irmã de D. Fernando, Infanta Beatriz de Castro com o irmão de Henrique Trastâmara, Sancho, Conde de Albuquerque (LOPES, *CDF*, 1966, cap. 82, p. 217) e da Infanta Isabel, filha ilegítima de D. Fernando, com o Conde Afonso de Gijón, filho de Henrique Trastâmara (Id,ibid, cap. 84, p. 221).

Castella, ou seja, os castelhanos. Assim, para além de impor a sujeição do rei português à sua vontade, esta cláusula constitui um princípio de direito natural declarado do rei castelhano sobre nobres castelhanos em serviço vassálico a outro senhor, o rei de Portugal. Na verdade, os defensores da causa petrista tinham se desnaturado ao atacar suas terras de origem e combatido o agora reconhecido rei de Castela, Enrique Trastâmara, mas acima de tudo seriam apresentados juridicamente como estrangeiros em Portugal sobre os quais o rei castelhano entende ter direito, um sintoma do que Strayer chama de *territorialización empírica del derecho* (STRAYER apud MITRE FERNÁNDEZ, 1997, p. 43). [22]

Outro aspecto seria a percepção do rei português sobre o mesmo fenômeno, aceitando-o e posteriormente buscando, conforme recolhe Fernão Lopes, livrar-se o quanto antes dos condenados acoutados no castelo de Ourém do Conde João Afonso Teles, cerca de três meses após a celebração do acordo.

> E aimda, disse el Rei, que vos tevessees teemçom de vos defemder no castello Dourem, a que vos todos colhestes come defenssom, esto foi cousa feita nom com boom acordo, e que vos manteer nom podiees. Des i faziees a mim e meu reino cair em grandes penas, assi descomunhom, come de çerta comthia douro, por vossa partida seer tam tarde feita, posto que per meu grado nom fosse: em guisa que ente eu ouve descrepver a el Rei Dom Hemrrique sobrello, e seemdo el çerto que per meu comssemtimento nom era, teve neello aquel jeito, que em tal caso com razom devia teer. E aimda mais vos digo, que

22 Ver ainda a este respeito PÉREZ COLLADOS, 1993; HESPANHA, 1982 e SILVA, 1985.

> eu nom fui bem avisado em tal feito, nem isso meesmo os de meu comsselho, em cometer tal guerra qual fui começar; por que seu aa primeira bem cuidara como se o duque Dallamcastro chamava Rei de Castella, e sua molher Rainha, dissera a vos outros que vos forees todos pera elle, e que el vehesse demandar o reino, se lhe per dereito perteemcia: e em isto fezera melhor siso, que gastar meus reinos e gente, como gastei, e comprar omezio de que me nom veho proveito, mas mui gramde perda (LOPES, *CDF*, 1966, cap. 86, p. 227-8).

Ou seja, para D. Fernando, os *emperegilados* não serviram bem à sua função original de colaboradores do rei português e por isso seriam reconhecidos oficial e juridicamente como fugitivos, acoutados, refugiados castelhanos no reino português. Em 1369 recebidos como vassalos de D. Fernando, em 1373 seriam um instrumento de *deserviço* ao rei português e, portanto, mereciam ser expostos àquele que combatiam, o Trastâmara, exilados em nome do rei castelhano para uma diáspora distante de seus domínios. Os condenados são colocados em duas galés e algumas naus que os levam a Lisboa; de lá partem para Gibraltar, onde ajudam o rei mouro de Granada contra o rei de Belamarim, e dali seguem para Valença de Aragão, de onde os barcos portugueses retornam (LOPES, *CDF*, 1966, cap. 86, p. 227-8). De Valença, um grupo liderado por Fernando Peres de Castro e João Fernandes Andeiro segue para La Coruña, da qual este último fora senhor, em Galiza, onde perpetram alguns ataques, consolidando sua condição de desnaturados; dirigem-se para Londres, onde serviriam ao Duque de Lancaster contra a França, pelo menos até 1382 (LOPES, *CDF*,

1966, cap. 115, p.326.).[23] Mercenários a serviço de quem lhes pagasse melhor, desnaturados de seu reino de origem e expulsos do reino ao qual serviram na condição de vassalos, não nos parece que tenham sido os condutores da política régia de D. Fernando, mas sim instrumentos de sua política; e quando são considerados inúteis são descartados da sociedade política ibérica, excedentes de projetos régios que já funcionavam prioritariamente em detrimento de projetos autônomos das facções nobiliárquicas.

O testamento do rei português de agosto de 1378 excluiria da sua linha de sucessão direta os irmãos, reforçando sua condição de ilegítimos – os Infantes João, Dinis e Beatriz de Castro, acusados ainda de traição ao reino português. O testamento reforça, por sua vez, a legitimidade da sucessão da Infanta Beatriz, sua filha, neste momento com cinco ou seis anos, casada com D. Fradique em 1376 nas Cortes de Leiria, como única e legítima herdeira do trono português. Os Infantes Castro, além de declarados ilegítimos de sangue, seriam descartados juridicamente devido ao fato de terem tramado contra a vida de seu rei.[24]

Logo em seguida, após a morte de Enrique Trastâmara em 1379, o rei português manifestaria uma vez mais sua latente disposição de realizar uma terceira guerra contra os ilegítimos

---

23 D. Fernando reestabeleceria com os ingleses, em 16 de junho de 1373, o Tratado de Londres ou de Westminster que ratifica o Tratado de Tagilde de 1372. Os ingleses mostrar-se-ão mais interessados nesta aproximação após o fracasso do Duque de Lancaster numa tentativa de invadir e conquistar território em França. Tal empreitada, que conta com o apoio dos castelhanos expulsos recentemente de Portugal, tem início após julho deste ano de 1373, quando os castelhanos expulsos já estão em Inglaterra, e termina em abril de 1374, quando o Duque retorna derrotado à Inglaterra (RUSSELL, 1940, p. 22-6).

24 Vide o documento em Biblioteca Pública e Arquivo Distrital de Évora, cód. CIX/2-2. nº 9, apud ARNAUT, 1960, p. II, p. 291-295.

Trastâmaras. Vingança? Já defendia as prerrogativas do Duque de Lancaster ao trono castelhano. O fato é que para este intento lançaria mão do agora pleno aliado Lancaster e da força bélica profissional dos *ex-emperegilados* agora transformados em companhia liderada por João Fernandez Andeiro que a partir de 1381 retorna ao reino português onde ficaria até sua morte, em 1383. Uma condição que pela sua especificidade se trata de um movimento descontinuado da problemática levantada neste texto; e, portanto, o exploraremos em um futuro trabalho.

Considerações Finais

O que convém aqui destacar são as conclusões da análise da movimentação que se inicia em 1369 e vai até 1373 na ótica das opções políticas do rei português, considerando-se as transformações dos quadros nobiliárquicos em crescente adaptação à centralização régia em todo o Ocidente tardo-medieval.

A má vontade do rei português com Pedro I, o Cruel, descendente do ramo usurpador de Sancho IV, e também em relação a Enrique II e Juan I Trastâmara, bastardos régios, seria manifesta em várias de suas ações; até Fernão Lopes reforçaria em sua crônica régia esta indisposição.[25] Uma posição que nos parece justificada pela consciência de sua acrescida legitimidade frente aos reis castelhanos; o próprio tom das parcerias – seja com o Duque de Lancaster seja com os Trastâmara – é disto um bom exemplo, ele

25 "Quamto eu hanrricado venho" (LOPES, *CDF*, 1966, cap. 83, p. 220). Apesar de o cronista apontar esta expressão como a de adesão à empatia, mesura e cortesia de Enrique II, no entanto, o contexto apontaria em outro sentido, pois D. Fernando teria expressado esta frase ao retornar do fechamento das cláusulas do Tratado de Santarém de 1373 que impunha condições humilhantes ao reino português. Além disso, teria sido antecedida

se considera rei legítimo tecendo alianças e cedendo legitimidade às linhagens inglesa e castelhana em concorrência e, em vários casos, para compor uma coalizão contra o rei inconteste de Aragão. O rei português na Península Ibérica em sua época só teria equivalente em termos de legitimidade no rei Pedro IV de Aragão.[26]

A dinastia Trastâmara não tinha condições de recusar a adesão de ninguém, especialmente da nobreza de serviço que permanecia a seu lado ávida de oportunidades deixadas para trás pelos Castros e outras linhagens de primeira linha, que deixam Castela em busca do apoio régio português. Fernando neste contexto apresenta-se como aglutinador dos últimos ramos da *nobleza vieja* castelhana de que nos fala Moxó no reino português, baluarte defensivo da legitimidade sanguínea sobre os outros critérios mais modernos de governação, como seja a primazia da *privança* e o serviço direto e eficiente ao rei. Ele mesmo, cercado de uma nobreza plena de ilegitimidade herdada do governo de seu pai e manifestando a tendência acima apontada de aproximação voluntária pelo menos nesta fase de seu reinado, ao sentido governativo de seu avô Afonso IV, teria talvez buscado na recepção aos *emperegilados*, grupo composto em boa parte por nobres de primeira linhagem, o reforço de um sistema de *purificação* de sua sociedade política. Além disso, apoiado em sua ascendência dos Manuéis (FERNANDES, 2011-2, p. 199-214) e uma Casa régia portuguesa que ainda não tinha sofrido nenhuma quebra dinástica, parece-nos defender uma política de *hispanidade* na qual ele surgiria, na parte ocidental da Península, como paladino dos direitos de

---

de uma verdadeira quebra de braço entre os representantes portugueses e castelhanos pela primazia do rei português em falar primeiro na sessão.

26 Em Navarra a dinastia francesa dos Evreux, à época com Carlos II sofreria alguns questionamentos de legitimidade.

legitimidade ligados exclusivamente ao sangue. Epígono da defesa de critérios de legitimidade, conservadores que o próprio contexto se incumbiria de tornar anacrônicos e que a crise de 1383 em Portugal levaria à derrocada final.

Outro aspecto a destacar é a inconteste iniciativa do rei português em receber e manter os *emperegilados*; quando já não servem são descartados sem qualquer contradição em relação à sua opção inicial. Ele os recebe, ele os expõe, e talvez Fernão Lopes tenha cristalizado a imagem de um rei fraco e sem vontade própria nesta questão, submetido à influência de seus conselheiros estrangeiros; mas devemos lembrar que tal perfil não coincide plenamente com o conjunto da análise de sua governação. Autônomo em relação aos conselhos dos Povos e mesmo da sua nobreza – a quem lembra em 1380 que pretende fazer outra guerra contra Castela – e de seu Conselho, espera apenas saber do melhor jeito de empreendê-la e se poderia fazê-la ou não, apresentava-se em muitos momentos como um quase tirano em termos medievais e dos modelos propostos nos Espelhos de Príncipe, ainda que aqueles que são divulgados na Península Ibérica resguardem uma boa fatia de protagonismo legítimo ao rei na condução de seu reino. Defende sua vontade, por vezes em detrimento do bem comum, uma crítica que nos parece pertinente em relação aos valores de sua época, mas que também o aproxima das tendências crescentemente centralizadoras da modernidade.

Assim, o esgotamento das estruturas sócio-políticas da época da Reconquista seria manifestado nos eventos que cercam a entrada da Península Ibérica na Guerra dos Cem Anos, os quais coincidem com o reinado de Fernando. A modernidade manifestar-se-ia no reino português por meio da dialética que se impunha a este rei, ainda em vida dividido entre aspectos governativos conservadores e outros dinâmicos, assim como nas três guerras que realizou em seu reinado, e não apenas a partir da sua morte. Um homem entre dois mundos, amparado e legitimado por valores em crescente relativização frente a um contexto de guerra global, regeneração nobiliárquica e municipalidades que apoiam um pedido de arraial por Portugal saído da boca de João Fernandes de Elvas, em detrimento deste ou daquele candidato à sucessão do falecido rei D. Fernando (FERNANDES, 2013, p. 13-47).

Contextos envolvidos num movimento transformador cujos agentes costumam ainda se encobrir sob o manto legítimo da tradição legitimadora, disfarçando práticas e sentidos governativos atualizados e antenados com as suas mais modernas demandas contextuais.

Fontes

AN/TT (Arquivos Nacionais/ Torre do Tombo), *Chancelaria de D. Fernando*, 4 livros.

Cortes Portuguesas. Reinado de D. Fernando I (1367-1383), ed. A.H. DE O. MARQUES e N. J. P. P. DIAS, Lisboa: Centro de Estudos Históricos da Universidade Nova de Lisboa -INIC/ JNICT,1990, v.I.

LOPES, F. *Crónica de D. Fernando*, ed. Salvador Dias ARNAUT. Porto: Civilização, 1966.

______. *Crónica de D. Pedro I*, ed. D. PERES, Porto: Civilização. 1965.

LOPEZ de AYALA, Pero. *Crónica del Rey Don Pedro y del Rey Don Henrique, su hermano, hijos del rey don Alfonso Onceno*, ed. De German ORDUNA, Buenos Aires: SECRIT, 1994, 2 v.

Ordenações Afonsinas, Lisboa: Fundação Calouste Gulbenkian, 1984, 5 v.

Portugaliae Monumenta Historica..., Nova Série, v.l, "Livros Velhos de Linhagens", *Livro do Deão*, ed. Joseph PIEL e José MATTOSO, Lisboa: Academia das Ciências de Lisboa, 1980.

Referências Bibliográficas

ARNAUT, S. D. *A Crise Nacional dos Fins do Século XIV: A* Sucessão de D. Fernando. Coimbra: Instituto de Estudos Históricos Dr. António de Vasconcelos, 1960, 2 v.

______. D. Fernando: o homem e o governante. *Anais da Academia Portuguesa de Historia*, 32, p.11-33, 1986.

AYALA MARTINEZ, C.; VILLALBA RUIZ DE TOLEDO, F.J., Precedentes lejanos de la crisis de 1383: circunstancias politicas que acompañan al Tratado de Santarem, in: *Actas das II Jornadas Luso-Espanholas de História Medieval*, v. I (1990).

DIAZ MARTIN, L. V. *Los oficiales de Pedro I de Castilla*. 2ªed., Valladolid: Secretariado de Publicaciones da Universidad de Valladolid, 1987.

FERNANDES, F. R. A dimensão política do reino português na segunda metade do século XIV, os matrimônios régios e o ocaso de uma dinastia. *Cuadernos de Historia de España*, Instituto de Historia de España "Claudio Sánchez Albornoz", Buenos Aires, LXXXV-LXXXVI, p. 199-214, 2011-2.

______. A fronteira luso-castelhana medieval, os homens que nela vivem e o seu papel na construção de uma identidade portuguesa. In: ______ (org). *Identidades e fronteiras no medievo ibérico*. Curitiba: Juruá, p. 13-47, 2013.

______. *Sociedade e Poder na Baixa Idade Média Portuguesa*. Curitiba: Editora da Universidade Federal do Paraná, 2003.

GARCIA TORAÑO, P. *El Rey Don Pedro el Cruel y su mundo.* Madrid: Marcial Pons, 1996.

GERBET, M-C. *Las noblezas españolas em la Edad Media:* siglos XI-XV. Madrid: Alianza Editorial, 1997.

HESPANHA, A. M. *História das Instituições;* épocas medieval e moderna. Coimbra: Livraria Almedina, 1982.

MITRE FERNÁNDEZ, E. La Cristiandad medieval y las formulaciones fronterizas. In: ______ et alii (org). *Fronteras y fronterizos em la Historia.* Valladolid: Universidad de Valladolid, p. 10-62, 1997.

______. La emigracion de nobles portugueses a Castilla a fines del siglo XIV. *Hispânia: Revista Espanhola de Historia,* Madrid, CSIC - Instituto Jerónimo Zurita, 104, p. 513-25, 1966.

PÉREZ COLLADOS, J. M. *Una aproximación histórica al concepto jurídico de nacionalidad.* Zaragoza, Institución "Fernando el Catolico", 1993.

RUSSELL, P. E. João Fernandes Andeiro at the Court of John of Lancaster: 1371-1381, *Revista da Universidade de Coimbra,* Coimbra : Faculdade de Letras da Universidade de Coimbra, XIV, p.20-30, 1940.

SILVA, N. E. G. da. *História do Direito Português:* IV. - Fontes de Direito. Lisboa, Fundação Calouste Gulbenkian, 1985.

STRAYER, J. R., *As Origens Medievais do Estado Moderno*, Lisboa: Gradiva, (s.d.).

Topografia social e sociabilidades urbanas em Portugal Medieval: as imagens de Fernão Lopes

Rita de Cássia Mendes Pereira[1]

As crônicas de Fernão Lopes são fontes inesgotáveis para a pesquisa histórica, pois permitem a revisita a velhos objetos de estudo, mediante a adoção de novos métodos de abordagem, ou, ainda, a reflexão sobre novos objetos, definidos em consonância com problemas postos ao nosso próprio tempo. Exibidas para um círculo restrito, elas forneciam aos chefes da casa dinástica, assim como aos fidalgos e clérigos que os assessoravam na condução dos negócios do reino, um instrumento para interpretar o mundo. Constituem, pois, importantes documentos para a leitura do imaginário português em relação à sociedade. Analisadas à luz de novos elementos conceituais propostos pela historiografia contemporânea – como topografia social, deslocamentos, fronteiras e sociabilidades –, revelam uma sociedade complexa, composta por agrupamentos sociais que se encontram no processo de ocupação de determinados espaços. O presente trabalho tem por objetivo analisar as imagens de Fernão Lopes sobre os espaços/tempos de sociabilidades no reino português e toma como cenários privilegiados para essa análise as cidades.

1 Docente permanente do Programa de Pós-Graduação em Letras da Uesb. Coordenadora do Projeto de Pesquisa Topografia Social, Ordenamento Espacial e Sociabilidades em Portugal Medieval.

O tema da sociabilidade não é novo nas Ciências Sociais. Em meados do século XIX buscava responder a um questionamento caro ao pensamento liberal, sobre a(s) força(s) ordenadora(s) das relações sociais em uma sociedade marcada pelo individualismo. Hoje, as formas de sociabilidade, ao mesmo tempo que vivenciadas, são debatidas pelos sujeitos. As modernas tecnologias da informação e da comunicação permitem a difusão de ideias antes circunscritas a pequenos círculos, o compartilhamento de experiências cotidianas e a mobilização instantânea de grupos menores ou maiores em torno de novos e velhos temas. Impulsionados pelas redes sociais, interesses individuais ou de grupos específicos ganham espaço no campo virtual ou nas ruas e concorrem com as bandeiras mais gerais e com as formas clássicas de organização e luta, como os partidos políticos e os sindicatos.

A sociabilidade constitui-se em matéria para reflexões nos campos da História, da Sociologia, da Antropologia e nesse campo a-disciplinar compreendido pela expressão Estudos Culturais. Como objeto de investigação, responde a problemas inerentes à vida em sociedade em diferentes contextos e suscita o aparecimento de múltiplas formas de abordagem que têm o acento nas contradições, nos conflitos, na dominação e nas resistências e, cada vez mais, nos encontros e nas confluências; que relevam das identidades fixas e imutáveis de qualquer natureza; e que valorizam a análise das fronteiras como espaços privilegiados dos encontros, das apropriações, das trocas culturais.

Como salienta Alcântara Junior (2005) em seus estudos sobre o pensamento de Simmel, a sociabilidade se viabiliza na multiplicidade dos jogos sociais, socialmente construídos por meio das interações sociais, elas próprias, produtoras do meio social. Para Simmel, a sociabilidade pressupõe um todo social regular, se consolida mediante a repressão aos aspectos peculiares e singulares dos indivíduos e atua no sentido da perpetuação das convivências sociais.

A sociabilidade é um problema da sociedade contemporânea, mas as formas atuais de sociabilidade remontam à cidade medieval, com sua topografia social complexa, dinâmica, movente, com suas múltiplas clivagens, na qual indivíduos e grupos se definiam e se agrupavam em um todo relacional.

Topografia social e ordenação espacial na cidade medieval

Nos últimos séculos da Idade Média, a cidade afirma-se como palco de interações sociais, da coabitação e da partilha, mas os papéis sociais encontravam-se definidos em consonância com o menor ou maior controle das instâncias do poder municipal, com a quantidade e natureza da riqueza acumulada e pela participação dos indivíduos no processo de produção.

Em grande parte, a criação de cidades na Europa Ocidental, a partir do século XIII, resultou da iniciativa senhorial ou das monarquias feudais e, desta forma, elas permaneceram submetidas à autoridade dos senhores leigos ou eclesiásticos. É, pois, como salientam Menjot e Boucheron (2005, p. 22), "no coração de dinâmicas próprias à sociedade feudal que é necessário procurar as razões do seu sucesso". Em Portugal, a expansão urbana remonta ao processo de Reconquista e, em especial, ao período de D. Dinis, que, no intuito de consolidar o processo de conquista do território, "cria diversas poblas na extremadura" (MENJOT; BOUCHERON, 2005, p. 23).

Entretanto, a historiografia do século XX sobre a Idade Média prezou e fez replicar as imagens das cidades como espaços de contestação ao poder senhorial, marcados pelos ritos afirmativos da igualdade dos cidadãos, que afrontavam os modelos hierárquicos do senhorio, os laços de suserania e vassalagem, os mecanismos feudais de apropriação dos princípios de soberania. A cidade medieval foi concebida como a *conjuratio* de indivíduos unidos pela consciência do pertencimento a uma mesma *urbe* e pelo pacto de lealdade recíproca. Efetivamente, a participação nessa "comunidade de iguais" esteve sempre limitada a uma pequena elite das cidades, e amplas clivagens opunham, no interior das muralhas, grupos sociais, étnicos, profissionais etc.

Movente, marcadamente desigual, a topografia social da cidade mostra camadas. Mostra também subcamadas, superposições e uma inegável mobilidade na distribuição e benefício da riqueza urbana. Essa desigualdade se expressa na ocupação e no ordenamento do espaço urbano. A cidade fragmenta-se. O ordenamento espacial das novas sociedades urbanas tem como marcas a segregação, o seccionamento. Com seus códigos de pertencimento e exclusão, a cidade fragmenta-se em centro e periferia, bairros nobres e agrupamentos humanos marcados pela pobreza extrema.

As divisões internas abrangem, em primeiro lugar, de forma mais visível, aqueles que têm o controle das instâncias do poder municipal, e do outro lado, os que depositam neles a autoridade da representação (ou contra os quais dirigem suas sedições). Os primeiros compõem o grupo dos *boni homines*, de onde saem os cônsules, os oficiais, os funcionários comunais. Estes buscam, na maioria das vezes, afirmar a excepcionalidade da sua condição pelo mecanismo da autossegregação em bairros nobres e pela ostentação de casas suntuosas, ao abrigo da visão e da ação dos pobres. Para os pobres, restam as áreas próximas aos mercados e, mais frequentemente, a "*sub urbe*", o arrabalde, onde se concentram os diferentes *mesteres*, bem como aquela parcela da população associada ao trabalho rural. Campos propõe, em seus estudos sobre as freguesias de Coimbra nos séculos XIII e XIV:

> Os arrabaldes, por oposição com a cidade Alta, afiguravam-se como a cidade laboral, onde se animavam os mesteres, se realizavam as trocas comerciais, e onde a cidade se permeabilizava à influência do mundo rural envolvente. A malha do casario urbano organizava-se aqui, como em Almedina, em torno das igrejas paroquiais, mas nestes arrabaldes seriam determinantes as implantações de vários mosteiros nas cidades (CAMPOS, 2010, p. 162).

De um modo geral, as noções de centro e periferia servem para identificar o *locus* do poder político, religioso e econômico, de um lado, e do outro lado, as regiões de habitação de grupos de menor ascendência sobre essas instâncias decisórias.

O poder municipal divide-se, ordena-se, difunde-se a partir de três núcleos básicos, igualmente importantes e interdependentes. O primeiro, responsável pela proteção espiritual da comunidade, era representado pela catedral, pelos paços episcopais e era reforçado pelas paróquias a eles consignados. Campos destaca a dupla importância das paróquias, entendidas como focos de povoamento polarizado nos espaços extramuros: ao mesmo tempo que se projetavam como células de desenvolvimento da espiritualidade, elas funcionavam como unidades de enquadramento socioeconômico (CAMPOS, 2010, p. 161). Complementarmente, o núcleo do poder religioso estava representado pelos mosteiros que se difundiam pelos arrabaldes.

O segundo núcleo, simbolizando as instâncias do poder régio e militar, tinha a incumbência da proteção e do exercício da autoridade. Era representado ora pelo castelo, ora pelo paço municipal, às vezes fundido à estrutura física do poder eclesiástico, no qual se reunia o concelho.

O terceiro núcleo de poder tinha por função prover os meios necessários ao bom funcionamento da cidade. Tinha o mercado como centro. Idealmente estava abrigado no interior da muralha, mas dificuldades infraestrururais o empurravam, por vezes, para o exterior, como destaca Campos em relação a Coimbra:

> Inicialmente, sabemos da existência de um mercado semanal, pelo menos a partir do ano de 1269, que se realizava nas casas do rei, situadas na cidade Alta. Em 1377, D. Fernando concedeu uma feira franca anual que deveria ocorrer no curral dos paços régios. Quer num caso, quer noutro - com D. Afonso III e, posteriormente, no reinado de D. Fernando - os monarcas fizeram por implementar esta atividade na Almedina, num esforço continuado de não permitir a desvitalização desse espaço. Porém as dificuldades de deslocação dos mercadores com suas bestas e de transportes dos produtos, num intramuros íngreme e irregular, levaram a que, nos dois casos - por vontade das gentes e mediação do concelho - a feira fosse deslocada para fora das portas (CAMPOS, 2010, p. 168).

A oposição entre cidade alta e cidade baixa reforçava, de algum modo, as divisões sociais e os mecanismos de reserva e de exclusão dos privilégios da vida urbana e das estruturas de poder. Mas os habitantes usufruíam dos equipamentos de uso comum, orgulhavam-se da grandeza de suas catedrais, de suas universidades e, por fim, das próprias muralhas, que os seccionavam, mas por meio das quais afirmavam sua identidade e reconheciam como alteridade tudo e todos que lhes excediam.

Além disso, em certos momentos e espaços privilegiados de sociabilidade é possível, ainda, uma recomposição prática e simbólica da igualdade que, idealmente, marca a existência do universo urbano: os tempos de festas, como as festas de maio e as homenagens ao padroeiro, podem ser tomados como fenômenos privilegiados de expressão de uma cultura urbana que não pode ser reduzida a simples apêndice da cultural clerical hegemônica ou da cultura da nobreza-cavalaria; que não pode, também, ser assimilada ao designativo genérico de "cultura popular", definido em oposição à cultura de elite-clerical. Aliás, destacam Menjot e Boucheron (2005, p. 32-33), o domínio da escrita, o mais fundamental elemento indicador da autonomia urbana nos séculos XII e XIII - a instituição eclesial já não tem o monopólio do registro documental - e o uso da língua vernácula são os melhores indícios da especificidade urbana.

Cultura e Sociabilidades urbanas

Todo espaço cultural comporta, segundo Duby, estratificações, combinações diversas, com incessantes deslizamentos, passagens, interferências: "A topografia cultural mostra evidentemente camadas, mas também nodosidades, terrenos superpostos, fraturas, fendas e muitas zonas instáveis, portanto estruturas que são, pelo menos, tanto verticais quanto horizontais" (DUBY, 1989, p. 128).

A "cultura urbana" nasce, ainda no período compreendido pelo conceito de Idade Média, da interação entre as manifestações culturais dos diversos grupos que compõem a cidade e que ali se igualam, se diferenciam e, eventualmente, se confrontam. Pensar a sociabilidade urbana é, portanto, pensar as práticas sociais coletivas e as formas do imaginário (imagens e discursos) que, desde essa, abarcam os sujeitos singulares e os distintos grupos que nelas vivem.

São espaços de sociabilidade urbana na Idade Média: a igreja, espaço do rito, dos cantos laudatórios; a área do mercado, dos pregões e da enunciação da voz pública, das festas e das encenações religiosas ao ar livre, como as representações da paixão de Cristo, que se difundem por toda a Europa, como destaca Saraiva (1988, p. 87); a taberna, lugar do comer, do falar, do seduzir e, principalmente, do beber, ato fundamental de resgate e afirmação da liberdade e da igualdade primordial.

Segregação espacial, hierarquias, ritos afirmativos de pertencimento e exclusão são marcas da cidade medieval. Como destacam Menjot e Boucheron (2005, p. 32),

> [...] de antemão, sem dúvida, os habitantes das cidades medievais sabem reconhecer, sob o hábito resplandecente dos magistrados que desfilam em boa ordem nas ocasiões de procissões e de festas cívicas, o punhado de linhagens que tinha a sociedade urbana.

A cidade é, ainda, palco de importantes conflitos, muito embora, argumentam Menjot e Boucheron (2005, p. 34), as elites dirigentes mobilizem o conjunto do sistema de comunicação política "para convencer seus cidadãos de que reina na cidade a ordem social e a paz civil". Em discursos, textos, festas e cerimônias, sobreleva-se a imagem da cidade como espaço de interações sociais, da coabitação e de partilha.

As imagens difundidas por Fernão Lopes sobre determinados espaços-tempos de sociabilidade em Portugal do século XIV, e que têm as cidades como cenários privilegiados, parecem querer indicar a existência de uma sociedade harmoniosa, que tem na luta contra o inimigo externo um fator de forte coesão. Nas crônicas dos reinados de D. Pedro I, D. Fernando e D. João I, é possível vislumbrar momentos e espaços em que os diversos grupos constitutivos da sociedade portuguesa se encontram. Em situações de ameaça, as gentes reunidas nas cidades são um único corpo. Logo no início da *Crônica de D. João I*, Lopes relata a reação do povo diante do boato de que João, o mestre de Avis, havia sido morto: "E por vontade de Deus, todos feitos de um coração com talante de o vingar, como foram às portas dos paços, que eram já cerradas" (LOPES, 1897, v. 1, p. 47).

As crônicas contemplam narrativas de fatos que remontam aos últimos representantes da Dinastia de Borgonha e ao primeiro da Dinastia de Avis e apresentam considerações gerais sobre o ordenamento dos estados do reino. Lopes alterna o foco sobre os distintos grupos que, no contexto de afirmação da monarquia portuguesa, disputam a atenção dos reis, partilham com ele os campos de batalha e se encontram nos vários tempos e espaços de sociabilidade. A condição de servidor da nova dinastia está entre os condicionamentos sociais e culturais que dão conformação a essas imagens. Lopes, que já ocupava o cargo de Guarda-Mor da Torre do Tombo desde 1418, assume em 1434 a função de Cronista Oficial do reino. Este fato, como a iniciativa anterior, de elaboração da crônica geral do reino, marca a adoção, por parte da monarquia portuguesa, de uma política de valorização da memória histórica específica do reino de Portugal, como destaca França (2006, p. 104):

> Em 1434, D. Duarte cria o cargo de cronista oficial do reino e reencarrega o seu escrivão Fernão Lopes de escrever as histórias dos reis portugueses, concedendo-lhe uma tença anual pelo que teria trabalhado e pelo muito de trabalhar pelo que ainda teria. Juntos, esses dois empreendimentos

> inauguram uma nova fase da escrita do passado em terras lusitanas. Uma fase em que a história, embora preservando as vertentes memorialista e pedagógica que a definiam, se torna política oficial do poder laico, ganhando com isso força renovada e deixando de depender de iniciativas isoladas e eclesiásticas.

Fernão Lopes elege os fatos que deveriam ser tomados como verdade, submete-os aos valores e aspirações concernentes a seus próprios grupos de origem e referência e fornece aos leitores/ouvintes instrumentos que julga apropriados à apreensão dessa verdade. O cronista seleciona os elementos que deverão ser fixados na memória dos ocupantes do trono, como de toda a sociedade, e propõe um modo de reflexão para a sociedade sobre a qual está edificado o projeto monárquico.

Os soberanos retratados por Lopes se esforçam por tornar pública sua autoridade como vértices de uma hierarquia vassálica vacilante na condução da guerra externa afirmativa da independência do reino. Interessa, sobretudo, afirmar a amplitude do poder dos reis que, com sua incessante mobilidade, no comando de cortes itinerantes e por meio de seus encarregados (vassalos, privados e funcionários), exercem funções e desencadeiam ações que são próprias aos poderes monárquicos.

As crônicas contribuem para a fixação das práticas rituais que sedimentam no imaginário a excepcionalidade da condição monárquica, que individualizam os reis e, ao mesmo tempo, os fundem ao conjunto da sociedade. Para a elaboração dessas imagens concorrem a aptidão e criatividade individual, a formação intelectual, a condição social, as relações político-profissionais do cronista, mas, principalmente, o horizonte de expectativas que a ele se impõe, seja por parte daqueles que patrocinaram a elaboração das crônicas, seja por parte daqueles que deveriam constituir sua audiência.

Lopes compactua com a expectativa de projeção de uma autoridade moral capaz de servir de suporte à estrutura organizativa do Estado e à sua teórica supremacia legal. Esse reconhecimento da necessidade de uma autoridade suprema se complementa com os indicativos de existência de fronteiras mais ou menos persistentes no tempo, que o rei, em sua incessante mobilidade, percorre; com a organização do aparato institucional do reino em torno de funções especializadas, como justiça, finanças, chancelaria; e com a projeção de cidades como zonas privilegiadas, a partir das quais a monarquia e os grupos a ela associados afirmam seu poder.

O cronista salienta a amplitude espacial das ações dos reis, a despeito da insegurança dos caminhos. Particularmente D. Pedro levou às últimas consequências essa estratégia, fundamental à fixação das fronteiras do reino, de constituição de cortes itinerantes. Era importante para os chefes da realeza marcar com sua presença e suas ações desde as grandes cidades até as localidades de menor importância. França destaca, em seus estudos sobre as crônicas portuguesas do quatrocentos, o papel desempenhado pelas cidades nas idas e vindas do poder régio:

> Nessas tentativas de sistematização da memória e preservação de um certo passado, as cidades cumprem papéis verdadeiramente notáveis, a começar por serem referencial básico de localização. Ao lado da cronologia, que nas crônicas desempenha função ordenadora [...], a serventia da localização dos locais dos feitos e acontecimentos é, numa primeira instância, pô-los em ordem. Tais indicativos

> de deslocamentos e paradas, sobretudo dos governantes e nobres de relevo, se nem sempre acrescentam muito acerca de como eram percebidas as cidades e aldeias, sem dúvida indiciam que as cidades são os palcos por excelência dessa história, bem como que algumas delas contavam com uma maior e "melhor" concentração (FRANÇA, 2005, p. 205).

Para os habitantes de uma cidade, mesmo em tempos de paz, a presença do rei é uma forma privilegiada de manifestação pública de poder. Lopes põe em destaque as descrições das entradas reais e, nesses momentos privilegiados de interação social, as práticas coletivas que abarcam os sujeitos singulares e os grupos. O cronista relata, por exemplo, o costume que ditava a realização de justas por ocasião da chegada dos reis às cidades: "Era costume quando os rreis vinham aas cidades, que os mercadores e cidadãos justavom com os da corte por festa" (LOPES, 2007, p. 39). É sempre com festa que os habitantes das cidades vêm receber os reis à entrada, como ocorre na chegada de D. Pedro a Lisboa:

> Vinha el-rrei em batees d'Almadãa pera Lixboa, e saiam-no a rreceber os cidadaãos e todollos dos mesteres com danças e trebelhos, segundo estonce husavam; e ell saía dos batees, e metia-sse na dança com elles, e assi ia ataa o paaço (LOPES, 2007, p. 59).

D. Pedro, em especial, prezava a realização de festas, ainda que sem motivo aparente, nas quais a todos era permitido participar. Lopes relata como o rei, estando insone uma noite em Lisboa, ordena que se levantassem todos os que dormiam no paço e se lançassem às danças desde aí até a vila, onde todos se viram tomados de prazer de o ver assim feliz:

> Jazia el-rrei em Lixboa huuma noite na cama e nom lhe iinha sono pera dormir; e fez levantar os moços e quantos dormiam no paaço, e mandou chamar Joham Mateus e Lourenço Pallos que trouvessem as trombas da prata, e fez acender tochas, e meteu-sse pella villa em dança com os outros. As gentes que dormiam sahiam aas janelas veer que festa era aquella ou porque se fazia: e quando virom daquella guisa el-rrei, tomaram prazer de o veer assi ledo; e andou el-rrei assi gram parte da noite e tornou-sse ao paaço em dança, e pedio vinho e fruita, e lançou-sse a dormir (LOPES, 2007, p. 60).

Já na *Crônica de D. João I*, a antecipar a ascensão de João ao trono, o mestre é recebido, na sua chegada em Coimbra, por fidalgos e cidadãos em festa e pela clerezia em procissão:

> Os da cidade fizeram prestes para ir receber o Mestre, e a clerezia em procissão, e os leigos com seus jogos e tribilhos. E des-ahi os fidalgos e conselhos que ahi eram todos, juntamente de bestas, como melhor podiam, e em se corregendo uns e outros, começaram muitos apoz de sahir fora da cidade per o caminho per onde vinham o Mestre, com caallitos de cannas, que cada um fazia nos canaviais com pendões correndo todos, e gradando:
> – Portugal, Portugal, por el-rei D. João, boa hora venha o nosso rei (LOPES, 1897, v. III, p. 169-170).

Na interpretação de Maria Helena Cruz Coelho (2010, p. 70) esta era "uma entrada em tempo de advento, anunciado-se profeticamente o nascimento de um novo rei".

Aclamado rei D. João I, Coimbra e especialmente Lisboa são tomadas por festas e procissões, nas quais as gentes de toda a parte manifestam alegria e gratidão:

> E quando veio a quinta feira, seis dias d'aquelle mez d'abril da era já nomeada de 1423, sendo entonce o Mestre de sua noa e florescente edade de vinte e seis anos e onze mezes e vinte e um dias, foi alçado por rei, e feito seu offício assim ecclesiastico como secular, dando lhe aquelle poderoso e real estado que ele bem merecia, com grande festa e prazer, assim de lançar a tavolado, como d'outros jogos, segundo uzança daquelle tempo. Não somente em aquelle logar de Coimbra, mas nas outras villas e cidades que por ele estavam e sua voz mantinham. Especialmente em Lisboa foi feita uma mui honrada e solene procissão que partiu da Sé e foi a S. Domingos, com muito prazer e alegria (LOPES, 1897, v. III, p. 215).

D João dirige-se, então, à cidade do Porto, onde o clero e os cidadãos o recebem em festa, estando suspensos todos os ofícios. Desde o porto às ruas, as embarcações, as ruas, as janelas encontravam-se enfeitadas por bandeiras e estandartes, ramos, flores e ervas. As pessoas com suas melhores roupas, e também adornadas por verdes ramos e rosas, postavam-se às janelas e a pé nas ruas por onde haveria de passar o rei:

> Aos misteres e outra muita gente eram encomendadas danças e jogos d'outras maneiras, em que andavam velhos e mancebos, todos em leda vontade.

> As mulheres isso mesmo em seu bando, fizeram pellas muito bem corregidas, as quais acompanhavam com muitas cantigas dellas feitas, em louvor d'el-rei, e outras acostumadas, não somente as de meão estado e condição, mas muitas das boas da cidade andavam com ellas por honra da festa (LOPES, 1897, v. IV, p. 38).

Como as pessoas do comum povo, fidalgos e homens da clerezia, ricamente vestidos dispuseram-se a acompanhar o rei e, assim, "unidos todos em um" e a uma só voz, saudar a chegada de um "novo tempo".

Para Coelho, as festas têm um caráter ritual. Por meio delas se afirmam "obediência e sujeição, livre e espontânea de toda uma cidade ao seu rei" (COELHO, 2010, p. 70-71). As entradas régias são, ainda segundo Coelho, ocasiões particularmente propícias à "teatralização dos laços indissolúveis e birrelacionais entre o soberano e os seus súditos" (COELHO, 2010, p. 69).

Nos momentos especiais de sociabilidade, indivíduos e grupos contribuem para a construção de um consenso operacional do qual se beneficiam, mais diretamente, o rei e os grupos a ele diretamente associados. Os atos de sociação, consignados nos ritos de recepção do rei, comportam um significado e um valor estético partilhados por todos que deles participam.

Como construção social, a sociabilidade se realiza por meio da vida cultural. Ela envolve indivíduos que se agregam a partir de interesses e necessidades com conteúdo específico e, como quer Adriana Braga (2011), para além desse conteúdo, o fato de se sentirem sociados provoca satisfação em seus membros: "A formação daquela sociedade como tal é, em si, um valor. O puro processo de sociação, a forma desse processo, é, assim, um valor estético socialmente apreciado".

As imagens da sociedade harmoniosa, coesa em torno do rei, repetem-se, da mesma forma que nos relatos das entradas, nas descrições das partidas reais. As saídas de D. João I são assinaladas como episódios de grande comoção. O exemplo vem de Torres Novas, de onde, em 1385, D. João parte para a cidade de Coimbra e com ele um grande cortejo envolvendo gente de todo o tipo, como a querer acompanhá-lo em suas andanças pelas terras do reino. Para Maria Helena da Cruz Coelho, Lopes constrói um quadro hiperbólico do episódio:

> A descrição do quadro hiperbolizava-se na prosa lopesiana e densifica-se numa linguagem profético-messiânica. O Mestre, qual Moisés atravessando o deserto com o povo de Israel, conduz o seu povo eleito, essa multidão de homens e mulheres miseráveis, a que não faltava mesmo um cego para enfatizar a imagem bíblica, para uma nova terra primitiva (COELHO, 2010, p. 70).

Com suas clivagens, suas rígidas hierarquias, que se manifestam, principalmente, no modo de fazer a guerra, nobres, mercadores, oficiais e pobres de toda a sorte ganham unidade nos ritos de entrada e de partida real. Momentaneamente postos à margem os interesses e necessidades específicos, os habitantes da cidade demonstram satisfação pelo simples fato de sentirem-se sociados, mormente quando o próprio rei entra na dança e ruma para o paço misturado aos cidadãos.

Aos grandes e pequenos os vemos aglutinados, também, para ouvir a voz pública, em eventos para os quais acorrem todos aqueles ansiosos por tomar conta dos destinos do reino. Ainda os vemos ainda nos esponsórios e nas celebrações em honra de novos cavaleiros, como ocorre durante a cerimônia em homenagem a Joham Affonnso Tello, realizada por ordem de D. Pedro:

> [...] hordenou el-rrei de fazer conde e armar cavaleiro Joham Afonso Tello, irão de Martim Afonso Tello, e fez-lhe a moor honrra em sua festa que ataa quell tempo fora vista que rrei nehuu fezesse a semelhante pessoa. Ca el-rrei mandou lavrar seiscentas arrovas de cera de que fizerom cinquo mil cirios e tochas; e veherom de termo de Lixboa, onde el rrei entonce estava, cinquo mil homees das vintenas para terem os ditos cirios; e quando o conde ouve de velar suas armas no moesteiro de Sam Domingos dessa cidade, hordenou el-rrei que des aquell moesteiro ataa os seus paaços, que he assaz grande espaço, estevessem quedos aqueles homees todos, cada humm com seu cirio aceso, que davom todos mui grande lume; e el-rrei com muitos fidalgos e cavaleiros andavam per antre eles dançando e tomando sabor; e assi despenderom gram parte da noite. Em outro dia estavom mui grandes tendas armadas no Rressio acerca daquell moesteiro, em que havia grandes montes de pam cozido e assaz de tinas cheas de vinho e logo prestes por que bevessem; e quantos comer queriam daquela vianda, tinham muito prestes e a nenhum nom era vedada (LOPES, 2007, p. 60-61).

Finalmente, Lopes destaca, como uma ocasião de ajuntamento de gentes dos vários estados, os ritos de homenagem ao rei morto, cujo corpo em traslado catalisa as manifestações de apoio à causa monárquica.

Sociabilidades e ordenação social nas crônicas de Fernão Lopes

A sociabilidade pressupõe um todo social regular, que se consolida mediante a repressão aos aspectos peculiares e singulares dos indivíduos e atua no sentido da perpetuação das convivências sociais. A interação social cotidiana é possibilitada pelo engajamento comum e voluntário em um "consenso operacional", expressão de Goffman (1998 *apud* BRAGA, 2005) para designar uma espécie de concordância superficial, em que cada participante abstrai suas posições pessoais em prol de uma definição da situação compartilhada por todos.

Ao expor os atos de sociabilidades que tomaram lugar no processo de consolidação da monarquia portuguesa, Fernão Lopes expressa um modelo de ordenação social estruturado em torno de "estados" ou "condições", cujos limites é preciso reconhecer, e sobre os quais, no tempo abarcado pelas crônicas, o rei projeta-se como ordenador. Destaca Ventura (2010, p. 126):

> No plano do poder político, podemos dizer que é um tempo no qual se passa de uma situação de algum constrangimento da realeza perante os outros poderes para uma progressiva valorização da figura régia.

Os fidalgos, homens de grande estado, possuidores de armas e castelos, proeminentes no conselho real, vêm em primeiro lugar. São designados como "grandes". Nas narrativas de Lopes, eles estão ao lado dos reis portugueses nos inúmeros confrontos com as forças de Castela, mas às vezes do lado inimigo. A habilidade no uso das armas lhes faculta desempenhar os principais papéis, mormente quando as disputas têm por cenário os campos de batalha. Garantes dos privilégios nobiliárquicos de acesso ao poder e à riqueza, os soberanos portugueses retratados por Lopes revelaram-se perfeitamente entrosados nos princípios que orientavam a ordenação desse grupo. Assim, dizia de D. Pedro:

> Elle foi gram criador de fidalgos de linhagem, porque naquell tempo nom se costumava seer vassalo senom filho e neto ou bisneto de fidallgo de linhagem; e por husança aviam estonce a contia que ora chamam maravidiis dar-se no berço, logo que o filho do fidallgo nacia, e a outro nehuu nom. Este rrei acrecentou muito nas contias dos fidallgos depois da morte del-rei seu padre [...] (LOPES, Fernão. 2007, p. 7-8).

Também D. Fernando busca proteger os nobres filhos d'algos em suas insígnias e hábitos cavaleirescos, fazendo-lhes mercê de armas e cavalos, se disso tivessem necessidade: "E aos que eram fidallgos, e nom tijnham per hu aver boas armas e cavallos, a estes fazeia elRei mercee, per honde as podessem aver [...]" (LOPES, s.d, p. 230). É de fidalgos que os soberanos portugueses se fazem cercar para tomar decisões importantes. Corpo múltiplo, estruturado em graus ou estratos, essa nobreza dos filhos d'algo busca afirmar sua proeminência entre os estados do reino e se distingue do restante da sociedade pelo emblema das armas.

Mas no contexto da grande crise do século XIV, em Portugal, abriu-se no seio da nobreza uma irremediável fenda a exigir dos seus monarcas, pelo menos desde Pedro I, um controle mais efetivo dos assuntos do reino, especialmente aqueles relacionados ao exercício da justiça. As divisões internas na camada dos filhos d'algo apareceram, de forma mais evidente, durante os eventos de 1383-85. Algumas famílias foram beneficiadas com os movimentos que levaram à ascensão de D. João I, enquanto sobre uma parcela da aristocracia, aquela retratada nos livros de linhagem, louvada por sua atuação nas guerras de reconquista contra os mouros e organicamente ligada aos interesses de Castela, se fizeram sentir com mais veemência a crise dinástica e as transformações no campo político que ocorreram após a morte de D. Fernando.

Em segundo lugar na ordenação dos estados do reino vêm os prelados, especialmente os ocupantes de cargos episcopais e os dirigentes de ordens sacras, apartados do restante da sociedade por especial condição, mas perfeitamente incutidos nos enredos palacianos. Eles atuam, principalmente, na assessoria aos reis. Deles emanam as operações sacramentais e a verdade das escrituras com as quais busca-se sacralizar a causa monárquica. Entretanto, destaca França (2006, p. 34), "em diversas fontes documentais são encontrados indícios de que os membros do estado *eclesiastico* atuaram em inúmeros espaços de natureza laica". Aos clérigos, os vemos mobilizados ao lado dos reis, para atuarem, inclusive com a força das armas, em defesa da causa portuguesa contra Castela.

É, pois, de fidalgos e clérigos que os soberanos portugueses se fazem cercar para tomar decisões importantes. Entretanto, em especiais circunstâncias, ameaçado o reino, o rei tem ampliado o seu conselho, buscando nele integrar, além de fidalgos e prelados, mestres e cidadãos, como o faz D. Fernando e, depois, o Mestre de Avis. Nos concelhos, os reis portugueses buscam a força complementar exigida pelas sucessivas campanhas militares. Nas guerras contra Castela, a nobreza de linhagem – alma do exército português

– compartilha, pois, o campo de batalha com indivíduos pertencentes a outras categorias, mesmo os lavradores e os mesteiraaes.

A posse de armas por parte dos mercadores foi referendada por D. Pedro no contexto de uma política de defesa do território e das atividades econômicas que davam sustentação ao reino. E D. Fernando faz lançar pregão aos cidadãos da cidade do Porto, convocando-os para, em sua companhia, se lançarem à batalha:

> [D. Fernando] mandou logo suas cartas aa çidade do Porto [...] que isso meesmo se fezessem prestes os moradores do logar pela se hirem em sua companha. Os da cidade muj ledo com este recado, forom todos postos em gramde trigamça pêra poer esto em obra, huuns aachegar barcas, delles a carretar madeira, outros a lamçar amcoras e amarrar cabres [...] fezerom-se prestes todollos homeens darmas, e de pee, e beesteiros com a bamdeira da çidade, pera hirem em companha delRei aa batalha" (LOPES, s.d., p. 95).

Especialmente aos mercadores, D. Fernando recorre em situações de extrema gravidade. E os quer ricos, abastados e carregados de honra. Em seu favor age contra os estrangeiros, mas também contra os fidalgos e clérigos do próprio reino que possam constituir entraves às suas atividades.

Ainda com maior cuidado agem os reis em favor dos pequenos, o "comum poboo", os quais Fernão Lopes às vezes nomeia cidadãos. É principalmente nas cidades que se vislumbra esta categoria difusa que complementa a lista dos "estados" do reino e cujos limites e composição é necessário precisar. É por contraposição ao conceito de fidalgo que Saraiva propõe definir essa difusa categoria:

> "Povo" opõe-se ao conceito de aristocracia fidalga. "Fidalgo" é o que possui as armas e os castelos: "povo" é o que ganha a sua vida quer com o trabalho manual (mesteirais e lavradores) quer com a "indústria", isto é, a atividade, habilidade e iniciativa em qualquer ramo produtivo e pacífico (SARAIVA, 1988, p. 182).

De D. Pedro, afirma Lopes, "era ledo de os ouvir e folgava em lhes fazer dereito, de guisa que todos viviam em paz". Sob D. Fernando, o povo reunido no paço real, para desespero dos fidalgos e privados do rei, era composto por mesteirais e besteiros e homens de pé. Especialmente D. João I, Fernão Lopes parece fazer crer que tem o seu poder assegurado pelo apoio do povo. Ainda Mestre de Avis, é com contentamento que ouve as manifestações de apoio das gentes à sua causa. É do "povo assim alevantado" que ele recebe o pedido para fazer-se rei e senhor e, com isso, o poder de assenhorar-se de todas as riquezas e direitos inerentes a essa nova condição. Enfim, do "comum povo livre", segundo Fernão Lopes, o Mestre resolve, após ouvir em conselho os seus privados, aceitar a oferta para tornar-se regedor e defensor dos reinos.

É nos pequenos, em oposição aos ricos, que o Mestre faz assentar a força necessária ao enfrentamento das forças de Castela, conforme Lopes:

> Nesta guisa que haveis ouvido se levantaram os pobres e outros muitos lugares, sendo grande cisma e divisão entre os grandes e os pequenos, o qual ajuntamento dos pequenos povos que se entonce assim ajuntavam chamavam naquele tempo Arraia Meuda, os grandes escarnecendo dos pequenos chamando lhe povo do Messias de Lisboa, que cui-

> davam que os haviam de remir da sujeição d'el-rey de Castella (LOPES, 1897, v. I, p. 130-131).

Com o povo da cidade, assente Lopes, D. João defendeu Lisboa contra o rei de Castela, que lhe pusera cerco em 1384. Por seus atos, o rei parece querer igualar-se ao povo e integrá-lo às instâncias de decisão. É essa a intenção que o move a derrubar as portas que separavam o castelo da cidade de Lisboa. Entretanto, são, em primeiro lugar, os bons cidadãos, os homens honrados da cidade, que D. João faz chamar à câmara do concelho para lhes requerer aquilo que já havia sido outorgado pelo povo. Enquanto isso, homens livres, lavradores, mercadores e artesãos, sentindo-se afrontados pelos rumores de traição, reunidos em grande quantidade, buscam se fazer ouvir. E, movido por seca sanha, movimentam-se, desguarnecidos de todo bom costume.

Ainda que justa a sua motivação, é com destempero e imperícia que age o comum povo sobre o qual tende a se apoiar o Mestre de Avis para se afirmar na condição de defensor do reino. Malajambrada para o uso das armas, a arraia miúda lança mão do que tem à frente para pôr-se em confronto com seus inimigos. Por sua aparência, seus modos de luta, seus objetivos, Fernão Lopes apresenta os grandes e pequenos, os fidalgos e o povo, como um par dicotômico, fendido por irremediável cisma. Os primeiros, corajosos e valorosos, temiam aos segundos, se fazia mostrar na luta contra os castelos inimigos:

> E nenhum por grande que fosse era ouzado de contradizer a estos nem falar por si nenhuma cousa, pois sabia que como falasse morte má tinha logo prestes, sem nenhum mais puder ser bom. E era maravilha de vêr que tanto esforço dava Deus n'el-

> les, e tanta cuvardice nos outros que os castelos que os antigos reis por longos tempos, jazendo sobre eles com força de armas, não podiam tomar, os povos "meudos", mal armados e sem capitão, com os ventres ao sol, antes de meio dia os filhavam por força (LOPES, 1897, v. I, p. 131).

Contavam, inclusive, os meudos que agiam em favor do mestre, com mulheres em suas hostes "E não somente os homens, como dito é, mas as mulheres, entre si tinham bando pelo Mestre contra qualquer um que da sua parte não era" (LOPES, 1987, v. I, p. 132).

Lopes releva os movimentos do povo em defesa da nova ordem e apregoa a chegada de uma sétima idade, que se inicia com a ascensão de D. João I, na qual homens de condição inferior puderam galgar lugares importantes no seio da cavalaria:

> [...] fazemos aqui a setima edade, na qual parece se leantou outro mundo novo e nova geração de gentes. Porque filhos de homens de baixa condição, que não cumpre dizer, por seu bom seriço e trabalho, neste tempo foram feitos cavaleiros, chamando-se logo de novas linhagens e appellidos (LOPES, v. III, p. 113).

Entretanto, ainda que, como salienta Saraiva, Fernão Lopes sobreponha por vezes as proezas individuais dos profissionais da guerra, os grandes movimentos do povo em defesa da causa nacional, só os grandes personagens da nobreza são nomeados.

Representações da ordem social, as crônicas, bem mais do que relatar os fatos, servem para apresentar uma imagem da sociedade comprometida com os princípios de ordenamento social nos quais os "defensores" exercem uma inelutável centralidade.

Considerações Finais

Nas imagens veiculadas por Lopes da sociedade portuguesa sob o reinado de D. Pedro e D. Fernando e à época da afirmação da Dinastia de Avis, a nobreza dos filhos d'algo constitui com o povo um par dicotômico, de figuras antitéticas, opostas pelo modo de viver, definitivamente cindidas pelas suas relações com os castelos: a nobreza os têm em privilégio; o povo os toma como símbolo de poder e opressão e, não raras vezes, insurgem-se contra eles.

Para Fernão Lopes, nomeado vassalo do Rei de Portugal, defender a hierarquia é defender a sua própria condição. Sua visão de sociedade, sustentada pela condição de oficial do reino, está ancorada em uma perspectiva que é a dos vencedores do grande movimento de 1383-85. Sem desprezo dos seus contributos individuais, suas crônicas, mais do que relatar os fatos, prestam-se à difusão de valores e normas de conduta daqueles que têm o privilégio do discurso instituidor.

Por esta razão, tanto quanto exaltar personagens e atos que deverão se perenizar na memória dos povos, o nosso cronista se esforça em destacar procedimentos e sentimentos impróprios à perfeita ordenação do reino. Dessa perspectiva provém seu julgamento moral sobre o povo, nomeadamente quando este, instigado por "destemparada sanha", descuida dos afazeres próprios de seu ofício e condição para intervir nos negócios do reino.

É, segundo Lopes, fora de todo bom costume e de toda a razão que o sanhoso povo da cidade de Évora, alvoroçado, se volta contra todos, mesmo contra os que não lhe haviam feito erro algum. A sua visão de sociedade é construída em estreita relação com os interesses presentes da monarquia e dos grupos que assomaram ao poder juntamente com a nova dinastia.

Ainda que inicialmente exibidos para um círculo restrito de letrados, os códices manuscritos das crônicas de Lopes são os veículos privilegiados de difusão de uma verdade histórica que projeta os reis de Portugal e a nobreza portuguesa, à qual os reis estão ligados organicamente, como os ordenadores do reino.

É inicialmente para a nobreza, e dentro dela o próprio rei, que se destina o discurso moralizador assente nas crônicas. Quanto ao povo, sua notável atuação no movimento que levou à redefinição das bases políticas da monarquia portuguesa ganha importância em razão da perspectiva teórica, sustentada por Lopes, que o situa no tripé de sustentação da causa monárquica.

Da obra de Lopes deriva uma imagem da ordem na qual os diversos "estados" do reino se distinguem em uma topografia social complexa, se distribuem em uma ordenação espacial elucidativa dessa distinção e se encontram nos tempos e espaços de sociabilidade, mas sob o controle da monarquia e da nobreza. Nessa sociedade, o rei se projeta como autoridade moral, e sua supremacia legal, conquistada à custa de guerras, acordos e concessões, era o suporte necessário à autoridade organizativa que dele emana.

Fernão Lopes escreve em um momento em que, agitada por guerras internas e externas de afirmação nacional, a nascente nação portuguesa está a exigir uma reflexão sobre sua própria natureza e, portanto, uma revisão dos sistemas conceituais com os quais se deve julgá-la. Nas imagens e discursos correntes em suas crônicas, os "estados" do reino se distinguem em uma topografia social complexa e se encontram nos tempos e espaços de sociabilidade. Palco de ações espetaculares, desenvolvidas no contexto das guerras de resistência ao castelã, e cenários de ritos de sociabilidades, as cidades adquirem personalidade e se conformam em um ideal de unidade que se sobrepõe aos agrupamentos sociais, étnicos e profissionais que as definem.

Referências Bibliográficas

ALCÂNTARA JÚNIOR, José. O conceito de sociabilidade em Georg Simmel. *Ciências Humanas em Revista,* v.3, n.2, p. 31-35, São Luis, 2005. Disponível em: <http://www.nucleo humanidades.ufma.br/pastas/CHR/2005_2/jose_alcantara_v3_n2.pdf>. Acesso em 23/07/2013.

BRAGA, Adriana. Sociabilidades digitais e a reconfiguração das relações sociais. *Desigualdade & Diversidade,* n. 9, p. 95-104, ago/dez 2011. Disponível em: <http://desigualdade diversidade.soc.puc-rio.br/media/09%20DeD%20_%20n.%209%20-%20artigo%204%20-%20>. Acesso em 20/07/2013.

BRAGA, Adriana A. Sociabilidade no Livro de Visitas: uma dimensão comunicacional da feminidade contemporânea. In: BRAGA, Adriana (Org.). *CMC, Identidades e Género*: teoria e método. Covilhã: Universidade da Beira Interior, 2005. p. 25-55. Disponível em: <http://www. livros labcom.ubi.pt/pdfs/20110824-braga_adriana_cmc.pdf>. Acesso em 01/08/2013.

CAMPOS, Maria Amélia Álvaro de. O rural e o urbano nas freguesias de Coimbra nos séculos XIII e XIV. *Revista Portuguesa de História.* t. 41, p. 157-174. Coimbra, 2010.

COELHO, Maria Helena da Cruz Memória e propaganda legitimadora do fundador da Monarquia de Avis. In: NOGUEIRA, Carlos. (Org.). *O Portugal Medieval:* monarquia e sociedade. São Paulo: Alameda, p. 51-79, 2010.

DUBY, Georges. *Idade Média, Idade dos Homens:* do amor e outros ensaios. São Paulo: Companhia das Letras, 1989.

FRANÇA, Susani Silveira Lemos. As cidades dos contadores de História (século XV). In: CARVALHO, Margarida M. de; LOPES, Maria A. de S.; FRANÇA, Susani S. L. (Org.). *As ci-*

dades no tempo. Franca: Unesp; São Paulo: Olho D'Água, p. 201-219, 2005.

FRANÇA, Susani Silveira Lemos. *Os reinos dos cronistas medievais.* São Paulo: Annablume, 2006.

LOPES, Fernão. *Chronica de El-Rei D. João I.* Lisboa: Escriptorio, 1897. 5v.

______. *Crónica de D. Pedro.* Edição crítica, introdução, glossário e índices de Giuliano Macchi. 2ª Edição Revista. Lisboa: Imprensa Nacional; Casa da Moeda, 2007.

______. *Crónica do Senhor Rei Dom Fernando nono rei destes regnos.* Introdução de Salvador Dias Arnaut. Porto: Livraria Civilização Editora, s.d.

MENJOT, Denis; BOUCHERON, Patrick. O florescimento das cidades: o século XIII na História do mundo urbano. In: CARVALHO, Margarida M. de; LOPES, Maria A. de S.; FRANÇA, Susani S. L. (Org.). *As cidades no tempo.* Franca: Unesp; São Paulo: Olho D'Água, p. 17-36, 2005.

SARAIVA, António José. *O crepúsculo da Idade Média em Portugal.* Lisboa: Gradiva, 1988.

VENTURA, Margarida Garcez. O "ofício do rei" no Portugal quatrocentista. In: NOGUEIRA, Carlos. (Org.). *O Portugal Medieval:* monarquia e sociedade. São Paulo: Alameda, p 125-121 2010.

Os indivíduos no registro histórico*

* Este trabalho é resultado de pesquisa desenvolvida no âmbito do Projeto Temático "Escritos sobre os novos mundos: uma história da construção de valores morais em língua portuguesa", financiado pela FAPESP (Processo: 2013/14786-6), e do projeto "Patrimônios escritos e a invenção de novos mundos (séculos XIII-XV)", financiado pelo CNPq (Processo 470371/2014-5).

Susani Silveira Lemos França[1]

Michelle Souza e Silva[2]

> O berço que balança sobre um abismo e o senso comum nos diz que nossa existência não passa de um breve momento de luz entre duas eternidades de trevas. (NABOKOV, V. *Speak, memory*. 1966)

Em um estudo recente sobre a vida do rei D. Duarte, o historiador Luís Miguel Duarte revela aquele que seria, em sua opinião, um segredo de gabinete dos historiadores: o sonho de "escrever uma biografia" (DUARTE, 2007, p. 9). Se tal sonho é tão vastamente partilhado, não se pode afirmar ao certo, dado que não foram muitos os historiadores que, até a década de 80 do século XX, realizaram com sucesso a tarefa de compor uma biografia. A partir daí, entretanto, o quadro dos relatos de vidas ampliou-se substantivamente e mais intensamente no início do nosso século.

---

1 Professora Doutora do Departamento de História e do Programa de Pós-Graduação em História da Faculdade de Ciências Humanas e Sociais – UNESP – Campus Franca.

2 Doutora em História pelo Programa de Pós-Graduação em História da Faculdade de Ciências Humanas e Sociais – UNESP – Campus Franca.

No caso de Portugal, duas coleções dedicadas a recordar os reis portugueses, além de biografias feitas por jornalistas, instigam-nos a retomar uma discussão fundamental para os historiadores quando o assunto é a relação entre a narrativa da vida[3] de uma personagem e a escrita da história: em que medida o singular ou o indivíduo podem traduzir seu tempo ou em que medida o excessivo interesse por estes pode levar ao desvio das ações coletivas ou dos valores partilhados – estes, sim, mais essenciais para o historiador? (POMIAN, 1997, p. 905).

Os dois eixos de interrogação tiveram, como é sabido, seus momentos de glória na história, mas vale aqui retomar o problema a partir do período em que a história passou a ser escrita em língua portuguesa, tal como ocorreu em outros reinos cristãos, onde a língua vernácula igualmente ganhou espaço.[4] Neste período, entre os séculos XIV e XV, em que os historiadores escrevem sob demanda régia,[5] a preocupação em elaborar ou fixar as histórias dos reinos particulares em detrimento das histórias universais (GUENÉE, 1980, p. 309) é decisiva para redefinir os parâmetros do registro sobre o passado. Escrever a história confundia-se com fazer recordar os reinados encabeçados por um homem, de forma que muitas foram as justificativas para que o louvor de um fosse extensivo a todos do reino no presente e no futuro, e retroativamente também aos homens do passado, dado que a história era entendida como uma espécie de cadeia, em que cada geração se beneficiava necessariamente dos valores acumulados pelas gerações precedentes

---

3 Vale destacar que o termo biografia aparece nas línguas europeias apenas nos finais do século XVII (DOSSE, 2007, p. 16).

4 Cf. CLANCHY, 1993; GEARY, 1994.

5 Vale recordar que as crônicas do período em questão eram escritas a pedido de reis ou nobres. Ver: FRANÇA, 2006.

(COLEMAN, 1992, p. 47). Sem qualquer tipo de embaraço – já que para eles não era problema pensar a história a partir dos grandes homens –,[6] os historiadores desse tempo, então identificados como cronistas, davam início às suas narrativas sobre o passado destacando aqueles homens que governaram ou que realizaram feitos que então eram considerados dignos de memória.

São comuns nessas fontes justificativas de que uma das funções do registro histórico deveria ser recompensar aqueles cujos feitos tinham se mostrado notáveis (GOMES EANES DE ZURARA, 1973, p. 8). No caso dos reis, seus retratos eram o ponto de partida dessa recompensa; no caso dos nobres, seus nomes mencionados eram, por si, uma forma de galardoá-los. Aqueles cronistas portugueses, Fernão Lopes, Gomes Eanes de Zurara e Rui de Pina, que foram nomeados cronistas-mores do reino, deixaram bem claro que a eles coube a tarefa de escrever para não deixar os feitos passados caírem no esquecimento, principalmente porque esses feitos mereciam louvor. Na *Crônica dos Sete Primeiros Reis de Portugal*,[7] considerada a primeira de iniciativa régia, dado que as anteriores eram oriundas dos mosteiros ou de iniciativa senhorial, fica claramente anunciado pelo cronista que o seu alvo eram "as vidas e mui excelentes cousas e feitos dignos de eterna memória" (2009, p. 5). As que se seguiram não se eximem de reiterar o lugar-comum de que as grandezas de alguns, mesmo quando se tratava de uma empresa envolvendo vários, como foi a tomada de Ceuta,

6 Como veio a problematizar a historiografia francesa no início do século XX. Cf. POMIAN, 1997.

7 Muitos estudiosos, entre os quais Arthur de Magalhães Basto, Adelino de Almeida Calado, Hernâni Cidade, A. H. de Oliveira Marques, problematizaram a autoria desta crônica, muitos admitindo que, dadas as circunstâncias históricas da produção, possa ser de Fernão Lopes. Cf. BASTO, 1960; CALADO, 1998. p. XXXVIII.

eram o que justificava a história. Sobressaía a atuação do rei, D. João I (GOMES EANES DE ZURARA, 1915, p. 8), mas também de alguns senhores, como o Infante D. Henrique, cuja "qualidade" dos feitos merecia ser demonstrada em uma narrativa que parecesse "inteira", a despeito do pouco que se podia saber (GOMES EANES DE ZURARA, 1915, p. 11).

Não apenas o cronista que mais explicitamente defende que a história era para laurear os grandes, mas outros seus contemporâneos do mesmo modo não ocultam que certos homens eram o núcleo da história vivida e a ser contada. A *Crónica da Conquista do Algarve*, provavelmente do século XIV, põe em cena, por exemplo, o mestre da Ordem de Santiago, Paio Peres Correia (1856-1861. v. I, p. 416) e seus feitos em nome de Deus, deixando o próprio rei D. Afonso III em segundo plano (1856-1861. v. I, p. 420). Também em primeiro plano, um outro cavaleiro, ofuscando o brilho do próprio rei D. João I ganha forma em duas crônicas escritas na primeira metade do século XV, a *Crónica do Condestabre* e a *Crónica de D. João I*, as quais concedem espaço privilegiado ao condestável Nuno Álvares Pereira. Na primeira, o cavaleiro "honrado" (*Chronica do Condestabre de Portugal Dom Nuno Alvarez Pereira*, 1911, cap. II, p. 6) é destacado por ter dedicado a vida ao serviço de Deus e do rei e por seus "valentes e nobres feitos" (*Chronica do Condestabre de Portugal Dom Nuno Alvarez Pereira*, 1911, prólogo, p. 1), merecendo, por isso e por suas qualidades, história à parte. Na segunda, em que não é a figura central, ainda assim as nuances de uma vida marcada por "excelentes atos" (FERNÃO LOPES, 1973, p. 56) ganham bastante espaço. Da boa condução das tropas aos cuidados com a justiça, tudo justificava que seus "honrosos feitos" não ficassem sem registro (FERNÃO LOPES, 1973, p. 374-375; 1977, p. 449), incluindo suas elevadas manifestações de fé, como quando não titubeou em deixar sua hoste no momento crucial da batalha para "orar" (FERNÃO LOPES, 1977, p. 140).

No que diz respeito aos reis, a condução da história em torno de sua figura mostrava-se ainda mais natural nas crônicas quatrocentistas. A ênfase sobre seu nome é notável nos retratos que lhe são dedicados, em que virtudes e vícios, as primeiras especialmente, dão a medida daqueles que se destacavam menos por seu desempenho e mais por ocuparem o lugar que ocupavam: o de governante.[8] Nas crônicas assumidamente escritas por Fernão Lopes, dedicadas aos reis D. Pedro, D. Fernando e D. João I, cada um destes tem a história do seu reinado narrada com algumas pinceladas que poderiam ser consideradas próprias de seu caráter. De D. Pedro, rei que a crônica pinta como obstinado pela justiça, por exemplo, ficamos a saber certos detalhes que dizem não apenas sobre a forma como governava, mas também sobre suas preferências. O cronista destaca mais de uma vez que ele apreciava as festas e os torneios como forma de "desenfadamento". Nessas festas, dançava "por mui grande espaço", de "dia e de noite", conta ele. Além disso, gostava de ser recebido, quando vinha pelo Tejo de Almada para Lisboa, "com danças e trebelhos", caindo ele próprio na dança com os seus súditos até às imediações do paço real. Da mesma forma, caprichava nos detalhes em cerimônias como a de armamento de cavaleiros, em que ele próprio, "com muitos fidalgos e cavaleiros", passava, durante grande parte da noite, "dançando e tomando sabor" entre os homens com os círios acesos (FERNÃO LOPES, 1986, p. 62). E não ficava por aí, pois o cronista ilustra seu gosto pelo contentamento[9] com uma narrativa em que, certa vez, quando estava sem sono, mandou acordar os servidores

8 Cf. SENELLART, 2006.

9 No sentido de satisfação, prazer (MACHADO, 2015, p. 540).

do paço para "que trouxessem as trombas de prata, e fez acender tochas, e meteu-se pela vila em dança com os outros [...]", causando a impressão, naqueles que o observavam, de que estava feliz (FERNÃO LOPES, 1979, p. 61-62).

À semelhança desse rei, sobre D. Fernando são também incluídas passagens que, à primeira vista, poderiam ser cogitadas como qualidades pessoais do rei ao invés de qualidades daquele que ocupa o lugar de rei. Era ele, como destaca o cronista, "mui querençoso de caça e monte", partindo, às vezes, para caças "com toda sua casa, e da Rainha, e muitos monteiros com sabujos e alãos [...]" (FERNÃO LOPES, p. 4; p. 267). Além disso, cavalgava, justava e torneava muito bem (FERNÃO LOPES, 1979, p. 3), revelando, assim, seu gosto pelas atividades desportivas comuns entre os seus iguais. Pistas no mesmo sentido são dadas sobre seus ímpetos, como, por exemplo, de que era "grandioso de vontade", e "querençoso" de acrescentar a sua fama e valorizar o seu estado (FERNÃO LOPES, 1979, p. 77). D. João I, do mesmo modo, não fica sem merecer menção de suas preferências, como caçar, por exemplo. Apreciava o desporto desde a juventude, quando era Mestre de Avis e caçava com seu irmão (FERNÃO LOPES, 1979, p. 264), tendo continuado a apreciá-lo depois de rei, segundo Fernão Lopes – que conta que os seus filhos procuravam provê-lo sempre das condições para que "filhasse sabor" nesse divertimento (FERNÃO LOPES, 1977, p. 310).[10]

Apreço pelas festas, pelos jogos e folganças, como então se dizia, são práticas também apontadas nas crônicas como próprias de outros reis, a respeito dos quais são lançados igualmente outros indicativos que poderiam nos parecer pessoais, como a abstinência, por

10 Além disso, não podemos esquecer que deixou um tratado sobre caça (DOM JOÃO I. *Livro da Montaria*, 1981).

exemplo (RUI DE PINA, 1977, p. 881). A respeito de D. Afonso V, conta Rui de Pina, que "desafiou os cavaleiros para as justas reais" quando do casamento de sua irmã (RUI DE PINA, 1977, p. 761). Acerca de D. João II, Rui de Pina conta que tinha "singulares aves, e bons caçadores" (RUI DE PINA, 1977, p. 1031), e que comumente viajava com a rainha e o filho para montar e caçar (RUI DE PINA, 1977, p. 928), incluindo um dia antes da morte do príncipe D. Afonso, quando estiveram juntos a "correr montes" em Almeirim (RUI DE PINA, 1977, p. 982). No que diz respeito às festas, entretanto, diferentemente da forma como é descrito D. Pedro, que gostava do fausto mas igualmente das improvisações, D. João II é apresentado como preocupado acima de tudo com a "perfeição" do cerimonial (RUI DE PINA, 1977, p. 969-973), assim como prezava de "andar bem, e ricamente vestido" (RUI DE PINA, 1977, p. 1031).

Tais referências mais ou menos frequentes, dependendo de cada rei, merecem ser interrogadas considerando-se se pertencem à ordem do particular e se podem ser pensadas como índices biográficos. Apesar de os nomes dos reis figurarem no próprio título das crônicas, é interessante de saída observar que os nomes falam mais de um rei do que de um homem, ou seja, mais do que de uma vida, falam sobretudo de um reinado. Mas em que medida a ênfase sobre um reinado ou um nome de rei se confundia com aquilo que mais tarde veio a ser chamado biografia? Uma questão recorrente nas crônicas, e que aparece bem delineada na *Crónica de D. João I*, diz respeito à função de modelo, exemplo, atribuída às personagens das histórias. Quando Fernão Lopes se refere a Nuno Álvares Pereira – que divide na referida crônica protagonismo com o rei D. João I –, resumindo suas habilidades de conduzir a guerra, alega que seu objetivo não era louvá-lo, mas mostrar um "exemplo aos que hão de vir" (FERNÃO LOPES, 1977, p. 443). O modelo, por forjar-se nos liames da tradição, estaria também amparado em elementos próprios de uma vida, como as nuances de caráter, as escolhas aparentemente pessoais e os gostos? Ou as feições morais de grandes cavaleiros, nobres e reis pouco se amparam na singularidade e muito mais em padrões aceitos e recorrências? Se o que se propunha era elaborar uma história do reino de Portugal enumerando os sucessivos reinados, que papel desempenhavam os protagonistas nesse gênero de escritos em que diversos letrados quatrocentistas insistiram em destacar a feição de conjunto? Zurara, por exemplo, definiu tal coleção como "memorial das virtuosas obras" (GOMES EANES DE ZURARA, 1915, p. 117-118); o rei D. Duarte, antes dele, em 1419, propôs que fosse um conjunto de "histórias dos reis que antigamente em Portugal foram";[11] ou – para lembrarmos apenas alguns – Rui de Pina anunciava o empreendimento como "feitos famosos" tanto do próprio D. João II como do reino[12] ou, ainda, como "crônicas e coisas passadas, presentes e que estão para vir" (SERRA, 1790, p. 64). Em suma, em que medida todas essas indicações de que a totalidade e a sucessão importavam mais do que as nuances de cada um ainda permitem cogitar sobre uma possível aproximação entre a biografia e a história?[13]

Se, como adiantamos a propósito das crônicas, um dos principais alvos dos cronistas/historiadores medievais era, pelos exemplos passados, guiar as ações e escolhas do presente e do futuro, as fronteiras entre o particular e a época ou a sociedade, entre

11 Documento de 3 de junho de 1439, confirmando a carta de D. Duarte de 19 de março de 1434. Publicado em: FERNÃO LOPES. *Cronica del rei Dom João I de boa memoria*, 1973, doc. I, p. XLV.

12 Citado em José Corrêa da Serra (1790, p. 62).

13 Guenée (1987, p.7-10) começa seu livro *Entre l'Eglise et l'Etat* justamente buscando uma demarcação dos gêneros na antiguidade.

a esfera do indivíduo e do coletivo, não são tão facilmente delimitáveis. O rei, pode-se dizer, era uma espécie de síntese do seu tempo. Historiadores e teóricos da história das últimas décadas que retomaram essas crônicas procuraram, entretanto, redefinir e tornar mais nítidas tais fronteiras, a partir das inquietações que desde o final do século XIX se tornaram fundamentais no campo da escrita da história. Esses estudiosos dispuseram-se a restituir espaço para o singular ou ao menos a pensar na confluência entre a história de uma vida e a história de um povo ou de uma sociedade, levando em conta o jogo de analogias e discrepâncias entre essas. Uma primeira preocupação que se destaca é a de procurar demarcar as qualidades historiográficas de um gênero durante muito tempo considerado gênero literário, mas não sem esquecer que, embora a biografia seja parente próxima da história, não se confunde inteiramente com esta (GUENÉE, 1987, p. 12). Um segundo cuidado identificável nesses estudos recentes diz respeito à própria viabilidade de analisar uma vida como história (GUENÉE, 1987, p. 8). Uma terceira preocupação que igualmente emerge entre os historiadores é a de tentar encontrar um lugar e definir parâmetros para uma biografia histórica.

No que diz respeito ao reconhecimento ou busca das qualidades historiográficas de um gênero, uma discussão por parte dos historiadores que acabou avançando é aquela que retoma a oposição entre literatura e história tantas vezes reafirmada depois do século XIX, fazendo ecoar a oposição aristotélica entre a epopeia e a história (GOYETTE, 2000, p. 83; AMADO, 1991, p. 11). O empenho em distinguir a história funda-se em uma preocupação de fundo quanto à sua especificidade, a despeito do seu inegável caráter narrativo e sua dimensão linguística e, igualmente, a despeito da sua indiscutível intersecção com os chamados gêneros literários. Nesse contexto de disputas em que alguns quiseram resguardar sua especificidade e outros consideraram vã a tentativa, dado se tratarem ambas de formas linguísticas,[14] a biografia surgia, para uns, mais identificada com o romance, para outros, como uma das formas da história, pois, sem propriamente ancorar-se na realidade ou ser desta reflexo, dava forma a realidades históricas, nomeadamente as dos indivíduos no jogo social. Entre estes últimos que reconheceram a biografia entre os gêneros históricos, o medievalista Bernard Guenée foi um dos que vieram relançar a discussão sobre o enredamento narrativo e a inventividade como não alheios à história. Segundo ele, depois de idas e vindas – período áureo no início do século XIX e limbo no final do mesmo século, quando o interesse pelos homens no plural ganhou força –, a história desde a década de 60 do século XX começou a se cansar de "não ter rosto e nem sabor" e, gradativamente, voltou o seu olhar para o "qualitativo e o singular" (GUENÉE, 1987, p. 12-13). Sem abandonar seus elos com a moral e o imaginário, ela se redefine mais uma vez. Mas a história não perde sua desconfiança quanto à legitimidade do seu parente próximo, dados os caminhos múltiplos que o gênero biográfico pôde tomar (GUENÉE, 1987, p. 13). Foi com tais preocupações que Guenée se aventurou pelo território da história de vidas,[15] um território em que a interrogação sobre as estruturas, visando o necessário, cede espaço à investigação sobre o contingente, ou seja, sobre o frágil e o incerto que caracterizam as histórias dos homens e permitem tocar o "sentimento" de um tempo (GUENÉE, 1987, p. 14). O medievalista francês, pois, reaproxima a biografia da história, concebendo-

14 Entre os que se envolveram, vale citar: Paul Veyne, Roger Chartier, Bernard Williams, Carlo Guinsburg, Hayden White e vários outros.

15 O interesse pela autobiografia e os relatos de uma vida, em detrimento das "Memórias de Estado", é notável nos últimos anos segundo Pierre Nora (2013, p.455).

-as como complementares, dado que o destino de um homem não pode ser compreendido sem a história de um tempo, e esta, por sua vez, poderia ser compreendida através do destino de um homem.[16]

Tal discussão sobre o potencial histórico da biografia foi levantada sob diferentes ângulos em um estudo relativamente recente de François Dosse, no qual esmiúça os pontos de contato do gênero com a história e a ficção. Tal como essas, a biografia é escrita de um presente que interfere na construção do passado, entretanto, por requerer mais a empatia de quem escreve, ela por vezes acaba por se aproximar mais da ficção do que da história. Sem perder de vista a vontade de verdade, o gênero narrativo, destinado à narração de uma vida, flertava inevitavelmente com a ficção, como destaca Dosse, pois dependia de uma elaboração.[17] De qualquer modo, seu potencial histórico não foi negligenciado por pensadores como Dilthey e Walter Benjamin, que reconheceram sua aptidão para desvendar os elos de uma vida com uma época ou com o universal, como considerava o primeiro (DOSSE, 2007, p. 15-16). Se outrora o enfoque heroico foi uma das suas marcas, a biografia, nas experiências recentes, comprometeu-se com "a reflexividade e o distanciamento" em detrimento da exaltação com tintas heroicas que a caracterizara na Antiguidade ou na Idade Média, por exemplo. Mas seu diálogo com a ficção, sustentado sobre a necessidade de conferir inteligibilidade à dispersão de experiên-

16 Cf. GUENÉE, 1987.

17 No seu percurso histórico, variações notáveis permitiram a alguns estudiosos falar de um longo período, da Antiguidade ao século XVII, em que a designação "Vidas" melhor exprime uma escrita recortada pelo ciclo vital – nascimento e morte; unidade de medida, pois, que se impunha ao autor como uma espécie de *a priori*. Período que teria sido sucedido por um outro em que a eleição toma o lugar do recorte vital e faz nascer um gênero melhor designado como biografia (DOSSE, 2007, p. 17).

cias vividas, melhor se nota na ambição de totalização, ainda que ilusória, que a caracteriza (DOSSE, 2007, p. 17-18).

A aproximação, como vimos em Guenée, acabou por deixar receosos os historiadores durante um longo período, dada a ameaça à então aclamada cientificidade da história. Mas a partir da década de 80 do século passado, o potencial histórico da biografia foi redescoberto. Muitos se aventuraram pelo terreno das vidas dos homens e mulheres em busca fosse de compreender o singular; fosse de desvendar os caminhos de determinada época ou povo; fosse para descobrir os encantos dos tempos passados; fosse, entre muitas outras funções, em busca de entender como um indivíduo experimenta sua época. Vias, portanto, que desafiaram e desafiam o historiador a redimensionar sua disciplina, obrigando-o a reconhecer o caráter ambivalente do fazer histórico: pretensão científica e forma narrativa partilhada com os gêneros literários (DOSSE, 2007, p. 21-22).

Aqueles historiadores que se aventuraram pelo território de fazer biografia, nessa onda que continuou da década de 80 até o presente, depararam com o repto de reconhecer o que em uma vida particular vai para além dela, ou melhor, poderia ser reconhecido como social. Assim, além das referidas tentativas de discernir as qualidades historiográficas do gênero biografia, estudos recentes, como já adiantamos, colocam em discussão a própria viabilidade de analisar uma vida como história, dado que ambas seriam aparentemente de naturezas opostas: a vida comumente entendida como da ordem do que não se repete; a história, por sua vez, convencionalmente compreendida como amparada no conjunto, no repetível. No que diz respeito aos escritos medievais, que aqui nos interessam particularmente, tal discussão traz à baila o problema do exemplar e do singular na história.

O caráter modelar dos escritos medievais já foi destacado por muitos estudiosos, que reconhecem que o original, em um tempo em que o passado bíblico era uma fonte de inspiração sobre o que deveria ser considerado bom ou mal, não gozava de grande prestígio. Quando observamos o esqueleto dos relatos medievais em cujo título figura o nome de um rei, podemos observar algumas recorrências. Em todas elas figura um prólogo ou capítulo em que as qualidades dos reis alternam entre certos eixos comuns, como a justiça, a prudência, a temperança e a fortaleza. Virtudes antigas que ganham sentidos específicos nos séculos XIV e XV, mas sem perder os elos com o passado mais remoto. Do mesmo modo, nessas narrativas, as relações com outros reinos, os sonhos de expansão, os cuidados com as ameaças externas, as questões sucessórias mais ou menos conflituosas, os cerimoniais, as relações no âmbito da corte, os casamentos, os filhos e seus destinos são algumas das regularidades notáveis. Tais regularidades, vale destacar, menos permitem falar em uma dimensão pessoal e mais nos compromissos e responsabilidades daquele que ocupa um cargo. Memórias, pois, mais de um reino do que de um homem que foi rei.

Nas crônicas medievais, como mencionado, o relato sobre a vida de um rei se justificava como forma de legar para posteridade a história de um reino. Do mesmo modo, recorrer a uma figura exemplar para encadear o enredo da história era uma forma de reconhecer que alguns homens passaram pela vida terrena atentos à finalidade maior da existência, ou seja, os homens dignos de memória foram aqueles que encarnaram, para os cronistas, os exemplos de virtude e assumiram o apelo cristão para buscarem uma outra vida, eterna e plena (GILSON, 2006, p. 474-475). Como condutor de uma sociedade, o rei aparece nas crônicas como exemplo que sintetizava aquilo que todo bom cristão deveria buscar em vida, as virtudes; mas merece igualmente pinceladas que descrevem o que posteriormente passou a ser visto como qualidades pessoais de um homem – o gosto pela dança, pela montaria e caça, como vimos –, apesar de serem detalhes usados para reforçar o propósito ou o caráter pedagógico da história.

Durante o século XX, entretanto, a oscilação entre preferir explicar como se movem as civilizações ou, em contrapartida, descrever o singular, o acontecimento único e irrepetível,[18] fez com que palavras como indivíduo e personalidade fossem problematizadas e figurassem, por vezes, como objetos de análise do historiador. A exemplaridade de um personagem, nesse contexto, perde os adornos moralizadores que a caracterizavam e ganha novos contornos, abrindo portas aos historiadores para interrogarem valores, lugares sociais e práticas regulares de uma época. Desse modo, nas biografias recentes, pode-se observar que a vida de um indivíduo aparece, por vezes, como meio privilegiado para chegar a uma explicação ou síntese sobre uma determinada época ou sociedade do passado. Em outras palavras, tais estudos corroboram a premissa, proposta por Lucien Febvre, de que se enganam aqueles que desvelam um "retrato de meio-corpo", já que não há pensamento, tampouco trajetória de vida, que não seja coloridos "pela atmosfera de uma época" (FEBVRE, 2009, p. 32).

Partilhando tal convicção, o medievalista francês Jacques Le Goff, por exemplo, empenhou-se em analisar a vida de dois personagens centrais dos séculos XII e XIII: São Francisco de Assis e São Luís. Nesses estudos, o historiador coloca em prática o seu ambicioso programa de estudos. Nos dois livros intitulados com nomes dessas duas figuras célebres do período medieval, Le Goff coloca em diálogo uma vasta documentação e propõe-se fazer o que cha-

18 Cf. VEYNE, 1998.

mou de "biografia total". O método biográfico, para o francês, não deveria ser negligente com os intentos de uma nova história, sem, no entanto, perder de vista o compromisso com o real, já que ao biógrafo cabe desnudar, por meio de suas fontes, uma certa realidade histórica. O alvo principal de uma biografia era, pois, essa realidade histórica, acessível através de um personagem que, no caso de São Luís, como lembra Le Goff, foi "a mais central das personagens da cristandade do século XIII" (LE GOFF, 1999, p. 19).

Escritas nos idos dos anos 90 do século XX, as obras de Le Goff reafirmavam o gênero biográfico no horizonte de possiblidades dos historiadores, porém, demarcando-o da "biografia tradicional anedótica e superficial" (LE GOFF, 2012, p. 10). A "biografia tradicional", segundo Le Goff, era o resultado de uma história que privilegiava: a análise dos grandes homens e dos acontecimentos; o estudo da política, da diplomacia e da guerra; e a cronologia. Em contraponto, o medievalista abandonava esses três ídolos da história (POMIAN, 1997, p. 905), em favor de observar, no caso de São Francisco, "a imagem que ele nos transmite no limiar do terceiro milênio, ancorada em um tecido histórico autêntico", ou seja, esforçava-se por ver um personagem "histórico e humanamente exemplar em relação ao passado e ao presente" (LE GOFF, 2012, p. 10). Portanto, esquadrinhar uma vida para apreender um contexto maior seria corroborar a máxima de que é impossível "apreender um homem [...] isolado dos seus contemporâneos" (FEBVRE, 2009, p. 33), mas é possível, através de um personagem, ver como se arranjam as civilizações.

Ainda no que diz respeito à própria viabilidade de analisar uma vida como história, Georges Duby e Paul Veyne preocuparam-se igualmente em refletir sobre a singularidade, o único ou o particular como alvos do historiador.[19] O célebre medievalista francês, Georges Duby, ainda em 1984, propunha que o acontecimento, na construção historiográfica, abria igualmente terreno para as biografias históricas. Argumentava ele que era necessário tirar do episódico "o melhor partido", e condenava o desprezo dos historiadores pela singularidade (DUBY, 1993, p. 9-10). Foi, no terreno de uma história até então tida como "velha", a história narrativa, que o historiador encontrou a inspiração para escrever o mais radical de seus projetos: *Guilherme Marechal ou o melhor cavaleiro do mundo*. O acontecimento ou o indivíduo como ponto de partida para uma história era, para Duby, uma forma de desenvolver "uma história-problema". Desse modo, deliberadamente o medievalista propunha regressar à narrativa para "observar a carreira, excepcional, de um indivíduo, excepcional, de um campeão do mundo, de um vencedor"; tudo isso com o intuito de "saber mais, muito mais, sobre qualquer cavaleiro, sobre o comum da cavalaria" (DUBY, 1992, p. 124). O intento de Duby era, em suma, relacionar o objeto com a sociedade, com o todo (VEYNE, 2011, p. 45); em outras palavras, buscar entender o que era a sociedade medieval, olhando o particular, o singular, porque, sem dúvida, "informava sobre o coletivo" (DUBY, 1992, p. 125).

O objetivo de estabelecer elos entre indivíduo e sociedade marcou grande parte da produção de biografias históricas, como as anteriormente citadas histórias dos reis portugueses. No seio de tal proposição estava justamente o esquadrinhamento do particular para encontrar permanências e continuidades que explicavam uma época ou um período, tal como fez Jacques Le Goff,[20] visando elevar a biografia histórica à condição de história forte, que enreda

19 f. RICOEUR, 1994, p. 245

20 Ver, também, o capítulo Variações de Escala (RICOEUR, 2007, p. 220).

uma explicação mais abrangente. Levando em consideração tais pontos, o que se tornava fundamental era combater a dimensão anedótica e meramente informativa que se considerava característica dos escritos com finalidade biográfica (VEYNE, 1998, p. 26). Tal relação entre indivíduo, acontecimento e história é, entretanto, abordada sob outros parâmetros por Paul Veyne. Sua reflexão incide sobre o que se repete e o que é singular, "o que nunca será duas vezes" (VEYNE, 2011, p. 141) e, portanto, não pode oferecer à história aquilo que outros historiadores consideraram que era sua matéria por excelência: tipologias, causas, séries, espécies, etc. Olhar para o indivíduo, matéria-prima das biografias históricas, não significa, segundo ele, opô-lo à sociedade, ao contrário, é uma forma de reconhecer que, da relação entre indivíduo e sociedade e das práticas coletivas ou particulares, se forjam mundos e sentidos históricos (VEYNE; VERNANT; DUMONT; RICOEUR; DOLTO; VARELA; PERCHERON, 1987, p. 250). Traduzíveis por suas objetivações, ou seja, pela forma como ganham corpo dentro de uma relação datada, circunscrita, indivíduos e sociedades são objetos históricos e múltiplos, ganhando mutuamente sentido dependendo das práticas e relações que podem ser estabelecidas em cada época e em determinado lugar ou determinada cultura. Se tivermos em conta, pois, que uma sociedade se define pela participação dos indivíduos e que, de sua parte, estes são necessariamente atravessados por aquela, tanto poderemos reconhecer que uma realidade social funciona e se faz possível com indivíduos quanto que as ações raras ou extraordinárias só podem ser delineadas ou se tornarem inteligíveis no mapa social em que se inserem (VEYNE; VERNANT; DUMONT; RICOEUR; DOLTO; VARELA; PERCHERON, 1987, p. 282).

Para além dessas duas discussões aqui recordadas, sobre a dupla natureza da biografia e sobre as articulações entre vida e história, uma terceira preocupação que igualmente emerge entre os historiadores é a de delimitar uma biografia como uma forma de escrita histórica, distinguindo-a daquelas biografias que *não têm* a pretensão de serem lidas como relatos que partem de um indivíduo, mas visando em última instância uma época ou determinado fenômeno histórico – como a realeza ou a santidade, por exemplo. Com o desafio, ora de conferir relevância a uma instituição, como a monarquia, ora de pensar sobre aqueles que ocuparam tal cargo, os historiadores portugueses invadiram o campo das chamadas biografias históricas (COELHO, 2015, p. 343-359), como adiantamos anteriormente, visando não só as entranhas dessa instituição mas também os temas do cotidiano e do privado. A historiadora portuguesa Maria Helena da Cruz Coelho, por exemplo, destacou recentemente que as biografias de reis e rainhas, e de outros personagens de notoriedade histórica e social de Portugal, surgem para, de algum modo, coroar um dos caminhos historiográficos que mais renderam frutos nas últimas décadas: os estudos voltados às temáticas do cotidiano e do privado na história de Portugal. Frestas do passado abertas pelo historiador António Henrique de Oliveira Marques com seu livro *A Sociedade Medieval Portuguesa. Aspectos da Vida Quotidiana*, da década de 60. A partir daí inúmeros historiadores portugueses, com trabalhos de menor ou maior fôlego, debruçaram-se sobre tais questões e construíram um campo de investigação que, ao fim e ao cabo, segundo Coelho, proporcionou os alicerces da recente investida no campo da biografia. Nessa retomada recente das histórias de vidas, o privilégio foi concedido às "análises de vida do dia a dia ou dos acontecimentos únicos e irrepetíveis", de forma que as experiências escritas reconhecem que a história se faz também de "relações íntimas e privadas" (COELHO, 2015, p. 357).

Aparentemente interessada por essa dimensão que começou a ser delineada entre os séculos XVII e XVIII como privada em oposição à publica (ARIÈS; DUBY, 1990, p. 18-19), mas que não deixa de ser uma esfera da vida social,[21] Maria Helena da Cruz Coelho, ao biografar o rei D. João I, admite com Febvre e Veyne, que os indivíduos são sempre atravessados pelo seu tempo.[22] Para mais, como criaturas feitas e refeitas no contínuo do discurso historiográfico, mostram-se sempre inacabadas e sujeitas à forja de testemunhos dispersos ao longo de séculos. Testemunhos estes, por sua vez, que corporificam diferentes visões do mundo, datadas e circunscritas (COELHO, 2005, p. 9), ou seja, a historiadora adverte sobre a transitoriedade das sínteses, apesar de cada uma delas pretender ser, senão esclarecedora, ao menos duradoura. Mas a sondagem da dimensão histórica de uma vida, nomeadamente de um rei, externa-se no próprio delineamento do seu objetivo: o "D. João I histórico", o "homem que viveu entre 1357 e 1433". Em outras palavras, o procedimento de investigação de Coelho é no sentido de fazer inteligível o homem "em conformidade com o seu tempo, na sua ação e na sua circunstância" (COELHO, 2005, p. 9). A cor temporal de uma vida e um reinado, assim juntos, foi, pois, uma espécie de ponto de partida para a autora delinear um rei no seu tempo e em convívio com os seus contemporâneos (COELHO, 2005, p. 14).

Sem perder de vista a cor do tempo, o citado Luís Miguel Duarte, na introdução de sua biografia do rei D. Duarte, em que reflete acerca da coleção sobre a vida dos reis de Portugal, recoloca a questão – de que se ocuparam Guenée e Veyne, entre outros – da distinção entre a vida política e a vida de um homem; nas suas palavras, a diferenciação entre "a história política" de um reinado

21 Cf. DUBY, 1996.

22 Cf. VEYNE; VERNANT; DUMONT; RICOEUR; DOLTO; VARELA; PERCHERON, 1987.

e "a biografia do homem que foi rei" (DUARTE, 2007, p. 9). A "personalidade" do seu biografado, D. Duarte, que é "rica, complexa" é, assim, confrontada com a vida "muito cheia" de um rei em tempos, por sua vez, bastante "estimulantes" (DUARTE, 2007, p. 10). Seu rei, que é delineado sem que se esqueça o homem, foi autor de dois tratados e um livro de notas, governou com o pai desde muito cedo e sofreu dos males da alma. Foi irmão de irmãos notáveis, como celebraram os cronistas e mais tarde célebres poetas, mas perdeu um deles em circunstâncias desafortunadas em terras mouras. Foi pai de nove infantes, tendo sido ele próprio filho de um rei que "mais parecia digno de reinar por virtudes e boas condições que por real geração" (FERNÃO LOPES, 1977, p. 3). Além disso, viveu em um tempo em que aos poucos o seu povo ajudou a ampliar o mundo, avançando sobre terras temerárias e extremos considerados intransponíveis (DUARTE, 2007, p. 10).

Dialogando com historiadores que ao longo dos séculos ajudaram a configurar imagens de D. Duarte, o historiador recorda, no primeiro capítulo do seu livro, desde a representação de um rei carente de fortaleza, como o pintaram os cronistas medievais (DUARTE, 2007, p. 22), até o rei apreciador das letras pintado no século XX, passando por outros momentos de altos e baixos (DUARTE, 2007, p. 31 ss.). O autor confronta, a seguir, os diversos documentos escritos no século XV em busca da pessoa de D. Duarte, desde o seu nascimento (DUARTE, 2007, p. 37 ss.); ou melhor, traça a vida de um homem que o acaso tornou primogênito e rei, durante poucos mas movimentados cinco anos. Luís Miguel Duarte estabelece, pois, uma trama em que a primeira pessoa que conduz os escritos de D. Duarte e a terceira pessoa dos relatos cronísticos que o descrevem dão a medida de uma história em que o lugar de rei é apenas uma faceta casual da vida de um homem para quem a realeza não foi glamorosa.

Nesse percurso, em suma, pela obra desses historiadores que nos séculos XX e XXI tomaram para si a difícil tarefa de isolar para, eventualmente, unir a trama de uma vida e a trama de uma sociedade ou de um tempo, os problemas que se mostraram mais contundentes dizem respeito à natureza das informações a serem articuladas: por um lado, escritos políticos, em que os feitos exibidos ou encenados – como as cerimônias, os acordos, as decisões, etc. – são os elementos configuradores; por outro, escritos, senão de si, ao menos de ordem mais pessoal, pois mais centrados em reflexões sobre a existência, as virtudes e a fé. O recuo inicial às crônicas, nesse percurso, foi feito tendo em vista que, para além de serem fontes incontornáveis quando o assunto são vidas ou reinados, tais narrativas medievais recortaram um tempo a partir de um homem, ou um nome, ou um reinado. A ênfase sobre a atuação dos homens como reis e a ambição de mostrar essas figuras como exemplares pouco deixavam ver, nessas crônicas, a singularidade de cada um, suas angústias, tristezas, medos ou seus desejos e contentamentos. Foi esse território, por sua vez, que as biografias contemporâneas quiseram também explorar, a despeito dos limites das fontes de que dispuseram para incidir nesses pontos. O desafio de algumas biografias históricas do final do século XX e início do XXI foi tentar contornar os vácuos do passado sobre o que seria da ordem dos afetos, enquanto outras biografias, por sua vez, procuraram olhar para uma vida sem perder de vista aquilo que garante a especificidade do saber histórico: seus elos com outras vidas, com o seu tempo e com a sociedade na qual foi encenada; dado que o singular só se torna inteligível quando relacionado com o coletivo e vice-versa.

Referências Bibliográficas

AMADO, Teresa. *Fernão Lopes*: contador de história. Lisboa: Editorial Estampa, 1991.

ARIÈS, Philippe e DUBY, Georges (dir.). *História da Vida Privada* 3. Do Renascimento ao Século das Luzes. Trad. Armando Luis Carvalho Homem. Lisboa: Edições Afrontamento, 1990.

BASTO, Artur de Magalhães. *Estudos*. Cronistas e Crônicas Antigas. Fernão Lopes e a «Crónica». Coimbra: Acta Universitatis Conimbrigensis, 1960.

CALADO, A. de A. *Crónica de Portugal de 1419*. Edição Crítica com Introdução e Notas. Aveiro: Universidade de Aveiro, 1998.

Chronica do Condestabre de Portugal Dom Nuno Alvarez Pereira. Com revisão, prefácio e notas por Mendes dos Remédios. Coimbra: F. França Amado, 1911.

CLANCHY, Michael T. *From Memory to Written Records* (1066-1300). Oxford: Blackwell, 1993.

COELHO, Maria Helena da Cruz. A vida quotidiana medieval portuguesa. Percurso Historiográfico. *IMAGO TEMPORIS. MEDIUM AEVUM*, IX, p. 343-359, 2015.

______. *D. João I*, o que re-colheu *Boa Memória*. Lisboa: Círculo de Leitores; Temas e Debates, 2005.

COLEMAN, Janet. *Ancient and medieval memories*. Studies in the reconstruction of the past. New York; Port Chester; Melbourne; Sydney: Cambridge University Press, 1992.

Cronica da Conquista do Algarve. In: *Portugaliae Monumenta Historica. Scriptores*, III. Lisboa: Acad. das Sciencias, 1856-1861. v. I.

Crónicas de Rui de Pina. D. Sancho I, D. Afonso II, D. Sancho II, D. Afonso III, D. Dinis, D. Afonso IV, D. Duarte, D. Afonso

V, D. João II. Introd. e ver. de M. Lopes de Almeida. Porto: Lello & Irmão, 1977.

Crônicas dos Sete Primeiros Reis de Portugal. Lisboa: Academia Portuguesa da História, 2009.

DOM JOÃO I. Livro da Montaria. In: *Obras dos Príncipes de Avis*. Edição de Manuel Lopes de Almeida. Porto: Lello & Irmão – Editores, 1981.

DOSSE, F. *El arte de la biografía*: entre historia y ficción. Ciudad de México: Universidad IberoAmericana, 2007.

DUARTE, L. M. *D. Duarte*. Requiem por um rei triste. Lisboa: Círculo de Leitores; Temas e Debates, 2007.

DUBY, G. *A História Continua*. Trad. Ana Cristina Leonardo. Lisboa: Edições Asa, 1992.

______. *Guilherme Marechal ou o melhor cavaleiro do mundo*. Trad. Renato Janine Ribeiro. Rio de Janeiro: Edições Graal, 1987.

______. *O domingo de Bouvines*. 27 de julho de 1214. Trad. Maria C. Frias. Rio de Janeiro: Paz e Terra, 1993.

FEBVRE, L. *O problema da incredulidade no século XVI*. A religião de Rabelais. Trad. Maria Lúcia Machado. Trad. dos trechos em latim José Eduardo dos Santos Lohner. São Paulo: Companhia das Letras, 2009.

FERNÃO LOPES. *Cronica del rei Dom João I de boa memoria*. Parte Primeira. Ed. Braamcamp Freire. Lisboa: Imprensa Nacional-Casa da Moeda, 1973.

______. *Cronica del rei Dom João I de boa memoria*. Parte Segunda. Ed. William J. Entwisle. Lisboa: Imprensa Nacional - Casa da Moeda, 1977.

______. *Crónica do senhor rei Dom Fernando*. Introd. de Salvador Dias Arnaut. Porto: Livraria Civilização, 1979.

______. *Crónica do senhor rei Dom Pedro*. Introd. de Damião Peres. Porto: Livraria Civilização, 1986.

______. *Crónica do senhor rei Dom Pedro*. Introd. de Damião Peres. Porto: Livraria Civilização, 1979.

FRANÇA, Susani Silveira Lemos. *Os reinos dos cronistas medievais* (Século XV). São Paulo: Annablume; Brasília: Capes, 2006.

GEARY, Patrick J. *Phantoms of Remembrance*. Memory and oblivion at the end of the first millennium. New Jersey: Princeton University, 1994.

GILSON, Étienne. *O Espírito da Filosofia medieval*. Trad. Eduardo Brandão. São Paulo: Martins Fontes, 2006.

GOMES EANES DE ZURARA. *Crónica da Tomada de Ceuta*. Francisco Maria Esteves Pereira (ed.). Coimbra: Imprensa da Universidade, 1915.

______. *Crónica de Guiné*. Introdução, novas anotações e glossário de José de Bragança. Lisboa: Livraria Civilização, 1973.

GOYETTE, Julien. Biographie, narration et philosophie de l'histoire. *Revue d'histoire de l'Amérique française*, v. 54, n. 1, 2000.

GUENÉE, Bernard. *Entre l'Eglise et l'Etat*: quatre vies de prélats français à la fin du Moyen Age, XIIIe-XVe siècle. Paris: Gallimard, 1987.

______. *Histoire et Culture Historique dans 1'Occident médiéval*. Paris: Aubier Montaigne, 1980.

LE GOFF, J. *São Francisco de Assis*. Trad. Marcos de Castro. Rio de Janeiro: Editora Record, 2012.

______. *São Luís*. Trad. Marcos de Castro. Rio de Janeiro: Record, 1999.

MACHADO, José Barbosa. *Dicionário dos Primeiros Livros Impressos em Língua Portuguesa*. Braga: Edições Vercial, 2015.

NORA, P. *Recherches de la France*. Paris: Gallimard, 2013.

POMIAN, Krzysztof. L'heure des "Annales". La terre - les hommes - le monde. In: NORA, Pierre (Dir.). *Les lieux de mémoire*. Paris: Éditions Gallimard, 1997.

RICOEUR, Paul. *A memória, a história, o esquecimento*. Trad. Alain François [et. al]. Campinas: Editora Unicamp, 2007.

______. *Tempo e narrativa*. Trad. Constança Marcondes Cesar. Tomo I. Campinas: Papirus, 1994.

SENELLART, Michel. *As artes de governar*. Trad. Paulo Neves. São Paulo: Editora 34, 2006.

SERRA, José Corrêa da. Introdução à *Chronica do Senhor Rey D. Duarte* de Rui de Pina. In: *Collecção de Livros Ineditos de Historia Portuguesa*. Lisboa: Academia Real das Sciencias, 1790. Tomo I.

VEYNE, P. *Como se escreve a história*. Trad. Alda Baltar e Maria Auxiliadora Kneipp. Rev. Gerussa Jenner Rosas. Brasília: UnB, 1998.

______. *Foucault*. Seu pensamento, sua pessoa. Trad. Marcelo Jacques de Morais. Rio de Janeiro, 2011.

______; VERNANT, J.-P, DUMONT, L.; RICOEUR, P.; DOLTO, F.; VARELA, F.; PERCHERON, G. *Indivíduo e Poder*. Lisboa: Edições 70, 1987.

Os iluminístas e a apropriação da imagem e do discurso do Imperador Juliano contra a religião

Margarida Maria de Carvalho[1]
Márcia Pereira da Silva[2]

> Com Rousseau o sentido maior da História encontrar-se-ia no passado; com Voltaire, no futuro. Mas é com Condorcet [...] que ele parece concentrar-se no tempo presente, tempo da transformação (SANTOS, Laymert Garcia dos).

Voltaire e Condorcet, eminentes personagens do Iluminismo, foram testemunhas do século XVIII, tempo em que os homens, crentes da libertação das superstições e orgulhosos de suas pretensas perfeições, lançaram-se à construção do futuro e do progresso.

O Iluminismo, ou a Ilustração, segundo Kant, foi um conjunto de interpretações do mundo, no qual os homens passariam da

---

1 Professora Doutora do Departamento de História e do Programa de Pós-Graduação em História da Faculdade de Ciências Humanas e Sociais – UNESP – Campus Franca. Bolsista de Produtividade do CNPq – Nível 2. Coordenadora do Grupo do Laboratório de Estudos sobre o Império Romano da mesma instituição.

2 Professora Doutora do Departamento de História e do Programa de Pós-Graduação em História da Faculdade de Ciências Humanas e Sociais – UNESP – Campus Franca.

minoridade à maioridade de sua essência, caracterizando de outra maneira a própria existência humana. Nesse sentido, a História ganharia um significado novo se comparada ao que ela tinha sido até o século XVIII; outrora conhecida como forma de compreensão de um passado remoto ou recente, ela passa a ser concebida como uma sucessão de acontecimentos evolucionistas, ou seja, a razão da História era, então, conduzir os homens à maioridade do pensamento. Chamou-nos a atenção, assim como já destacou Maria das Graças de Souza (2001), que a proposta da Ilustração para a História destacou dois elementos: o papel do intelectual, já que a evolução do pensamento estaria necessariamente associada ao conhecimento e a erudição, e a ideia de progresso.

> [...] a filosofia da história solidária ao conceito de ilustração concebe a trajetória da história dos homens, quase naturalmente, como uma espécie de aperfeiçoamento, e, embora este progresso nem sempre seja contínuo e linear, o que se pode de antemão esperar é que ela resulte, ao final do processo, num recuo da ignorância e da servidão e num avanço do conhecimento e da liberdade (SOUZA, 2001, p. 23).

Assim, o Iluminismo foi tributário de uma ideia de História relacionada ao progresso intelectual, social e cultural. No mesmo sentido, Voltaire atribuía, ao tempo em que vivia, a insígnia de "aurora da razão", de "preparação de 'um grande século" de época de "grande renovação dos espíritos" (SOUZA, 2001, p. 19).

Embora os iluministas tenham feito a apologia do futuro grandioso alicerçado na razão, é sabido que o pensamento ilustrado recorreu enormemente a interpretações do passado, notadamente em negativas do período imediatamente anterior, embora não tenha sido somente isso.

Destacamos a valorização que muitos iluministas fizeram de tempos de outrora, caracterizando aquilo que hoje denominamos, metodologicamente, de "usos do passado". Nesse sentido, o objetivo deste texto é analisar como alguns pensadores iluministas do século XVIII utilizaram-se das imagens e dos discursos do Imperador Juliano para subsidiar e/ou credenciar a oposição que fizeram à religião e à sua institucionalização.

Sobre o Imperador Juliano

Flavius Claudius Julianus, Imperador do século IV d.C., é conhecido como o último imperador não cristão do Império Romano. No entanto, a historiografia tem mostrado que a compreensão desse período e do próprio Imperador é muito mais complexa do que a afirmação de que ele teria sido "apóstata" (ANDRADE FILHO, 2010, p. 19).

A historiografia sobre o Imperador Juliano é bastante vasta, bem como são polêmicas as interpretações sobre sua imagem e diferentes os julgamentos que suas ações mereceram com o passar dos tempos.

Juliano não é só lembrado no período dos iluministas, mas desde sua época como César e Imperador (355-363 d. C.) até os dias atuais. Vários autores da Antiguidade Tardia escreveram sobre ele, temos, como exemplo, os cristãos: Efraim, o Sírio (306-373 d. C.), Gregório de Nazianzo (329-390 d. C.), Ambrósio de Milão (340-397 d. C.), Agostinho de Hipona (354-430 d. C.), Filostórgio (368-439 d. C.), Sozomeno (375-447 d. C.), Sócrates Escolástico (380-440 d. C.), Teodoreto de Ciro (393-457 d. C.) e Fausto de Bizâncio (início do século V), dentre outros. São recorrentes, nas narrativas desses autores, críticas acirradas contra Juliano, sobretudo no que tange à parte religiosa. Há, também, autores não vinculados ao cristianismo que abordaram a figura do príncipe, seus escritos costumam exaltar as práticas filosóficas, administrativas e militares julianinas, como os do sofista Libânio (314-394 d. C.) e do militar Amiano Marcelino (330-400 d. C.).

Todos os comentários desses autores antigos fomentaram a curiosidade de literatos, filósofos e historiadores da contemporaneidade. Dessa forma, temos um total de quatorze biografias produzidas no século XIX (BOUFFARTIGUE, 1992, p. 83-100), em torno de dez biografias no século XX e uma no século XXI. Reparamos que a maioria das biografias dos novecentos se concentra em críticas às atitudes político-religiosas de Juliano e as do século XX não fogem a essa regra, com exceção dos trabalhos de Joseph Bidez (1930), Polymnia Athanassadi (1992) e Jean Bouffartigue (1992), que fazem um excelente equilíbrio da personalidade daquele imperador. Em relação à produção de nossa era, destacamos somente a biografia de Shaun Tougher (2007), onde o autor procura dinamizar melhor a imagem controversa do Imperador Juliano ao inseri-la na análise de um Império Romano Tardio repleto de diversidades.

A maior parte das críticas dos autores da antiguidade e da contemporaneidade diz respeito ao fato do imperador ter negado o cristianismo. Juliano possuía uma base educacional pautada no helenismo e acreditava que as bases políticas do Império Romano deveriam ser enraizadas nas ideias do neoplatonismo. Além de suas ideias filosóficas e religiosas, é necessário lembrarmos que existem vários outros temas que podem ser extraídos da sua vasta documentação, como temas legislativos, administrativos e militares. Juliano deixou um significativo número de registros em comparação com outros imperadores romanos. Trata-se de cartas, discursos, poemas e versos por ele escritos e posteriormente disponibilizados por meio de diversas edições, como *Loeb Classical Library*, *Gredos* e *Les Belles Lettres*.

Devido ao seu legado, com o passar do tempo, o imperador tornou-se objeto de estudo de investigadores variados, escritores, literatos e historiadores medievais, modernos e contemporâneos.

Assim, quando o século XVIII divulgou as luzes e o pensamento ilustrado, já havia diferentes trabalhos sobre Juliano e diversas construções da imagem desse imperador. Pensadores e autores iluministas, embora projetassem seus escritos para o *vir-a-ser*, fizeram uso de determinada imagem do imperador afeita às suas ideias e às problemáticas que então marcavam o período.

Os iluministas não formaram um grupo de ideias e ideais homogêneos, havia muito embate entre eles. Tampouco tinham manifestos e programas, mesmo sendo a enciclopédia (Coleção de textos iluministas elaborados entre os anos de 1750 e 1781 por Diderot e D'Alembert) um catálogo de muitas de suas concepções.

Apesar da diversidade dos pensadores iluministas, os filósofos das Luzes tinham questões comuns, como a compreensão da razão como um elemento maior que a faculdade de conhecer, a razão era uma instância reguladora da ética, estética e orientadora da vida em sociedade (SALINAS FORTES, 1981). Os *philosophes* pareciam ter consciência do período histórico em que viviam, cientes da força libertadora da ideia de que domar a natureza e a fé era o destino dos homens. No entanto, como bem afirmou Georges Rudé (1991, p. 233), os iluministas "formaram uma elite e a sua filosofia tinha as suas limitações sociais: tinham pouco que dizer para consolar os pobres e [...] mostraram pouca preocupação com os 'direitos do povo'".

Embora seja necessário ter um cuidado com a expressão "direitos do povo" para o século XVIII, é possível mesmo afirmar que os interlocutores do Iluminismo foram, em grande medida, intelectuais dos setores mais privilegiados da população europeia. Sobre o assunto, é importante registrar pesquisas atuais que evidenciaram a divulgação de textos e ideias iluministas para as camadas mais populares, como a obra intitulada "Boemia Literária e Revolução", de Robert Darnton (1987), além dos autores que denunciaram as aspirações da burguesia pelo poder por detrás do discurso dos direitos universais do homem, notadamente pela igualdade jurídica e pela liberdade de expressão e de discurso político.

A afirmação de que o Iluminismo dialogou mais diretamente com a elite ilustrada e com a burguesia em ascendência do que com as classes populares, ajuda na compreensão dos usos do passado. Nesse caso, em relação à imagem do imperador Juliano, os iluministas o traçaram de forma muito favorável, como aquele que estava além do seu tempo em questões filosóficas e religiosas. A ilustração primava pelo racionalismo e, dessa forma, a negação de Juliano ao cristianismo soou como uma premissa de um Estado não cristão. Decorre-se que os discursos do passado também são utilizados para legitimar preocupações ideológicas do presente.

A certeza iluminista da maturidade do pensamento humano que, como queira Kant (NASCIMENTO, 1985, p. 100), deveria recusar guias ou tutores, naturalmente colocou os pensadores no lado oposto das instituições religiosas. Explica-se: como para a Igreja a verdade era revelada, os homens teriam sempre em Deus e nas orientações religiosas, guias de conduta, em oposição a todo conhecimento e comportamento baseados em investigações científicas. Enquanto alguns recusavam veementemente a fé religiosa, outros a contemporizaram ao separar a política da religião, ou ainda, não exercendo a ciência de modo a condenar a fé cristã. Desse modo, em maioria, aqueles que fizeram o uso da imagem do imperador Juliano, valorizaram o sentido positivo do homem se afastar das amarras da religiosidade instituída e/ou mesmo da moral cristã.

Para melhor compreensão desses aspectos, demonstraremos a seguir alguns iluministas que se debruçaram sobre o legado de Juliano e apresentaram uma positiva construção da imagem do imperador.

Os Iluministas e suas opiniões sobre Juliano

Antes de Voltaire e da *coterie* do Barão de Holbach (forma como a tradição crítica costuma denominar o grupo de pensadores que se dedicou com mais afinco ao discurso ateu e materialista, contra a religião e ao deísmo) ficarem conhecidos pelos escritos de oposição às ideias e ritos das instituições religiosas, Jean Meslier (1664/1678(?) -1729) já cultivava o materialismo.

Meslier nasceu pobre, fez seminário e dedicou-se à carreira eclesiástica. Depois de seus estudos, passou toda a vida como padre de uma pequena cidade na região francesa de Champagne. Segundo Nascimento (1985), apenas dois fatos da vida de Meslier se destacaram da rotina de todo padre do interior francês: 1. Uma viagem a Paris e a oportunidade de discutir filosofia com outros padres 2. Uma briga com o senhor da região que possivelmente julgava merecer maior atenção do que o vigário lhe dispensava. Quando morreu, Meslier deixou poucos livros, "uma carta dirigida aos párocos da vizinhança e uma espécie de testamento" (NASCIMENTO, 1985, p. 71).

Em vida, Meslier passou quase que despercebido, não fosse pela sua usual importância de um padre para a comunidade que o cercava. Ainda mais despercebidas, foram suas ideias contrárias à cristandade, passadas, sobretudo, para aqueles que o viriam pregar ano após ano, semanalmente, obediência a Deus e à Igreja.

Sobre a produção de Meslier escreveu Nascimento (1985, p. 72):

> O surgimento de uma crítica dos dogmas da religião cristã no próprio interior dos quadros da

> Igreja por si só não constitui um fato incomum no século XVIII. Surpreende é o fato de Meslier, isolado ao que parece das ideias anti-cristãs que floresceram na capital, tenha vindo ao encontro delas através deste testamento tão inusitado.

Independente das condições de produção de Jean Meslier, o fato é que ele criticou a religião e os seus ritos. O clérigo iniciou o texto desculpando-se com seus paroquianos por ter pregado ideias falsas, inúteis e mentirosas por tanto tempo em sua paróquia. Ele acreditava que os ritos e as crenças da Igreja tinham propósitos políticos, e o mais grave, segundo ele, era que a ideia de Deus, o princípio da religião, era falsa. Assim, a religião seria uma invenção humana cuja existência dependeria somente da fé.

Se a religião foi inventada pelos homens para fins políticos, era natural que Meslier considerasse como seu resultado a opressão dos pobres e dos fracos. De acordo com Cotoni e Vigliène (1981, p.12), o clérigo francês fez uso da imagem de Juliano, somente no sentido do religioso e da apostasia do Imperador.

No sentido dado por Meslier à questão da moral cristã, era oportuno ressuscitar a figura de Juliano que possuía uma moral baseada nos princípios do neoplatonismo e a quem era fácil atribuir noção de filantropia supostamente isenta de valores cristãos. Vejamos o que o próprio Imperador escreveu sobre filantropia, no fragmento da "Carta do Imperador Juliano a Arsácio, supremo sacerdote da Galícia":

> [...] temos que praticar acima de tudo a filantropia, pois muitos outros bens a seguem e, sobretudo o maior e o mais excelente: a benevolência dos deuses (..) temos que compartilhar os bens com todos

> os homens, mas com os bons de forma mais liberal e com aqueles que não possuem recursos; aos pobres temos que dar tudo que baste as suas necessidades (Carta n. 84, escrita em Antioquia).

Além de falar de religião e criticar a moral cristã, há um aspecto revolucionário na obra de Meslier que não é encontrado em outros iluministas. Nesse sentido, Nascimento (1985, p. 74) destaca uma das frases de Meslier, muito parecida com um dos clamores do século XX: "Uni-vos, pois, povos, se sois sábios, uni-vos todos... para vos libertar de todas as misérias comuns".

Voltaire, nas cartas que escreveu no ano de 1762 elogiou muito uma obra, intitulada *Extraits des Sentiments de Jean Meslier*, afirmando a mesma ter "autoria desconhecida". Na verdade, o livro era do próprio Voltaire: "O fato de atribuir suas próprias obras a outros autores conhecidos ou imaginários era comum na época [...]" (NASCIMENTO, 1985, p. 71). Com a estratégia, o pensador iluminista não só divulgava a própria obra, como também a do autor que inspirou o livro. Voltaire divulgou os escritos de Meslier, mas ele mesmo recorreu a imagens do passado por muitas vezes em seus próprios escritos.

O Iluminismo do século XVIII foi herdeiro direto da oposição entre religião e pensamento laico evidenciada no século XVII. Norman Hampson (1968) demonstra como no início do século XVII, os "espíritos instruídos" debatiam-se entre duas fontes de conhecimento: 1. a Sagrada Escritura e 2. os autores clássicos. No século seguinte, os iluministas advogavam a primazia dos clássicos e criticavam o conhecimento revelado por meio das escrituras, chegando alguns a duvidar da utilidade da crença e fé em Deus. Nesse sentido, não nos parece estranho que Voltaire recorresse à história de Roma e à imagem de um imperador que ficou conhecido como não cristão. Para os iluministas:

> As atitudes seculares da Grécia e Roma, a sua concepção das virtudes cívicas e de uma vida de ativa utilidade pública prestavam-se a constituir corretivo para a uma sociedade que, pelo menos oficialmente, pressupunha a iniquidade do homem, exaltava a vida contemplativa e acreditava que os destinos das nações não passaram de prerrogativas divinas (HAMPSON, 1968, p. 17).

Membro de uma nobre família francesa, François-Marie Arouet, conhecido como Voltaire, nasceu em Paris no ano de 1694, local em que morreu 83 anos depois. A primeira observação que merece destaque sobre o filósofo é a de que Voltaire, como quase todos os iluministas, separava a religião da política. Assim, ele se dizia interessado em literatura e religião, mas não afeito à política. Muitos de seus escritos, aliás, demonstram sua vocação para a escrita histórica (SOUZA, 2001).

Desde o início de sua produção, Voltaire "já mostrava a preocupação, que o acompanhará a vida inteira, com a influência dos costumes religiosos no curso dos acontecimentos" (SOUZA, 2001, p. 95).

Voltaire é um autor complexo, de difícil compreensão, pois ele não desconsiderava a importância que o pensamento religioso tinha na formação do "espírito de um povo". Mas, se para ele o conceito de liberdade incluía a faculdade de escolher sua própria crença, não é difícil compreender a irritação do filósofo com a pretensa superioridade da instituição religiosa em termo de conhecimento e estabelecimento da verdade.

Voltaire, então, construiu uma imagem anticristã do imperador Juliano, privilegiando passagens de sua vida em que o combate ao cristianismo era mais evidente.

Em 1767, ao fazer uma adição ao seu artigo *Baptême* encontrado no *Dictionnaire Philosophique* (COTONI; VIGLIÈNO, 1981, p. 17), ele, ao expor sua posição contra o cristianismo, se utilizou da personalidade e das palavras de Juliano quando em *Os Césares* o Príncipe se refere de forma pejorativa e sarcástica à figura do Imperador Constâncio II. Da mesma maneira, Voltaire ressaltou os perigos de uma doutrina que possuía segredos criminosos. No verbete *batismo*, escreveu Voltaire (1764, s/p., tradução nossa):

> Muito se abusou desse sacramento [batismo] nos primeiros séculos do cristianismo. Nada era mais comum que aguardar a agonia para receber o batismo. E 'assaz ilustrativo o exemplo do Imperador Constantino. Eis como raciocinava: o batismo tudo expurga; portanto posso matar minha mulher, meus filhos, todos os meus parentes; depois batizo-me e irei para o céu – O que efetivamente levou à prática. O exemplo era perigosíssimo. Paulatinamente foi se abolindo o vezo de esperar a morte para tomar o banho sagrado.

Na obra denominada *L'Examen Importante* de Milord Bolingbroke, Voltaire também faz várias referências a Juliano. No capítulo XVI, ele diz compartilhar com o imperador a ideia da origem desprezível dos primeiros cristãos. No entanto, é no capítulo "Considerations Sur Julien" que ele faz do imperador seu aliado no que tange ao discurso anti-cristão:

> Juliano se digna a mostrar o quanto ele repudia a natureza de Deus por ter colocado no jardim do Éden o fruto que deu o conhecimento do bem e do mal, da justiça e da injustiça, Deus teve que alimentar criaturas fortes com as mãos. Era melhor para as criaturas ter os dois olhos cegos do que abocanhar o conhecimento (VOLTAIRE, 1736, p. 175, tradução nossa).

Também em *Contra os Galileus – Discurso do Imperador Juliano* há várias passagens sarcásticas sobre os cristãos. Em uma tradução dessa obra realizada pelo Instituto de Letras da Universidade Federal do Rio Grande do Sul e organizada por José Carlos Baracat Junior, o tradutor explicam que o restou dessa obra de Juliano é um pequeno número de fragmentos transmitidos por Cirilo, bispo de Alexandria, em obra de refutação de Juliano. Ainda segundo os autores da referida tradução, Juliano escreveu numa época em que o cristianismo estava ganhando simpatizantes, o que, na visão dos tradutores, motivou o imperador a escrever de forma mais ferrenha contra os cristãos (BARACAT JUNIOR, 2010).

Em *Contra os Galileus*, Juliano explorou as diferenças e animosidades entre os próprios cristãos. Tudo leva a crer que Voltaire justificou as animosidades de Juliano com os cristãos como atitudes de um imperador sábio.

É necessário ressaltar que os iluministas separavam política de religião ao pregarem a existência de um Estado Laico. Tal fato não é condizente com as sociedades da Antiguidade Tardia, ou seja, as do período do Imperador Juliano (século IV d. C). Nas sociedades tardo antigas, existia uma preponderância da espiritualidade nas ações do cotidiano, e dessa forma, política e religião não se dissociavam.

Sobre a espiritualidade do período, Gilvan Ventura da Silva (2003, p. 20), afirma que a partir do século III, ocorreu uma "redefinição dos parâmetros da relação do homem com o sagrado, na sociedade romana", quando se crê com mais veemência na interferência direta de agentes espirituais nas mais diversas categorias da vida dos indivíduos. O debate teológico se intensificou no século IV entre pagãos, cristãos e judeus que, através de diversos documentos e manifestações, disputam desde a primazia da verdade sagrada do homem terreno até os espaços político-religiosos do Império, como templos, igrejas cristãs, senado e outros.

Um bom exemplo disso é quando nos referimos às discussões existentes sobre a natureza divina dos imperadores. Vários tratados sobre a concepção de realeza foram desenvolvidos no período. Eusébio de Cesárea trata da questão nas suas obras: *História Eclesiástica* (312-314 d.C.) e *Vida de Constatino* (337 d. C.), onde o autor cristão defende que o imperador seria o representante de Deus na Terra. Temístio, um filósofo não cristão, também conceitua a espiritualização da figura do imperador na sua obra *Panegírico a Constâncio II* (350 d. C.). Para ele, o governante romano era enviado por um ser divino para administrar o Império, e devido a sua natureza sagrada, seria a encarnação da lei e do princípio sobrenatural que regeria o cosmos (CARVALHO, 2006, p. 125). Juliano, no entanto, destoa dessas interpretações religiosas do papel do imperador romano, uma vez que ele próprio escreve em *Carta a Temístio* (355-356 d.C.), ainda enquanto César, debatendo a sua teologia política, por meio da qual defende que o imperador não poderia estar acima das leis, independente de sua sacralidade.

Juliano trouxe um conceito de realeza diferente dos autores anteriores, baseado nas suas crenças teúrgicas e suas concepções filosóficas, que se aproximavam das de Jâmblico (filósofo neoplatônico assírio do século III). O César acrescentou notas políticas nas suas formulações neoplatônicas. Durante seu governo, ele sugeriu várias reformas político-religiosas na proposta de seu helenismo renovado.

Voltaire se isentou em comentar o papel de Juliano como escritor; não se interessando em falar do Juliano das cartas e discursos filosóficos, ou seja, do Juliano beletrista; mas em relação ao Juliano soberano, ele se alongou e teceu grandes elogios. Enaltece as ações do Imperador como chefe familiar, relatando ser o Príncipe um soberano de valor, um verdadeiro monarca esclarecido (COTONI; VIGLIÈNO, 1981, p. 20). É importante clarear que elogiar um monarca esclarecido faz bastante sentido para um pensador do Iluminismo, um defensor da racionalização dos governantes.

Aqui convém salientar que o termo "déspota" não foi utilizado pelos iluministas, nem poderia sê-lo, no sentido que hoje o fazemos. Segundo Kant, em seu artigo "O que é Esclarecimento?" (1784), não poderia haver "processo de esclarecimento" se não tivesse "liberdade de opinião, secularização do Estado, ordem civil e estabilidade institucional para os *philosophes*". Na enciclopédia já mencionada de Diderot e D'Alembert (1750/1781) é definido o "poder despótico" ou "tirania" como "um antípoda político, jurídico ou social de qualquer possibilidade de esclarecimento", ou seja, um ato contrário às referências políticas que Voltaire fez a Juliano.

No entanto, se considerarmos o que normalmente se compreende por despotismo esclarecido, podemos afirmar que os Iluministas acreditavam em um governo baseado na ciência e na condução leiga dos negócios do Estado, em um período em que a democracia republicana não estava necessariamente dada como a forma de política escolhida. Dessa maneira, é claro que os poderes do Estado, pressionados entre o Iluminismo e os favorecimentos de outrora, oscilaram entre ciência, fé, liberdade e favorecimento. A complexidade do pensamento iluminista, aliás, ajudou a compreender o uso que alguns fizeram das imagens de Juliano, Imperador que também mereceu muitas interpretações entre os tempos.

Considerações Finais

Sob a perspectiva da metodologia dos *Usos do Passado*, pudemos observar o quanto é interessante o diálogo entre autores dos oitocentos com a antiguidade tardia, uma vez que essa abordagem nos permitiu compreender as intenções de iluministas nas apropriações do passado de um imperador romano emblemático como Juliano. É perceptível que essa utilização de ideias do passado para legitimar ideologias posteriores se faz até os dias de hoje e muitas vezes de forma equivocada. Logo tivemos a intenção nesse capítulo de contextualizar apropriações imagéticas de Juliano e ilustrar o quanto tal personagem histórico se faz presente em discursos políticos marcantes na História.

Fontes

DIDEROT, Denis; D´ALEMBERT, Jean le Rond. *Enciclopédia, ou Dicionário razoado das ciências, das artes e dos ofícios.* Edição organizada por Pedro Paulo Pimenta e Maria das Graças de Souza e tradução de Fulvia M. L. Moretto. São Paulo: Editora UNESP, 2015 [1750/1781].

JULIEN. *Oeuvres Complétes.* Lettres et Fragments.Texte établi et traduit par J. Bidez. Tome I, 2e partie. Paris: Les Belles Lettres, 2004 [1924].

JULIANO. *Contra los Galileos.* Cartas y Fragmentos. Testimonios. Leys. Introducción, Traducción y Notas por José Garcia Blanco y Pilar Gimenez Gazapo. Madrid: Editorial Gredos, 1982.

JULIANO. *Contra os Galileus*. Juliano, o Imperador. Introdução, tradução e notas de José Carlos Baracat Junior. Porto Alegre: Cadernos de Tradução, v. 27, p. 49-51, 2010.

KANT, Immanuel. *O que é esclarecimento?* Tradução de Paulo Cesar Gil Ferreira. Rio de Janeiro: Editora Via Verita, 2016 [1784].

VOLTAIRE. *Batismo*. In: ______. Dicionário Filosófico. Fonte digital. Disponível em <ebooksbrasil.org>. Acesso em 06 de mar. de 2016 [1964].

______. *L' Examen Important de Milord Bolingbroke*. London: Forgotten Books, 2017 [1736].

Referências Bibliográficas

ANDRADE FILHO, Ruy de Oliveira. Apresentação à obra CARVALHO, Margarida Maria de. *Paideia e Retórica no Séc. IV d.C.:* a construção da imagem do imperador Juliano segundo Gregório Nazianzeno. São Paulo: Annablume, 2010.

ATHANASSADI, Polymnia. *Julian:* An Intelectual Biography. London, New Cork: Routledge 1992.

BAYNES, Norman. The Early Life of Julian the Apostate. *FRS*, London, p. 251-254, 1925.

BIDEZ, Joseph. *La Vie de L'Empereur Julien*. Paris: Les Belles Lettres, 1930.

BOUFFARTIGUE, Jean. *L'Empereur Julien et la Culture de son temps*. Paris: Institut d'Études Augustiniennes, 1992.

BOWERSOCK, Glen Warren. *Julian, the Apostate*. Cambridge: Havard University Press, 1997.

CAMERON, Alan. *The Last Pagans of Rome*. New York: Oxford University Press, 2011.

CAMERON, Averil. *Dialoguing in Late Antiquity.* London: Harvard University Press, 2014.

CARRIÉ, Jean-Michel; ROUSSELE, A. *L'Empire romain en mutation:* des Sévères à Constantin, 192-337. Paris: Seuil, 1999.

CARVALHO, Margarida Maria de. Temístio, o Imperador Juliano e a Discussão em torno do Conceito de Realeza no século IV d.C. *História Revista* (UFG), v. 11, p. 121-133, 2006.

______. *Paideia e Retórica no Séc. IV d.C.:* a construção da imagem do imperador Juliano segundo Gregório Nazianzeno. São Paulo: Annablume, 2010.

______; FUNARI, Pedro Paulo Abreu; CARLAN, Cláudio Umpierre; PAPA, Helena Amália (Orgs). *Religiões e religiosidades na Antiguidade Tardia.* 1ed.Curitiba: Editora Prismas, p. 299-327, v. 1, 2017.

COTONI, MH.; VIGLIÈNO, L. *Julien au Siècle des Lumières em France.* In: RICHIER, J (Org.). L'Empeurer Julien.De la Légend au Mythe (de Voltaire au nos Jours). Paris: Las Belles Lettres, p. 11-321, 981.

DARNTON, Robert. *Boemia Literária e Revolução.* São Paulo: Companhia das Letras, 1987.

ELM, Susanna. *Sons of Hellenism, Fathers of the Church.* Emperor Julian, Gregory of Nazianzus, and the Vision of Rome. Berkeley, Los Angeles, London: University of California Press, 2012.

FATTI, Federico. *Giuliano a Cesarea.* La politica ecclesiastica del principe apostata. Itália: Herder, 2009.

FRIGUETTO, Renan. *Cultura e Poder na Antigüidade Tardia Ocidental.* 1. ed. Curitiba: Juruá Editora, 2000. v. 1. 154p .

HAMPSON, Norman. *O Iluminismo.* Lisboa: Ulisseia, 1968.

NASCIMENTO, M. das G. de S. O estranho testamento de um vigário de província: as Memórias de Jean Meslier. *Trans/Form/Ação,* São Paulo, 8, p. 71-77, 1985.

RUDÉ, Georges. *A multidão na história:* estudo dos movimentos populares na França e Inglaterra, 1730-1848. Rio de Janeiro: Campus, 1991.

SALINAS FORTES, L. R. *O Iluminismo e os reis filósofos.* São Paulo: Brasiliense, 1981.

SANTOS, Laymert Garcia dos. Prefácio à obra SOUZA, Maria das Graças de. *Ilustração e História:* o pensamento sobre a história no Iluminismo francês. São Paulo: Discurso Editorial, 2001.

SILVA, Gilvan Ventura da. *Reis, santos e feiticeiros:* Constâncio II e os fundamentos místicos da 'basileia' (337-361). 1. ed. Vitória: Edufes, 2003. v. 1. 333p .

______. SILVA, Érica Cristhyane Morais da (Orgs.). *Fronteiras e Identidades no Império Romano.* Aspectos sociopolíticos e religiosos. 1ed.Vitória: GM Editora, v. 1, p. 177-208 2015.

SOUZA, Maria das Graças de. *Ilustração e História:* o pensamento sobre a história do Iluminismo francês. São Paulo: Discurso Editorial, 2001.

TESTA, Rita Lizzi; BROWN, Peter (eds). *Pagans and Christians in the Roman Empire:* The Breaking of a Dialogue. Lit-Verlag, Munster, pp. 493-516, 2011.

______. *The Strange Death of Pagan Rome:* Reflections on a Historiographical Controversy. Turnhout: Brepols Publishers, 2014

TOUGHER, Shaun. *Julian the Apostate.* Edinburg: Edinburg University Press, 2007.

VIANNA, Alexander Martins. A distinção enciclopediana entre "monarquia absoluta" e "Despotismo". *Revista Espaço Acadêmico*, n83, abril de 2008. Disponível em <http://www.espacoacademico.com.br/083/83vianna.htm>.

Imagens Detratoras, Imagens Heroicas: a religião Viking no cinema

Johnni Langer[1]

A sociedade nórdica da Era Viking conheceu diversas representações artísticas desde o período medieval, mas certamente o período oitocentista foi o que mais contribuiu para sua popularização. Muitas imagens e estereótipos foram moldados pelo romantismo e sofreram continuidade com a Sétima Arte, já no século XX. Nosso intuito básico neste trabalho é analisar algumas destas facetas imaginárias, mas especialmente advindas de elementos não tão conhecidos, os aspectos materiais de sua religiosidade. Apesar de a mitologia ser amplamente divulgada, a religião ainda é um tema pouco explorado pela arte contemporânea, justamente para conceder elementos ainda mais misteriosos a esse povo. Os filmes foram selecionados não tanto por sua importância fílmica ou qualidades estéticas, mas por conterem suficientes elementos visuais que permitam nossa análise ao tema pretendido.

Nosso referencial básico é o imaginário social. Acreditamos que todo conjunto de ideias, imagens e representações que tem funções de identidade pertence a um imaginário de determinada especificidade histórica e cultural (FRANCO JÚNIOR, 2010, p.

1 Professor Doutor do Programa de Pós-Graduação em Ciências das Religiões da Universidade Federal da Paraíba - UFPB. Coordenador do NEVE (Núcleo de Estudos Vikings e Escandinavos).

70). Aqui entendemos imagens como representações visuais de alguma coisa ou de um ser, real ou imaginário, que tenha como suportes diferentes objetos materiais e expresse a diversidade social: "Toda imagem é tentativa de revelar um certo modelo, seja psicológico, seja social" (FRANCO JÚNIOR, 2003, p. 96). As imagens são a essência do imaginário social, são expressões e revelações de modelos psicológicos, sendo ao mesmo tempo efeitos de matrizes sócio-históricas e uma contribuidora para sua resignificação. Nenhuma imagem é um decalque do real, mas antes, sua reinterpretação, ampliação ou redução (FRANCO JÚNIOR, 2010, p. 71-73). Com relação ao cinema, acreditamos que este seja um espaço privilegiado para examinarmos o imaginário sobre a religiosidade dos vikings, visto que as produções fílmicas são o terreno essencial na construção de uma "medievalidade", ou seja, as referências estereotipadas e fragmentadas do medievo no mundo contemporâneo (MACEDO, 2009, p. 13-48). Por sua popularidade, sua abrangência mundial, seu alcance público e de mídia, o cinema é o grande responsável pela manutenção do imaginário sobre a religiosidade dos vikings. Os filmes selecionados não abrangem a totalidade de obras do cinema mundial desde seus primórdios (aqueles que tiveram os nórdicos medievais como tema), mas sim aqueles que consideramos relevantes pela inclusão de cenas que envolvem a cultura material de suas crenças.

A religiosidade nórdica pré-cristã era constituída de uma falta absoluta de unidade dogmática, prescindindo de uma centralização institucional. Não havia sacerdotes, livros sagrados nem hierarquias. Os padrões de crenças em deuses, narrativas míticas e os tipos de rituais eram variáveis conforme a região e a categoria social dos envolvidos. As comunidades mais relacionadas ao mundo rural estruturavam-se em crenças de base mais próximas às deidades da fertilidade e a espíritos da terra, enquanto a elite governamental e aristocrática mantinha cultos fortemente relacionados ao poder político e marcial, respaldados por deidades atreladas a estas funções. As crenças mágicas e divinatórias eram comuns a ambas as categorias, assim como o panteão de deuses preservados pela mitologia. Para mais detalhes sobre fontes medievais, historiográficas, temáticas e teóricas sobre esse tema, deve-se recorrer a outros trabalhos de nossa autoria (LANGER, 2010a, p. 1-28; 2010b, p. 177-202; 2005, p. 55-82, além de DUBOIS, 1999 e ANDRÉN, 2004).

A fé conquistando novos mundos

O primeiro filme considerado, *The Viking*, de 1928, é um clássico do cinema norte-americano que reconstitui a trajetória do nórdico Leif Erickson em seu encontro do Novo Mundo. Em linhas gerais, a produção foi fortemente influenciada pela ópera wagneriana, com diversos guerreiros portando equipamentos fantasiosos, mulheres com armaduras e elementos típicos de uma produção musical. Este filme mudo produzido pela MGM e dirigido por Roy Neill também foi influenciado pelo mito arqueológico nórdico criado na Nova Inglaterra, do qual nos ocupamos em outro trabalho (LANGER, 2012, p. 1-16). Em síntese, esse mito foi constituído por narrativas criadas em torno de uma suposta colonização nórdica na Nova Inglaterra durante a Idade Média, originado por equívocos interpretativos de resquícios materiais e propagado pelo imaginário poético e artístico.

A narrativa do filme centra-se no amor à personagem Helga, dividido entre um escravo de origem anglo-saxã, Alwin, e Leif Eriksson, filho de Erik, o vermelho. Partindo de uma expedição na Noruega, os aventureiros chegam à costa Leste dos Estados Unidos com o intuito de difundir o cristianismo pelo Novo Mundo, sob o comando do rei Olaf da Noruega. Esta foi a primeira produção cinematográfica a utilizar o tema do contato entre indígenas e europeus, e logo na sua abertura identificamos um dos grandes ícones nórdicos, a nave longa – conhecida no imaginário por *drakkar* (dragão).

Figuras 1 e 2: Cenas do filme *Deuses vencidos* (*The Viking*, 1928, direção de Roy William Neill, roteiro de Jack Cunningham, produzido por Herbert Kalmus, P/B, 90 minutos). Fonte das imagens: http://www.imdb.com/ A primeira foto retrata uma estátua do deus Thor na entrada do salão de Erik; enquanto na segunda, outra estátua encontra-se no seu interior, próxima à mesa do líder. A estátua conserva alguns elementos da iconografia do deus grego Zeus, que geralmente porta dois raios, enquanto sua mão encontra-se esticada segurando seu martelo. No geral, as duas representações são caricatas.

A cena final é o momento em que os expedicionários se encontram com os ameríndios, em frente à torre de Newport (que existe até hoje no estado de Rhode Island, historicamente erigida no período de colonização britânica) – no filme, construída por Leif Eriksson, demonstrando-se aqui uma interferência direta do culto deste personagem pela sociedade norte-americana da época. Em nossa opinião, o elemento ideológico mais acirrado no filme é o cristianismo, como condutor da paz e da prosperidade entre os antigos colonizadores. Aqui, dois tipos de vikings foram bem demarcados – o primeiro, ainda pagão, é bárbaro, inculto, selvagem, indisciplinado (no filme, os primeiros vikings representados são pagãos, atacantes dos anglo-saxões, todos com o tronco nu, que portam peles de animais e pilham, matam e estupram o povo indefeso da Northumbria). O pai de Leif, Erik, é apresentado como um líder pagão sanguinário, adorador do deus Thor, e que mata todos os cristãos que se apresentam em sua fazenda na Groelândia. Os vikings cristianizados, pelo contrário, já usam mantos adornados, são disciplinados, complacentes e incentivadores da paz – a figura ideal neste caso é o próprio Leif. O roteiro foi baseado no romance *The thrall of Leif the lucky, a story of Viking days*, de Ottilie Adelina Liljencrantz, publicado em 1902. No livro, o desfecho ocorre com a cristianização de toda a Groelândia, enquanto que no filme a ação final é transferida para a Nova Inglaterra (HARTY, 2011, p. 110). Ambos acabam por se afastar objetivamente das principais fontes sobre Leif, a *Saga dos groelandeses e a Saga de Erik*. Em primeiro lugar, Leif não foi o primeiro a chegar ao Novo Mundo, mas sim o islandês Bjarni Herjúlfsson (que avistou, porém não desembarcou no litoral), do qual ele comprou a embarcação e contratou sua tripulação, além de ter obtido informações náuticas. Assim, partiu da colônia groenlandesa para as terras recém-descobertas, e não da Noruega para estas, como aparece no filme, com a missão de cristianizar o Novo Mundo. Em segundo, o encontro com os nativos norte-americanos nem sempre foi pacífico, tendo em algumas ocasiões ocorrido batalhas, além de conflitos entre os próprios colonos.

Também os embates entre Leif e Erik que aparecem se distanciam das fontes medievais, inclusive, a esposa de Erik ordenou a construção de uma igreja próxima à fazenda da Groelândia, cujos vestígios podem ser observados até hoje. Com isso, percebemos que o filme perpetua tanto a representação da Nova Inglaterra como o local onde se instalou a colônia de Vinland (simbolizado pela torre de Newport) e também o cristianismo enquanto seu eixo central, fixando a paz entre os nativos recém-convertidos (simbolizados por crucifixos e cruzes que recebem) e seus legítimos descobridores, os escandinavos. A cultura material da religiosidade pré-cristã foi pouco abordada na produção. Ela se centra na figura de duas estátuas do deus Thor, idênticas, uma situada na frente e outra dentro do grande salão de Erik (figuras 1 e 2). Ambas portam dois raios estilizados e, na mão esticada, o martelo do deus (Mjollnir). A figura é muito alegórica e banal, e a religiosidade pagã é vista no filme como algo muito primitivo, uma prática de idolatria típica de um povo ainda rude e bárbaro, algo que se manterá em outras produções posteriores. A existência de estátuas de divindades é percebida como reflexo de uma fé vazia, sem sentido. Enquanto a retratação de guerreiros nórdicos é valorizada como portadores de muita coragem, cujas peripécias contribuíram para o desenvolvimento da nova nação norte-americana, sua religiosidade antes do cristianismo é algo que deve ser desvalorizado e ultrapassado.

Os aventureiros e seus deuses

A década de 1950 foi um dos períodos mais importantes para a filmografia dos vikings. Dois clássicos definiram a estética das produções que envolveram nórdicos pelas três décadas seguintes: *Príncipe Valente* e *Vikings, os conquistadores*. O primeiro apresenta muitos estereótipos, e os nórdicos são mostrados como vilões - inimigos da civilização cristã, enquanto que o segundo, produzido quatro anos depois, justamente assumia uma proposta totalmente antagônica: os vikings foram heróis, descobridores de mundos desconhecidos, viajantes, guerreiros virtuosos. O equipamento e a cultura material deste filme teve consultoria de alguns arqueólogos e historiadores, criando-se uma reconstituição do cotidiano da Era Viking como até então nunca se conhecera no cinema. Foi a primeira vez que a verdadeira paisagem escandinava foi utilizada como cenário das filmagens, não se apelando para estúdios nos Estados Unidos. As cenas de ação e a retratação dos protagonistas como personagens irreverentes, somadas a muita ação física, malabarismos e ousadia, iriam criar um referencial duradouro para as futuras produções épicas e históricas. As imagens dos escandinavos como exploradores e heróis aventureiros tiveram aqui seu momento de clímax na história do cinema, povoando a imaginação dos jovens e adultos por todo o planeta. Para mais detalhes sobre essas produções, consultar LUPACK, 2011, p. 46-55; KELLY, 2011, p. 9 23.

Figura 3: Cena do filme *The Saga of the Viking Women and Their Voyage to the Waters of the Great Sea Serpent* (1957, direção de Roger Corman, roteiro de Lawrence Goldman, 66 minutos), no desfecho da produção, em que a principal personagem invoca o deus Thor solicitando proteção contra seus inimigos. Fonte das imagens: http://www.imdb.com/

Figura 4: Cena do filme *Vikings, os conquistadores* (*The Vikings*, 1958, direção de Richard Fleischer, 116 minutos). Fonte das imagens: http://www.imdb.com/ Cena intermediária do filme, na qual o escravo Eric é submetido a morrer por afogamento na subida da maré. À sua frente, a feiticeira observa o acontecimento.

Na produção *Vikings, os conquistadores*, a religiosidade nórdica se faz presente por meio de algumas alusões à magia. Num dado momento do filme, um dos protagonistas – o escravo Eric – é condenado à morte, mas por interferência de uma feiticeira acaba sendo momentaneamente salvo por meio de um jogo de runas. Devido a isso, o chefe dos vikings transfere a morte de Eric para afogamento pela subida da maré. Mas, novamente, a feiticeira intervém e, invocando Odin, consegue reverter o fluxo da água por obra sobrenatural (figura 4). As referências a esta personagem detêm certa base histórica, mas ao mesmo tempo contêm alguns elementos semiestereotipados. O mais interessante é que neste caso a magia não é vista como algo negativo, pelo contrário, ela colabora com o sucesso do personagem Eric. Somada a outros momentos do filme – como o instante em que Ragnar Lodbrok se atira num poço com lobos gritando pelo nome de Odin ou quando os guerreiros atacam invocando o nome desta deidade –, percebe-se que não se aprofundam detalhes religiosos, mas suas poucas referências conferem aos deuses certo caráter positivo, passado para os espectadores.

Isso, em parte, se deve à produção do filme, que envolveu escandinavos. Alguns meses antes do lançamento de *Vikings, os conquistadores*, foi lançada uma produção B (filme de baixo orçamento) pelo diretor Roger Corman: *The Saga of the Viking Women*, um filme que mais se aproxima da fantasia medieval do que de História propriamente dita. Um grupo de mulheres guerreiras decide resgatar homens capturados de uma vila por orientais. Em meio a monstros, lutas com garotas sensuais e certos elementos cômicos, percebemos alguns temas vigentes na sociedade norte-americana do final da década de 1950, especialmente relacionados aos jovens e à liberação sexual, distanciando-se da sociedade medieval (FINKIE, 2011, p. 150-164). O que este filme tem de semelhança com *Vikings, os conquistadores* é justamente a opção por retratar os nórdicos como heróis e, no caso específico de seus deuses, como elementos importantes para o desfecho aprazível da película. No momento final, em uma cena de grande tensão e perigo, uma das guerreiras invoca o deus Thor, e posteriormente cai um raio que acaba atingindo os inimigos da personagem (figura 3). Aos olhos do espectador, é inevitável pensar que o próprio Thor deve ter mesmo auxiliado a dita invocadora de seu nome.

Mas nos dois filmes dos anos 1950 de que tratamos não houve menção direta a religião ou rito. Apenas os deuses são citados, e neste caso eles são reinterpretados como heróis sobrenaturais de mesmo nível que os super-heróis dos quadrinhos. Lembramos que a Marvel cria um universo fictício para os deuses nórdicos em 1962, em que Thor ressurge justamente como um super-herói dos quadrinhos. Neste caso, as deidades escandinavas dos filmes aludidos não competem com o deus cristão, fazendo sucesso com os jovens justamente por serem considerados "heróis sobrenaturais" do mesmo modo que os sobre-humanos dos quadrinhos. Os rituais antigos que outras produções apresentavam são consideradas superstições ou atos pagãos e diabólicos, mas a menção rápida e superficial aos deuses como Odin e Thor podem manter alguns ideais positivos.

Entre o erótico e o macabro

As produções norte-americanas sobre vikings dos anos 1950 vão definir e influenciar várias produções italianas e ítalo-americanas, que seguem os mesmos princípios estéticos hollywoodianos, mas atreladas a um orçamento mais reduzido e que se tornaram comuns nos anos 1960: épicos, fantasias e aventuras fantásticas que vão desde monstros, heróis gregos aos povos germânicos. Para o nosso caso, uma produção em especial, *A vingança dos vikings* (a primeira de uma trilogia do diretor italiano Maria Brava com o ator James Mitchell, este último, encarnando um aventureiro nórdico), de 1962, traz um conteúdo que não havia sido retratado em filmes anteriores.

Figuras 5 e 6: Cenas do filme *A vingança dos vikings* (*Gli invasori*, 1961, direção e roteiro de Mario Brava, produção de Ferruccio De Martino, 98 minutos). Fonte das imagens: http://www.imdb.com/ A primeira foto retrata a entrada do salão de pedra, constituída por caveiras humanas, enquanto a segunda mostra dois jovens presos para sacrifício. No plano de fundo, a árvore sagrada e as jovens realizando uma dança cerimonial. A atmosfera geral vai do pavor ao mistério, culminando com a barbárie.

O filme faz uma reconstituição muito colorida e vívida dos antigos habitantes da Escandinávia, que são retratados dentro de um comportamento altamente heroico, extremamente moralista e com um enorme senso de honra. O fio condutor da narrativa gira em torno de duas questões: primeiro, o erotismo acentuado, centralizado na figura de duas loiras esguias, voluptuosas e sensuais (modelos da revista *Life*), sempre portando roupas brancas e longos cabelos; o heroísmo viril do personagem principal que tende ao trágico, a exemplo de *Vikings* com Kirk Douglas. Esses dois elementos encontram-se inseparáveis na produção, mas tornam-se muito nítidos nas cenas em que foi retratado o templo pagão, situado numa enorme caverna (ou, então, um grande templo com características megalíticas).

Logo na primeira tomada, uma série de caveiras humanas surge pendurada num conjunto macabro e horripilante em uma carroça, implicitamente se referindo a mortos em sacrifícios (figura 5). Aqui temos definida a religiosidade nórdica – além de sinistra, ela é caracterizada por ritos mórbidos, proibidos e que se aproximam de uma idolatria demoníaca. Seguindo o filme, acima da carroça surge um casal que é pendurado por ter cometido uma transgressão – seu castigo (enrolados em espinhos e suspensos por cordas), neste caso, é associado a um comportamento social definido pela religião (figura 6). Os desviantes das normas devem ser punidos logo em frente a uma grande árvore (uma cena fantástica e irreal influenciada pela narrativa medieval da *Volsunga saga* e retomada no filme *Outlander* de 2008), na base da qual os líderes e sacerdotes se posicionam. Também é em frente a essa árvore sagrada (simbolizando a árvore cósmica Yggdrasill da mitologia nórdica) que ocorre um dos momentos mais exóticos do filme – uma curiosa dança ritual executada somente por mulheres que vestem túnicas brancas e seguram espadas. Quase todas as produções épicas dos anos 1950 e 1960 (mesmo grandes superproduções como *Ben Hur*) tinham algo semelhante, mas no filme *A vingança dos vikings* ela chega a ser bizarra. Logo após a dança, o líder conclama Odin, alegando que a moça pendurada é uma sacerdotisa que rompeu os votos de castidade a seu culto e deve ser castigada. Aqui, evidentemente existem poucas informações fidedignas – desde a noção de pecado, inexistente nesta religiosidade, quanto as vestimentas e o culto em si (não existiam sacerdotisas-virgens entre os nórdicos, "vestais", como são denominadas no filme), a estrutura do templo, as danças e música – tudo foi retomado do referencial greco-romano, com novos sentidos.

Também um casamento ocorre neste mesmo local, em uma cena posterior. Várias pessoas levam uma vaca branca repleta de guirlandas verdes na cabeça e muitas frutas e comida, todos cercados por um círculo de mulheres também vestidas de branco. Na frente de um monólito de cor clara, rodeado de folhas e plantas, o casal realiza um ritual de casamento. Um sacerdote derrama sangue em uma faca, pela qual os noivos irão realizar o juramente de união entrelaçando suas mãos. A cena inteira é repleta de referenciais equivocados. Em primeiro lugar, a faca tem o formato típico de armas celtas da região de Hallstatt, sem vínculo com os cutelos escandinavos. As roupas femininas, compostas de túnicas usadas por mulheres que portam longos penteados e brincos com detalhes espiralados, são diretamente provindas da cultura greco-romana. Os sacerdotes e os animais recordam muito as representações imagéticas do romantismo oitocentista, especialmente sobre os druidas e festivais celtas. Mais uma vez, uma cena que não tem conexão com a religiosidade da Escandinávia pré-cristã. O detalhe dos noivos portando mantos vermelhos certamente indica as pretensões da produção: indicar uma referência sexual, fornecendo aos espectadores um nítido contraste simbólico entre a pureza do branco e a sensualidade do vermelho. Assim, o filme contribui para reforçar no público, especialmente adolescente, sentimentos sexuais que condizem muito mais com as pretensões sociais daquele momento do que com o passado.

A escolha de uma fé

O filme seguinte não trata diretamente de vikings, mas faz referência aos germanos antigos que, no caso, compartilham de uma mesma fé (a religiosidade pan-germânica) – supostamente os mesmos deuses, mas com outros nomes. A superprodução *A queda do Império Romano* (1964) repete a ideia do templo pagão como um local situado em uma enorme caverna (de modo muito semelhante ao verificado em *A vingança dos vikings*). Após uma batalha entre os germanos e os romanos, os primeiros são acuados para dentro de seu templo pelas forças invasoras. Na entrada do local, imensas estátuas esculpidas diretamente na rocha servem de local para culto (figura 7). A cena mais impressionante é a de quando Timonides, o conselheiro do imperador (um ex-escravo grego), é capturado pelos germanos derrotados. Cristão convertido, ele tenta persuadir os líderes germanos a se integrarem ao império romano. Em contrapartida, eles aceitam a integração, desde que Timonides aceite um desafio – suportar a dor de ter as mãos queimadas sem gritar, provando que seu deus é superior a Wotan (Odin), representado por uma estátua de um guerreiro com dois pássaros no ombro (figura 8). O conselheiro consegue vencer o desafio, e no mesmo instante o líder germânico destrói a estátua de Wotan.

Figuras 7 e 8: Cenas do filme *A queda do Império Romano* (*The full of the Roman Empire*, 1964, direção de Anthony Mann, produção de Samuel Bronston, 188 minutos). Fonte das imagens: http://www.imdb.com/ Estátuas na entrada do salão de pedra dos germanos (uma escultura animal apoiando-se em duas cabeças antropomórficas); a segunda é uma estátua de Wotan com seus dois pássaros. A cena da caverna apoia-se na representação primitiva dos germanos, culminando com a barbárie e selvageria de sua religião.

Ao contrário dos filmes sobre vikings, nesta produção os personagens centrais são os romanos e suas intrigas políticas, sendo os germanos apenas coadjuvantes da narrativa central, no caso, a queda do império. Eles não são representados como heróis, aventureiros ou intrépidos, apenas como povos selvagens, primitivos e misteriosos que ousaram desafiar o império romano – que, devido muito mais a problemas administrativos e políticos internos, acaba entrando em colapso. Ao espectador não são oferecidos mais detalhes sobre a cultura material da religiosidade pagã, mas apenas que ela é fraca, supersticiosa e sujeita a ser dominada por uma fé muito superior, o cristianismo, e pela civilização romana. A ideia de colapso da civilização romana é atrelada ao avanço da supremacia cristã, impondo-se na mescla entre as sociedades romanas e germânicas.

Aventura e exótico

Os vikings retornam ao cinema durante os anos 1970, em uma produção dos estúdios Disney. O seu lado bárbaro e selvagem é deixado de lado, concedendo-se espaço para uma visão muito mais aventureira e propícia a espectadores de qualquer idade. A narrativa central de *A ilha do topo do mundo* (1974) é sobre uma comunidade nórdica medieval que sobreviveu com suas características medievais intactas até nossos tempos, graças ao isolamento geográfico (uma ilha próxima ao Polo Norte). Uma equipe liderada por um arqueólogo especialista em Escandinávia Medieval consegue chegar ao local em um dirigível, passando por muitos perigos e situações inusitadas.

Figuras 9 e 10: Cenas do filme *A ilha do topo do mundo* (*The island of the top of the world*, 1974, direção de Robert Stevenson, roteiro de John Whedon, duração de 93 minutos). Fonte das imagens: http://www.imdb.com/ Estátuas dos deuses Thor, Odin e Freyr no templo da ilha. Especialmente a estátua de Odin é estereotipada, aproximando-se do imaginário dos guerreiros vikings. Ao lado, o sacerdote. As cenas retratam uma religiosidade misteriosa e sinistra.

Neste filme não ocorre o típico confronto entre heróis e vilões, não sendo o povo nórdico maléfico por natureza, mas sim, o seu sacerdote – representado por um homem com barbas e longas vestes vermelhas, semelhante a sacerdotes pagãos de outros povos retratados corriqueiramente pelo cinema: pérfido, cínico, enganador e, acima de tudo, que tem um comportamento demoníaco (figura 10). O templo da cidadela possui alguns detalhes que são advindos de fontes primárias do medievo: três estátuas das principais deidades (Thor, Odin e Freyr) foram inspiradas na descrição das do templo sueco de Uppsala, preservada por Adão de Bremen (*Gesta Hammaburgensis Ecclesiae Pontificum*, circa 1070

d. C.). Não há muitos detalhes sobre as estátuas neste documento, a não ser o fato de Thor empunhar um cetro e Freyr ter um grande falo. Alguns pormenores foram acrescentados no filme, como Odin portar um elmo com chifres (um detalhe inexistente nas fontes mitológicas e religiosas da Era Viking) e Freyr possuir uma longa veste, sem detalhes do seu membro avantajado (figura 9). O ambiente geral do templo, cercado por labaredas de grandes fogueiras rituais, é de um local escuro, tendo como resultado a concepção de uma religião misteriosa e implacável.

Ao espectador resta a impressão de que as antigas religiões pagãs eram incorretas por causa de seus sacerdotes. Isso é muito claro também em outras produções, como *O príncipe do Egito* (1989), realizado pela produtora DreamWorks, em que os sacerdotes egípcios são mostrados como diabólicos (em algumas cenas, suas sombras tornam-se demônios). Também o contraponto dos hebreus capturados pelo Egito e seu processo de libertação tornam-se, neste caso, um elemento ideológico nitidamente relacionado ao fundador da produtora, Steven Spielberg - descendente de família judaica. Em muitas histórias em quadrinhos e obras da literatura, os sacerdotes de religiões antigas (como os druidas celtas, maias, cartagineses, mesopotâmicos, entre outros) são apresentados como condutores de terríveis e horripilantes rituais, que geralmente levam à morte os inocentes.

Força e violência

O tema do sacerdócio viking e seus templos iria ser retomado muito tempo depois, em uma série televisiva, *Vikings*, do History Channel. Produzida entre 2013 e 2014, a série irlando-canadense tem como tema central as narrativas históricas e literárias que envolvem o personagem Ragnar Lodbrok e suas incursões na Inglaterra alto medieval. A série vem obtendo um estrondoso sucesso de público e mídia, mas tem dividido os historiadores. Apesar da produção desconstruir alguns estereótipos e falsas imagens com relação aos nórdicos, por outro lado ela acaba reproduzindo algumas típicas representações ocidentais. Um exemplo é o funeral do Jarl (episódio sexto: *Burial of the dead*, primeira temporada, 2013), no qual uma mulher vestida com equipamentos bélicos e elmo com asas laterais (*Angel of death*, inspirada no relato histórico de Ibn Fadlan) segue, literalmente, o padrão estético e fantasioso inaugurado pelas óperas wagnerianas e sem relação material com a Escandinávia da Era Viking. Outro momento muito estereotipado é a presença de um personagem, denominado vidente cego, que porta uma longa capa escura, anda com colares de ossos e um cajado com objetos pendurados (figura 13). Mas o detalhe mais curioso é a sua deformidade grotesca, além de usar uma forte maquiagem escura nos lábios, aproximando muito a sua figura ao monstruoso. Mais uma vez, dando continuidade a uma longa tradição fílmica, os praticantes da religiosidade nórdica pré-cristã são percebidos dentro de um referencial judaico-cristão, levando os espectadores a interpretar essas crenças como práticas próximas do sobrenatural, do malévolo ou mesmo do diabólico.

Figura 11: Fotografia do templo de Uppsala da série *Vikings*, primeira temporada, 2013, criada e produzida executivamente por Michael Hirst, 45 minutos, 9 episódios). Fonte da imagen: http://www.imdb.com/

Figura 12: Cena do interior do templo de Uppsala, episódio 8: *Sacrifice* - Estátuas dos deuses Thor e Freyr. Apesar de baseadas morfologicamente em estatuetas e pingentes da Era Viking, seu traço geral é alegórico, muito mais que histórico. Fonte da imagem: http://www.history.com/shows/vikings

A cena religiosa de maior impacto em toda a série foi incluída no episódio *Sacrifice*. Os protagonistas da narrativa, juntamente com seus familiares, dirigem-se para o templo de Uppsala (situado na Suécia, figura 11). Descrito originalmente por Adão de Bremen na obra *Gesta Hammaburgensis Ecclesiae Pontificum*, não existem vestígios diretos deste local, mas os produtores da série resolveram reconstituir o templo baseado em edificações cristãs de madeira, erigidas na Escandinávia a partir do século XI. Como percebemos, mais uma vez o referencial cristão é utilizado para compensar a ausência de dados visuais sobre a religiosidade pagã. Mas o detalhe mais perturbador é a presença de diversos sacerdotes, carecas e com os olhos e lábios pintados com cor escura (figura 14). Apesar de existirem evidências bem documentadas sobre o sacrifício humano entre os nórdicos pré-cristãos, o ambiente recriado pela série mostra certo maniqueísmo na inerpretação das cenas. Por exemplo, no momento em que a vítima é escolhida entre um grupo de homens voluntários - estes apresentam-se todos com roupas claras, enquanto os sacerdotes vestem pesados casacos de coloração muito escura. Apesar da imensa produção, figurinos e cenários, o filme ainda acaba apresentando uma reconstituição das antigas religiosidades permeada de exotismo, de códigos morais que tendem a ser interpretados como macabros. Em outro momento do episódio, alguns casais em torno do templo, durante a noite, prestam-se a encontros sexuais, num clima repleto de referenciais em que o sexo, a magia e a natureza parecem conspirar para a libertinagem pagã. Por certo, neste momento os autores da série parecem dar continuidade ao referencial criado pelo mitólogo James Frazer em seu famoso livro *O ramo dourado* (1915), segundo o qual a magia era uma condição arcaica e anterior ao surgimento da religião (esta última, vista como moralmente superior). Assim, a sexualidade passa a ser mais controlada e moralizada justamente quando surgem as religiões institucionalizadas, dogmáticas e universalistas, como o cristianismo. Com isso, o imaginário sobre o paganismo está totalmente atrelado a uma imagem de promiscuidade, libertinagem e desvio sexual, como se as sociedades pré-cristãs não desenvolvessem tabus e regras sociais específicas para o casamento ou reprodução. Isso é explícito em outras produções fílmicas, como *O homem de palha* (The wicker man, 1973) e As brumas de Avalon (*The mists of Avalon*, 2001).

Figura 13: O vidente cego, fotografia da série *Vikings*, History Channel, 2014. Fonte da imagem: http://www.history.com/shows/vikings

Figura 14: Os sacerdotes do templo de Uppsala, fotografia da série *Vikings*, History Channel, 2014. Fonte da imagem: http://www.history.com/shows/vikings A fotografia ao lado representa os sacerdotes nórdicos, sem cabelo, com pinturas e maquiagens sinistras, denotando um aspecto demoníaco e funesto.

Considerações Finais: cristocentrismo e estereótipos

Podemos concluir nosso trabalho afirmando que a arte cinematográfica reproduziu claramente o que o historiador Nordberg (2012, p. 120) afirmou sobre o cristocentrismo - aplicar conceitos e ideias a partir do referencial da religião cristã. Esse referencial moralista, na realidade, já vem sendo aplicado nas artes plásticas, literatura e ópera de temática nórdica desde o século XIX, um procedimento visto como normal no Ocidente, cujos valores estão altamente impregnados de um modelo civilizatório judaico-cristão.

Deste modo, a religiosidade nórdica constante nos diversos filmes que mencionamos informa muito mais sobre nossos referenciais e valores, sobre nossos códigos comportamentais e condutas do que a respeito da própria crença dos tempos pré-cristãos. O paganismo na arte transforma-se num modelo de exotismo que funciona como uma catarse de tudo aquilo que não podemos acreditar, de tudo aquilo que é errado ou equivocado, especialmente quando se trata do famigerado tema do sacrifício humano (LANGER, 2004, p. 61-85).

Atrelados inevitavelmente a nossas concepções sobre o passado, os vikings no cinema ora tornavam-se vilões, ora heróis, presos entre modelos históricos que servem como veículos de ideologia sobre a Idade Média (GLOT, 2004, p. 188). A religião dos vikings foi pouco abordada enquanto tema fílmico, mas podemos perceber claramente que ela independe de heroísmo ou vilania de seus personagens, mas, sim, é muito mais controlada ideologicamente que os deuses nórdicos, estes, com muito mais espaço midiático no imaginário popular. Realizado essencialmente pelo cinema de Hollywood, os filmes tiveram pouco apelo quanto a uma nacionalidade ancestral, tal como a música e a literatura europeias de temática pagã, em que o panteão mitológico serve como elemento de identidade. Afastada de seus verdadeiros elementos materiais, a religiosidade nórdica torna-se um mundo distante do espectador, mais afeito ao universo de crenças ao seu redor.

Filmografia

STEVENSON, Robert (Dir.). *A ilha do topo do mundo* (*The island of the top of the world*, 1974, roteiro de John Whedon), dvd, São Paulo: Buena Vista Sonopres, 2000, 93 minutos.

Referências Bibliográficas

ANDRÉN, Anders et al (Orgs). *Old Norse religion in long-term perspectives*. Lund: Nordic Academic Press, 2004.

DUBOIS, Thomas A. *Nordic Religions in the Viking Age*. Pensilvânia: University of Pennsylvania Press, 1999.

FINKIE, Laurie A. Between exploitation and liberation: viking women and the sexual revolution. HARTY, Kevin J. (org.). *The Vikings on film*: essays on depictions of the Nordic

Middle Ages. North Carolina: McFarland & Company, p. 150-164, 2011.

FRANCO JÚNIOR, Hilário. O fogo de Prometeu e o escudo de Perseu: reflexões sobre mentalidade e o imaginário. *Signum* 5, p. 73-116, 2003.

______. *Os três dedos de Adão*: ensaios de mitologia medieval. São Paulo: Edusp, 2010.

GLOT, Claudine. Drakkars sur grand écran. In: GLOT, Claudine (Org.). *L´Europe des Vikings*. Paris: Éditions Hoebeke, p. 190-192, 2004.

HARTY, Kevin J. Who´s savage now? The Vikings in North America. In: HARTY, Kevin J. (org.). *The Vikings on film*: essays on depictions of the Nordic Middle Ages. North Carolina: McFarland &Company, p. 106-120, 2011

KELLY, Kathleen Coyne. The trope of the scopic in The Vikings (1958). In: HARTY, Kevin J. (org.). *The Vikings on film*: essays on depictions of the Nordic Middle Ages. North Carolina: McFarland &Company, p. 9-23, 2011.

LANGER, Johnni. Midvinterblot: o sacrifício humano na cultura viking e no imaginário contemporâneo. *Brathair* 4, 2, p. 61-85, 2004.

______. Religião e magia entre os Vikings. *Brathair* 5, 2, p. 55-82, 2005.

______. Símbolos religiosos dos vikings. *História, Imagem e Narrativas* 11, p. 1-28, 2010a.

______. Seiðr e Magia na Escandinávia Medieval: reflexões sobre o episódio de Þorbjörg na *Eiríks saga Rauða*. *Signum* 11, 1, p. 177-202, 2010b.

______. Vikings, cultura e região: o mito arqueológico nórdico dos Estados Unidos. *Olho da História* 18, p. 1-16, 2012.

LUPACK, Alan. Valiant and villainous vikings. HARTY, Kevin J. (org.). *The Vikings on film*: essays on depictions of the Nordic Middle Ages. North Carolina: McFarland &Company, p. 46-55, 2011.

MACEDO, José Rivair. Introdução: cinema e Idade Média, perspectivas de abordagem. IN: MACEDO, José Rivair; MONGELLI, Lênia Márcia (Orgs.). *A Idade Média no cinema*. São Paulo: Ateliê, p. 13-48, 2009.

NORDBERG, Andreas. Continuity, change an regional variation in Old Norse Religion. In: RAUDVERE, Catharina; SCHJØDT, Jens Peter. (Eds.). *More Than Mythology*: Narratives, Ritual Practices and Regional Distribution in Pre-Christian Scandinavian Religions. Lund: Nordic Academic Press, p. 120, 2012.

O passado em maquetes e reconstruções: a Jerusalém do Segundo Templo

Ivan Esperança Rocha[1]

Um dos locais sempre inseridos nos roteiros de visita à cidade de Jerusalém é a maquete do Segundo Templo. Numa área de 4.200 m^2, a maquete reconstrói a arquitetura da cidade de Jerusalém antes de 66 d.C., quando foi destruída pelos romanos durante a Guerra Judaica, narrada por Flávio Josefo.

A Jerusalém deste período tinha conquistado a maior extensão de sua história, cobrindo uma área de aproximadamente 180 hectares, mais que o dobro do tamanho da Cidade Velha da atual Jerusalém. A maquete, na escala de 1:50, utiliza pedras de calcário, semelhantes às das construções originais, e é modificada a partir de novos conhecimentos históricos e arqueológicos. A construção da maquete original, iniciada em 1962 e inaugurada em 1966, foi financiada e instalada por Hans Kroch, no Hotel Holyland,[2] de sua propriedade, em memória de seu filho Jacó, morto em 1948 na Guerra da Independência de Israel, e foi coordenada pelo professor Michael Avi-Yonah da Universidade Hebraica de Jerusalém, um arqueólogo e historiador especialista dos períodos helenís-

1 Professor Doutor do Departamento de História da Faculdade de Ciências e Letras da UNESP – Campus Assis.

2 Lat 31.784510º - long 35.233831º.

tico, romano e bizantino para a região, como um todo, e para Jerusalém, em particular (GRABINER, 2012).

As três principais fontes que embasaram a reconstrução da cidade foram: escritos antigos, especialmente as obras de Flávio Josefo, a Mishná, o Talmude e os Evangelhos, e informações obtidas de escavações realizadas em Jerusalém e outras cidades do Império romano.

A maquete passou por várias reatualizações antes de ser transferida, em 2006, do Hotel Holyland para a área do Museu de Israel, Jerusalém,[3] escolhida dentre outros nove locais sugeridos (GRABINER, 2012). Encontra-se instalada ao lado da construção do Santuário do Livro, onde estão depositados e expostos os documentos do Mar Morto.

A discussão sobre a maquete de Jerusalém do Segundo Templo está inserida no contexto histórico, arqueológico e ideológico que subjaz às representações estéticas e imaginárias envolvidas na reconstrução do passado da Palestina. A transferência do modelo para o Museu de Israel também enfatiza a linha frágil traçada entre a representação da cidade e a cidade real. O território representado no modelo é o cerne do conflito judaico-palestino, e isso transforma cada ato ou omissão sobre o modelo em uma mensagem política (GRABINER, 2012).

O modelo, posicionado na orientação exata da cidade histórica, encontra-se próximo ao Knesset, o prédio do parlamento, ou seja, do centro político israelense. Este novo ângulo de visibilidade do emblema da democracia israelense moderna, dentro dos limites do modelo, evoca e reforça tanto as ligações conceituais quanto formais entre a cidade moderna e a Jerusalém do Segundo Templo (GRABINER, 2012).

---

3 Lat 31.773283º - long 35.202303º.

Durante os séculos XVIII e XIX surge uma tendência de criação de maquetes. Este miniaturismo que envolve um ato de projetar, reduzir, construir, reproduzir um modelo toma como um de seus objetos a Jerusalém bíblica (MURIEL, 2011). Uma das primeiras recriações da Jerusalém da época foi a do católico húngaro Estéfano Ille, em 1872, numa escala de 1:500. Ela se encontra atualmente no Museu de História de Jerusalém, situado dentro da cidade antiga. O espaço da esplanada do templo e a dimensão das muralhas têm ali medidas desproporcionais às da realidade (Israel Ministry of Foreign Affairs; Jerusalem Model Rediscovered).

A mais famosa das maquetes da Jerusalém pós-1948, ou seja, o ano da criação do Estado de Israel, é esta que agora se encontra no Museu de Israel e que é conhecida popularmente como a "maquete da terra santa"; como já dissemos, ela reconstrói o Segundo Templo de Jerusalém, sob a direção acadêmica do arqueólogo Michael Avi-Yonah, e foi instalada originalmente junto ao Hotel Holyland, em Jerusalém. A maquete e, principalmente, a área do Templo situam-se no âmbito da simbologia da identidade judaica e enfatizam o significado político do "antigo" e sua relação com o presente de Israel (KATZ, 2011, p. 349).

"A maquete Holyland"

A maquete Holyland pretendeu reconstruir a Jerusalém do Segundo Templo a partir dos dados da arqueologia, mas ao mesmo tempo envolveu questões políticas. O período de sua construção situa-se entre 1962 e 1966, momento em que os israelenses não tinham acesso à área do Monte do Templo, então controlado pela Jordânia. A posse simbólica da Jerusalém, por meio da maquete, constituiu uma possibilidade de superar projetos frustrados de domínio judeu sobre a cidade (MURIEL, 2011).

A maquete foi financiada pelo empresário Hans Kroch em memória de seu filho morto durante a guerra de Independência de Israel, em 1948, sob a ideia de que "se os judeus não podem chegar aos lugares sagrados, os lugares sagrados vão até eles". O acesso à maquete punha os judeus em contato com a área do templo a eles vetada.

Figura 1: Maquete Holyland
Fonte: *Holyland Tourism*, 1992.

Em meados da década de 1980, a maquete foi utilizada por grupos de judeus extremistas com fins político-religiosos: imprimiram cartões postais em que se sobrepunha a maquete de Avi-Yonah à Esplanada das Mesquitas num evidente desejo de retomada desse espaço central no imaginário judaico. Ao utilizar os documentos de Flávio Josefo na reconstrução, Avi-Yonah dá destaque para a primeira revolta dos judeus contra Roma, em 66 d.C., que seria seguida por aquela de 135 de Bar Kochba, na defesa de seus territórios e principalmente do espaço do templo, agora novamente ameaçado.

Com este objetivo, o Hotel Holyland mandou confeccionar em tamanho real reconstruções de algumas das mais poderosas máquinas de guerra de Roma, repletas de operadores para manuseá-las. A exibição da extraordinária força e coragem da corporação militar romana inimiga e a luta dos judeus do primeiro século pela defesa de Jerusalém e do Templo pretendem renovar o apelo pela reconquista moderna de Jerusalém (KATZ, 2011, p. 351).

Assim, podemos dizer que a maquete de Avi-Yonah não tinha por objetico apenas questões estético-arquitetônicas, mas também apoiar e reivindicar a retomanda do território de Israel pelos judeus. "Desde o início de sua carreira, Avi Yonah se alinha aos líderes políticos que apoiam a arqueologia, na certeza de que as evidências arqueológicas iriam fortalecer o estabelecimento de conecções dos judeus com a Terra de Israel". Podemos, então, dizer com Malard que o espaço arquitetônico é a manifesta espacialização do desejo (MALARD, 2006, p. 37 apud MATOS, 2010, p.137).

O historlador Doron Bar caracteriza este tipo de arqueologia religiosa como "uma nova agenda com o objetivo de ligar a história antiga da Terra de Israel com a história atual de construção do Estado de Israel". Avi-Yonah, que tinha trabalhado como arquivista do Departamento de Antiguidades da Palestina antes da Guerra da Independência e, depois de 1948, como secretário científico do Departamento de Antiguidades de Israel até 1953, também trabalhou na identificação e demarcação dos espaços sagrados e dos marcos históricos judaicos (BAR, 2008, p. 5 apud KATZ, 2011, p. 351). A arqueologia de Avi Yonah estava, portanto, profundamente atrelada ao *revival* político de Israel. A atividade arqueológica de Avi-Yonah e sua maquete tinham como objetivo registrar o vínculo histórico judaico com a terra (AVI-YONAH, 1968, p. 328).

A maquete de Avi-Yonah passou por várias adaptações para incorporar novas informações arqueológicas, particularmente as obtidas após 1967, quando a Cidade Velha voltou ao domínio de Israel. As escavações arqueológicas revelaram, por exemplo, que a maquete tinha errado na localização do Arco de Robinson, uma das entradas para o templo, e que ela precisava ser revista.

A maquete ganhou familiaridade diante do público israelense, e tornou-se um ponto popular entre os turistas e um símbolo nacional pungente da Guerra de 1967, conhecida como a Guerra dos Seis Dias (KATZ, 2011, p. 353).

A maquete Museológica

Em 2006, a maquete do Holyland foi transferida para o Museu de Israel. Ela torna-se agora mais uma obra de arte israelense que transforma o Templo em um espaço cultural. Sua nova localização em um espaço secular do Museu de Israel fez emergir polêmicas com os grupos de judeus ortodoxos, que querem submeter a visão cultural à religiosa na definição do Estado judaico.

Figura 2: Transferência da Maquete Holyland
Fonte: Foto Museu de Israel.

Figura 3: Maquete de Jerusalém. Museu de Israel
Fonte: Foto do autor, 2010.

A maquete messiânica

Logo após a transferência da obra de Avi-Yonah para o Museu de Israel, os mesmos grupos ortodoxos encomendaram suas próprias maquetes do Segundo Templo, numa tentativa de restabelecer o domínio da narrativa religiosa. O mais conhecido destes projetos recentes é o do Instituto do Templo, localizado no Bairro Judeu da Cidade Velha, que não só construiu uma maquete do Templo, mas moldou suas alfaias sagradas tendo em vista o pretenso reerguimento de um futuro Templo no seu espaço original, onde hoje se encontra o bastião islâmico marcado pelas mesquitas de Omar e de El Aksa.

Figura 4: Maquete de Grupos Ortodoxos
Fonte: JTA, 9 julho 2013.

Podemos dizer que a maquete de Michael Avi-Yonah refletiu a psique judaica a partir do processo de reconstrução da nação judaica, e, assim, o que pareceu durante muito tempo ser apenas uma atividade de reconstrução arqueológica precisa ser entendido em seus fortes componentes políticos e ideológicos (KATZ, 2011, p. 359).

A maquete de Jerusalém passou por um processo de ressignificação recente, não mais em Israel, mas no Brasil. O Centro Cultural Jerusalém (CCJ) (CONTINS; GOMES, 2008), construído na sede da *Igreja Universal do Reino de Deus - IURD*, no RJ, inclui um exemplar da maquete de Jerusalém, inspirada na do Hotel Holyland e do atual Museu de Israel, e que inaugurado em 2008, com 736 m^2.

Figura 5: Maquete de Jerusalém da IURD
Fonte: Foto: Amigos do Centro Cultural Jerusalém. 2010.
Disponível em: <https://amigosdoccj.wordpress.com/>. 8 novembro

Em seu projeto, a IURD quer criar uma representação arquitetônica e simbólica da "Terra Santa". Ao exibir uma porção dessa Terra busca garantir a autenticidade da instituição e a possibilidade de recriar a "verdadeira Jerusalém", o que é reforçado pela importação de 500 mil blocos de pedras de Israel utilizados na construção e na incorporação de novas descobertas da arqueologia que ampliam a proximidade com a cidade original de Jerusalém (CONTINS; GOMES, 2008). Ao ter domínio sobre a reconstrução da Jerusalém material, a IURD quer se apresentar como fiel depositária de tudo aquilo que ela representa como palco central do surgimento do cristianismo.

Considerações Finais

As categorias do percurso peirciano (MATOS, 2010) nos levam à compreensão da uma tríplice dimensão presente no processo de construção da maquete de Jerusalém: um desejo que se materializa (antecipadamente) e, uma vez materializado, se abre a interpretações que, aliás, vão além do esperado, ou seja, como obra de arte, a maquete não se vincula apenas ao campo do artista ou do arquiteto, mas se abre a diferentes interpretações no tempo e no espaço.

O apego a aspectos simbólicos e arquitetônicos constitui um elemento distintivo da afirmação cultural judaica no retorno histórico à "terra dos pais". No entanto, como dissemos, o território representado no modelo é o cerne do conflito judaico-palestino; se de um lado há um desejo de reconquistar o espaço que sediou o Templo de Salomão, deve-se levar em consideração que sobre ele foram edificados espaços sagrados fundamentais para os palestinos e que qualquer violação desses e de outros espaços "sagrados" constituem o estopim para a retomada do conflito.

A obra encomendada por Hans Kroch e realocada no espaço secular do Museu de Israel redimensiona, mesmo em meio a polêmicas alimentadas por grupos de judeus ortodoxos, o objetivo original da maquete, minimizando seus efeitos políticos.

A mais recente maquete de Jerusalém, agora, construída no espaço da Igreja Universal do Reino de Deus - IURD, dá uma diferente conotação ao projeto, menos política e mais religiosa: apresentar-se como fiel depositária do legado cristão.

Referências Bibliográficas

AVI-YONAH, Michael. *The Façade of Herod's Temple, An Attempted Reconstruction.* Religions in Antiquity: Essays in Memory of E. R. Goodenough, ed. J. Neusner. Leiden: Brill, 1968.

CONTINS, Marcia; GOMES, Elaine C. Edificações religiosas e autenticidade: Comparando a IURD e os carismáticos católicos. *ANTHROPOLÓGICAS*, ano 12, vol. 19, n.1, 2008, p. 169-199 (93-287-2-PB.pdf). Disponível em: <http://pontourbe.revues.org>. Acesso em 26 novembro 2014.

FINE, Steven. *Moses to the Messiah.* In Honor of Professor Louis H. Feldman. Leiden: Brill, 2011.

GRABINER, Esther. O Impacto Urbano Duplo de um modelo antigo de Jerusalém. *Internet-Zeitschrift für Kulturwissenschaften*, n. 17, junho 2012. Disponível em: <http://www.inst.at/trans/17Nr/8-5/8-5_grabiner17.htm>. Acesso em 28 novembro 2014.

Israel Ministry of Foreign Affairs. Disponível em: <www.mfa.gov.il/MFA/AboutIsrael//State/pages/Models%20of%20Jerusalem.aspx>. Acesso em 20 julho 2013.

Jerusalem Model Rediscovered. Biblical Archaeology Society. Disponível em: <http://members.bib-arch.org/publication.asp?PubID=BSBA&Volume=13&Issue=01&ArticleID=04>. Acesso em 20 julho 2013.

KATZ, Maya Balakirsky. Avi Yonah's model of second temple jerusalem and the development of israeli visual culture. In: FINE, Steven (ed.). *The Temple of Jerusalem: From Moses to the Messiah.* Leiden: Brill, p. 349-364, 2011.

MATOS, Luana Marinho et al. Semiótica peirciana aplicada à leitura da representação arquitetônica. *Arq.Urb*, n. 4, p. 116-140, 2010.

MURIEL, Patricia. O significante "Israel" na novelística de Moacyr Scliar. A batalha por Jerusalém numa rua portuária do Brasil. *WebMosaica,* vol.3 n.1 (jan-jun) 2011. Disponível em: <http://www.seer.ufrgs.br/webmosaica>. Acesso em 26 novembro 2014.

Sobre as organizadoras

Margarida Maria de Carvalho é Doutora em História Econômica (História Antiga) pela Universidade de São Paulo – USP e professora de História Antiga do Departamento de História e Programa de Pós-Graduação em História da UNESP/Franca. Coordenadora do Grupo do Laboratório de Estudos sobre o Império Romano G.LEIR e Vice-Coordenadora do Programa de Pós-Graduação da mesma instituição. Bolsista de Produtividade em Pesquisa do CNPq - Nível 2 e Pesquisadora da FAPESP - Processo: 2018/03323-9. É autora de diversos artigos, capítulos de livros, organizadora de coletâneas e autora do livro *Paideia e retórica no séc. IV d.C.: a construção da imagem do Imperador Juliano segundo Gregório Nazianzeno*. Atualmente, dedica seus estudos às memórias e mortes do Imperador Juliano nos testemunhos cristãos e pagãos do séc. IV d.C.

Márcia Pereira da Silva é Doutora em História pela Universidade Federal de Minas Gerais e professora do Departamento de História e do Programa de Pós-Graduação em História da Faculdade de Ciências Humanas e Sociais da UNESP/Franca. Tem publicações na área de História do Brasil republicano, em especial sobre o período dos governos militares brasileiros e a organização do espaço urbano no início do século XX. Atualmente investiga instituições de alienação e recolhimento de indesejáveis, pessoas que não correspondiam ao ideal de civilização das urbes em desenvolvimento. Pesquisadora do Grupo do Laboratório de Estudos sobre o Império Romano – G.LEIR, atuando na linha *Usos do Passado.*

Susani Silveira Lemos França é Doutora em Cultura Portuguesa pela Universidade de Lisboa e professora Livre-Docente em História Medieval na Universidade Estadual Paulista "Júlio de Mesquita Filho" (UNESP/Franca). Autora, entre outros, de *Mulheres dos outros. Os viajantes cristãos nas terras a oriente (séculos XIII-XV)* (Editora UNESP, 2015; Menção Honrosa do Prêmio de História Calouste Gulbenkian), *Peregrinos e Peregrinações na Idade Média* (Vozes, 2017), *Os reinos dos cronistas medievais* (Annablume, 2006) e organizadora, entre outros, de *Cuidar do Espírito e do corpo entre o velho e os novos mundos* (EDUFSCAR, 2019). É Acadêmica Correspondente Brasileira da Academia Portuguesa da História, Pesquisadora Principal do Grupo *Escritos sobre os Novos Mundos* (Proc. FAPESP 2013/14786-6) e Coordenadora no Brasil do Grupo Luso Brasileiro *Raízes Medievais do Brasil Moderno.*

Alameda nas redes sociais:
Site: www.alamedaeditorial.com.br
Facebook.com/alamedaeditorial/
Twitter.com/editoraalameda
Instagram.com/editora_alameda/

Esta obra foi impressa em São Paulo na primavera de 2020. No texto foi utilizada a fonte Minion Pro em corpo 10,25 e entrelinha de 15,25 pontos.